AF240531

RÉPONSE

DE

M. *DE CALONNE*

A

L'ÉCRIT DE M. *NECKER*,

Publié en AVRIL 1787;

CONTENANT

L'*EXAMEN des COMPTES*

DE LA

SITUATION DES FINANCES

Rendus en 1774, 1776, 1781, 1783, & 1787:

AVEC DES

OBSERVATIONS fur les RÉSULTATS

DE

L'ASSEMBLÉE DES NOTABLES.

LONDRES,

De l'Imprimerie de T. SPILSBURY, Snowhill.

JANVIER 1788.

TABLE

DES

INDICATIONS,

ET

ORDRE DES MATIÈRES.

[iv]

[vj]

T A B L E

D E S

PIÈCES JUSTIFICATIVES ou ACCESSOIRES.

[vii]

A P P E N D I X.

RÉPONSE

DE

M. *DE CALONNE*

A L'ÉCRIT DE M. *NECKER*.

J'AI dit dans l'Assemblée des Notables, en préfence du Roi, & avec fon autorifation, qu'il exiftoit depuis fort long-tems une grande difproportion entre les recettes & les dépenfes ordinaires; qu'à l'avénement de Sa Majefté au trône, le déficit étoit déjà très-confidérable; & qu'à caufe des emprunts occafionnés par la guerre, *il s'étoit néceffairement accru depuis 1776 jufqu'en 1781.*

CES derniers mots ont irrité M. Necker; il *s'y eft vu attaqué, ou pour mieux dire, affailli de la manière la plus injufte & la plus étrange*; il s'eft plaint au Roi dans une lettre, & au public dans une brochure, que *par aveuglement, par mouvement de paffion contre lui, par fuite d'inimitié,* à caufe *de fa réputation,* à caufe *de fes amis, j'avois cherché à l'inculper, à l'outrager, à fouiller fon honneur.*

Page 2 de l'Écrit de M. Necker.

Pages 14, 91, 92.

Pages 13, 19, 71.

A

[2]

Combien j'étois loin d'être mu par de tels fentimens, & de fonger à nuire à M. Necker, au milieu des objets majeurs qui, pendant l'Affemblée des Notables, abforboient toutes mes penfées & tous mes intérêts! La haine, la jaloufie, ne font pas dans mon caractère, & ne fe font jamais montrés dans ma conduite. On ne m'a point vu fuivre l'exemple fi commun dans le Miniftère, & fi funefte à l'Etat, de détruire ce qu'a fait le prédéceffeur; aucune des opérations de M. Necker n'a été annullée pendant mon adminiftra-tion; j'en ai loué plufieurs dans mes rapports au Roi & au Confeil; j'ai adopté, fans prétendre m'en attribuer le mérite, toutes celles de fes idées qui m'ont paru pouvoir être utiles. (*)

Il eft vrai que mon affertion fur ce qu'il y avoit de déficit en 1781, eft en contradiction directe avec le Compte rendu par lui au mois de Janvier de la même année: mais pouvois-je me difpenfer d'en parler, ou pouvois-je en parler autrement? J'efpère ne laiffer de doute fur l'une ni fur l'autre de ces deux queftions.

Il eft d'abord évident qu'une vérification authentique des progrès du déficit depuis fon origine, entroit néceffairement dans le plan de mon travail, & dans l'ordre de mes devoirs. Après avoir foldé les dettes exigibles, & liquidé l'arriéré de tous les départemens; après avoir affuré l'extinction graduelle de la dette conftituée, au moyen d'une caiffe d'amortiffement établie fur des bafes auffi folides, que peu onéreufes; après avoir ramené le paiement de toutes les rentes à leurs échéances régulières, j'ai dû m'appliquer à connoître plus

---

(*) On s'étoit attendu qu'au renouvellement du bail des fermes, je fuivrois un plan différent de celui de M. Necker. J'ai dit au Roi qu'il avoit eu d'heureux effets, & je n'y ai rien changé. J'ai rappelé & mis à exécution fes vues pour la réduction des penfions; j'ai étendu à tout le Royaume le projet des Affemblées Provinciales, &c. &c.

exactement que je n'aurois pu le faire avant l'apurement du passé, les rapports existant entre les revenus & les dépenses ordinaires.

Le point de vue n'en étoit plus alors obscurci par le mélange des acquittemens rétroactifs; la cessation du troisième vingtième réduisoit la recette à son état naturel; le renouvellement des baux faisoit appercevoir tout ce qui devoit l'augmenter; le concours de toutes ces circonstances indiquoit le vrai moment de fixer la balance.

Lorsque j'ai eu constaté avec beaucoup de soin le montant du déficit, je n'ai point hésité à en dévoiler au Roi toute l'étendue.— Frappée de son énormité, Sa Majesté m'a chargé d'en approfondir le principe & de le manifester. On doit trouver fort naturel & fort juste qu'elle n'ait pas voulu laisser croire faussement que dans l'espace de cinq années, à partir d'un excédent de recette, il se seroit formé un déficit aussi considérable; qu'elle ait ordonné d'en rechercher les causes, de les placer à leur véritable distance, & d'en faire connoître les accroissemens successifs depuis le commencement de son règne.

J'ai donc été obligé de mesurer tout le cours du déficit, en remontant vers sa source, & d'en marquer les degrés aux époques les plus saillantes. Je me suis fait représenter à cet effet, tous les états de situation qu'on a pu retrouver au dépôt très-incomplet du Contrôle (*); & quoique j'aie tout vu par moi-même, ne voulant pas me fier à mes seules lumières, j'ai associé à l'examen que j'en ai fait avec le premier Commis des finances, qu'on sait être digne de toute confiance, deux autres personnes connues pour être également versées dans cette matière.

(*) Il ne s'y est trouvé aucun des états de situation de tout le tems que M. Necker a dirigé les finances.

[4]

C'est en procédant ainsi, & discutant tout avec la plus grande attention, que j'ai rencontré plutôt que cherché le Compte rendu par M. Necker en 1781. J'ai vérifié par les résultats du compte effectif de la même année, que, tout extraordinaire mis hors de ligne, recette avoit été beaucoup plus foible, & la dépense beaucoup plus forte, qu'elles n'avoient été par lui prévues & annoncées; en sorte qu'au lieu d'un excédent de 10,200,000 liv. dont on s'étoit flatté, il s'étoit trouvé 46,329,000 liv. de déficit, par conséquent une différence de 56,529,000 liv. J'ai mis ces résultats sous les yeux du Roi; je les ai communiqués aux deux Ministres avec qui Sa Majesté m'avoit chargé d'en conférer(*); je leur ai fait remarquer, par l'accolade du compte de M. Necker & du compte effectif, sur quels articles portoient les différences; j'ai observé d'où elles provenoient; nous en avons conclu que le déficit s'étoit accru pendant l'administration de M. Necker par l'effet des emprunts inévitables; je l'ai dit dans mon discours aux Notables assemblés; je l'ai dit conformément à la volonté de Sa Majesté; je n'ai pas dit autre chose : je demande si j'ai mérité par-là, qu'on m'imputât *de m'être servi de la force que me donnoit ma position pour nuire & pour décevoir.*

Pages 19&20.

Décevoir ! je n'en connois point l'art; & j'ai bien sujet d'en détester l'usage. *Nuire !* on ne m'a jamais vu en avoir le dessein; je n'ai nui qu'à moi par ma courageuse franchise; & loin de m'être prévalu *de la force de ma position,* loin de m'être occupé *avec tant d'émotion* du soin de la conserver, j'ai prévu tranquillement à quoi je m'exposois en n'écoutant que mon zèle, & je me suis dévoué.

Page 92.

(*) M. de Miromenil & M. de Vergennes, les mêmes qui avoient assisté à la conférence chez M. de Maurepas, où M. Necker avoit présenté les élémens de son Compte rendu.

[5]

J'ai déjà protesté devant le Roi, j'ai protesté devant les Notables, & je proteste encore devant l'Univers, que par mon affirmation sur l'état du déficit en 1781, je n'ai jamais entendu faire *une attaque injurieuse à M. Necker,* ni élever des doutes sur la droiture de ses intentions; & qu'aujourd'hui même que je persiste à soutenir la vérité de cette affirmation vainement combattue, aujourd'hui que je vais la démontrer, je désire faire voir par l'explication que je donnerai des principaux articles d'erreur, qu'ils peuvent être reconnus sans que *l'administration* à laquelle ils se rapportent, soit *outrageusement inculpée,* sans que *l'administrateur soit à coup sûr un malhonnête homme.* Page 13. Page 17.

M. Necker me reproche d'avoir *refusé constamment de m'éclairer,* d'avoir *craint d'appercevoir la vérité*; il a écrit au Roi, que *je n'avois pas jugé à propos d'entrer en aucune explication, ni avec lui, ni avec M. le Maréchal de Castries*; & il a cru le prouver, en publiant ses lettres & les miennes. Page 2. Page 14.

Mais Sa Majesté, à qui j'avois rendu compte de tout, & qui n'ignoroit ni ce qui m'avoit été écrit, ni ce que j'avois répondu, savoit que dans le même tems qu'il avoit été jugé peu décent que je soumisse des calculs qu'elle avoit adoptés, à la discussion de M. Necker, comme il me l'avoit proposé, je désirois fort qu'il y eût une forme convenable, non pour mettre en question ce qui ne pouvoit paroître susceptible de doute, mais pour lui communiquer les élémens de mon travail, & en certiorer vis-à-vis de lui-même les résultats; Sa Majesté savoit que je l'avois sollicitée d'agréer un moyen qui m'avoit paru propre à fixer toutes les opinions; elle avoit même paru disposée à y donner les mains, aussi-tôt que M. Necker, à qui elle avoit permis de lui adresser sa réclamation motivée, sans la rendre publique, y auroit satisfait. Page 10.

J'en avois prévenu plusieurs des Notables au mérite desquels M. Necker fait profession de rendre hommage avec tout le public ; instruits de l'idée que j'avois conçue pour que l'éclaircissement qu'il demandoit eût lieu, avec lui, dans une conférence dont il n'auroit sûrement pas recusé la composition, ils n'auront pu voir sans étonnement qu'il m'ait reproché le refus constant de toute explication. Si celle que j'ai toujours témoigné désirer, & sur laquelle j'avois cru pouvoir compter, n'a pas eu lieu, ce n'est assurément pas ma faute.

Quant à M. le Maréchal de Castries, qui n'est pas moins fidelle à la vérité qu'à l'amitié, je ne doute pas qu'il ne se rappelle que dès la première conversation que j'eus avec lui sur ce sujet, après lui avoir parlé de la preuve que je tirois des comptes effectifs de l'année 1781, je lui proposai de lui en donner sur-le-champ communication.

Que M. Necker ne cherche donc plus à faire entendre que j'ai fui la lumière pour ne suivre que le projet de lui nuire ; que mieux informé il juge lui-même si j'ai mérité les insinuations amères répandues dans tout son écrit, & les avertissemens qui le terminent. De pareils moyens n'honorent pas une controverse importante entre des Hommes d'Etat. Je ne les ai relevés, que parce qu'il m'a paru convenable de justifier l'honnêteté de mes procédés, avant de prouver l'exactitude de mes calculs.

Cette exactitude est le seul point qui intéresse la nation ; je lui en dois la preuve ; je la dois à mon honneur ; je la dois au Roi lui-même, dont la majesté, qu'on semble méconnoître en qualifiant de *légèreté* ce qui porte son empreinte, seroit blessée, si ce qui a été affirmé devant elle, & avec sa participation, dans la plus auguste des assemblées, méritoit le soupçon d'infidélité.

M. NECKER a obſervé avec raiſon que notre diſcuſſion ſur le déficit ne doit pas être conſidérée comme un ſimple débat d'homme à homme, & qu'elle appartient, ſous plus d'un aſpect, à l'ordre général, à l'intérêt commun de la ſociété : *c'eſt*, comme il l'a dit, *une choſe publique que de chercher à conſerver les avantages qu'on peut tirer dans tous les tems de la notoriété de l'état des finances, en montrant qu'il exiſte des moyens de fonder une juſte confiance dans* la *communication* donnée par le *Souverain.*   Page 21.

MAIS pour maintenir ces avantages, pour affermir cette confiance, pour diſſiper le trouble qu'a dû jeter dans les opinions, la différence prodigieuſe qui ſe trouve entre nos réſultats ſolemnellement affirmés, ſuffit-il d'oppoſer des calculs à des calculs ? Multiplier les contradictions, n'eſt-ce pas accumuler les incertitudes, &, au lieu d'éclairer la nation, la mettre dans le cas de ne plus ſavoir ce qu'elle doit croire ſur un objet auſſi important ?

ON ne s'eſt pas flatté, je penſe, de faire diſparoître tous les doutes, comme d'un coup de baguette, en diſant que *la meilleure preuve de la vérité du compte de 1781, c'eſt le caractère de celui qui l'a rendu.*   Page 65.

MOI-MÊME, quelque confiance que j'aie dans la clarté des preuves que je vais rapporter, & dans l'authenticité des pièces ſur leſquelles je les appuie, je ne croirois pas ſatisfaire à tout ce que je dois, ni m'acquitter envers le public, ſi, me bornant à ce qui eſt néceſſaire pour juſtifier la vérité de mon aſſertion, je ne m'efforçois pas d'expliquer pourquoi elle eſt ſi oppoſée à celle de M. Necker, ſi je ne pénétrois pas juſqu'aux cauſes premières de la confuſion qui s'eſt introduite dans cette matière ; ſi je ne préſentois pas en même tems le moyen d'en diſcerner les effets, & de ſe garantir de l'illuſion ; enfin, ſi je n'examinois pas avant tout, quels ſont les principes qu'on doit ſuivre quand on veut rendre un compte général des finances,

[8]

dans la vue d'établir le rapport de la dépense à la recette, & de faire voir l'excédent de l'une fur l'autre, ou l'égalité entre elles.

Jusqu'a ce que les règles, qui doivent fervir de premières bafes à cette opération, foient reconnues & invariablement affifes, on difputera fans fin & fans utilité, fur la vérité des réfultats. Comment comparer des états de fituation formés d'après des méthodes entièrement difparates ? Et faut-il s'étonner de trouver entr'eux les plus vaftes écarts, s'ils ont été allignés fur des points de vue abfolument différens ?

Lorsque, dans mon difcours aux Notables, j'ai fait appercevoir les raifons qui font que la confection d'un tableau bien correct des finances de la France eft un ouvrage pénible, & qu'il eft " fort dif-" ficile de difcerner ce qui appartient à chaque année, pour former " une balance jufte de l'état ordinaire & annuel," je n'ai certainement pas entendu ni fait entendre qu'il y eût *impoffibilité de former des états certains.* Je n'ai pas eu, comme M. Necker a jugé à propos de me l'imputer, *la fingularité de dénoncer comme impoffible ce que j'ai fait moi-même ;* je penfe, j'ai toujours penfé, & je me flatte d'avoir prouvé par le fait, qu'il eft très-poffible de rendre fort exactement & fort clairement le compte des finances d'un empire, quelle qu'en foit l'étendue & la puiffance : mais j'ai dit, je dis encore, & je rendrai palpable dans tout le cours de cet écrit, que, par la manière d'envifager les objets, par la manière de les claffer, par la manière de les mefurer, de les qualifier, & de les rapporter à telles ou telles époques, il eft non-feulement fort facile quand on le veut, mais même fort à craindre fans le vouloir, de dénaturer les réfultats d'un pareil compte, de hauffer ou de baiffer l'un ou l'autre des côtés de la balance jufqu'au point le plus oppofé à la réalité, & de préfenter des erreurs d'autant plus fpécieufes que les yeux éblouis par l'étalage, & même par la précifion des calculs, n'apperçoivent pas le vice des élémens dont ils font compofés.

C2

Ce n'eft pas *aujourd'hui la première fois que* l'on fait pareille obfervation ; *ce ne font pas des mots vuides de fens pour les gens un peu au fait de cette matière ;* c'eft une vérité effentielle, principale, dont notre difcuffion même eft une preuve, & qui exige que, pour rendre l'iffue de nos débats vraiment utile au public, je commence par réfoudre les queftions qu'on peut faire fur ce qui doit entrer dans la compofition de ce qu'on appelle, RECETTES ORDINAIRES, DÉPENSES ORDINAIRES, & que je tâche de déterminer quelle eft la vraie & unique méthode qu'on doit fuivre pour en former la balance. C'eft-là ce qu'il importe grandement à la Nation de connoître ; c'eft ce qui fixera toutes fes incertitudes ; c'eft ce qui donnera la clef de tous les mal-entendus ; & c'eft ce que je vais entreprendre prélimi-nairement, à l'exemple des géomètres qui pofent les théorêmes avant de venir aux démonftrations.

Page 68.
Page 69.

PREMIER PRINCIPE.

L'EXCÉDENT DU REVENU SUR LA DÉPENSE, OU DE LA DÉPENSE SUR LE REVENU, EST ÉGAL A LA DIFFÉRENCE QUI SE TROUVE ENTRE LA TOTALITÉ DE L'UN ET LA TOTALITÉ DE L'AUTRE.

DONC, POUR FAIRE CONNOÎTRE CET EXCÉDENT, IL FAUT PRÉSENTER L'UNIVERSALITÉ DES REVENUS ET L'UNIVERSA-LITÉ DES DÉPENSES.

CETTE propofition eft évidente par elle-même. Il eft clair que ce n'eft qu'en comparant la maffe entière des recettes ordinaires à la maffe entière des dépenfes pareillement ordinaires, qu'on peut s'af-furer des rapports qui exiftent entre elles, & en tirer un réfultat certain, fur la fituation des finances : c'eft la vraie, c'eft la feule manière de former une balance dont il foit poffible de conftater l'exactitude.

B

Cependant M. Necker en suppose deux, dans le préambule de son Compte rendu; & après avoir reconnu que celle-ci *sembleroit préférable au premier coup-d'œil*, il la rejette comme *aisément susceptible d'erreurs & de grands embarras*, sans en donner d'autre raison, *si ce n'est qu'un tel compte devroit réunir, sous une même dénomination, les objets de même nature; mais que comme le paiement en est réparti entre divers trésoriers, tant à Paris que dans les provinces, personne ne pourroit juger de l'exactitude des calculs, ou du moins ne pourroit y parvenir qu'à l'aide d'un très-grand travail.*

Sur ce motif dont je ne conçois pas l'application, étant parfaitement indifférent que les dépenses se paient dans un lieu ou dans un autre, quand il ne s'agit que d'en faire appercevoir le montant, M. Necker *a pensé qu'il falloit adopter une forme,* suivant lui, *plus simple & plus évidente, en ne composant le chapitre des revenus, que des versemens qui sont faits au Trésor Royal par les différentes caisses, déduction faite des charges qu'elles sont tenues d'acquitter, & en ne portant pareillement dans la colonne des dépenses que les parties qui sont payées par ce même Trésor Royal.*

Mais ne porter en compte que des parties, est-ce donc rendre un compte général ? M. Necker convient lui-même que le compte des finances fait dans cette forme ne présente en recette qu'une somme qui ne va pas aux deux tiers du revenu réel, le surplus étant consommé par des charges assignées sur les différens produits dont il ne donne pas le détail. Il prétend *qu'une telle manière de rendre compte des finances se rapproche beaucoup de la forme adoptée en Angleterre. On y laisse,* dit-il, *à l'écart toute la partie des revenus qui est appliquée à de certaines dépenses fixes, & l'on ne présente que la partie de ces mêmes revenus destinée à des dépenses susceptibles de variations.*

Rarement les exemples sont applicables d'un Gouvernement à l'autre, & ils ne peuvent l'être lorsqu'à la disparité de constitution se

joint encore la difparité des circonftances & des deftinations. Certainement le compte qui fe rend tous les ans au Parlement d'Angleterre, ou plutôt l'expofition que lui fait le Chancelier de l'Echiquier
dans un difcours dont le but eft de montrer ce qu'il y a de revenu
libre & difponible dans l'année courante, pour faire régler l'emploi
de l'excédent s'il s'en trouve, ou déterminer les moyens de fuppléer
au déficit s'il y en a, ne peut être cité pour modèle d'un compte
général de la fituation des finances deftiné à faire connoître au public
le rapport des revenus ordinaires aux dépenfes ordinaires.

Mais d'ailleurs il ne faut pas croire que le Parlement d'Angleterre
foit dans aucun cas réduit à n'avoir qu'une connoiffance partielle des
recettes & des dépenfes : la totalité des objets eft mife fous fes yeux
toutes les fois qu'on lui en préfente les réfultats ; & fi, lorfque le
Chancelier de l'Echiquier fait ce qu'on appelle l'ouverture de fon
budget, il fépare avec raifon, de l'énonciation du fonds libre, ce qui
eft affigné à des dépenfes fixes, comme l'intérêt de la *dette confolidée*, la *lifte civile*, &c, il n'en peut réfulter aucune obfcurité,
ni aucun mécompte, parce que ces dépenfes fixes font toutes parfaitement connues, que tous les articles en ont été fanctionnés par le
Parlement lui-même, & que leur hauteur ne peut varier fans fa participation. Au furplus, je le répète, les comptes qui renferment les
détails de ces dépenfes ainfi prélevées, font mis en même tems fur le
bureau ; chacun des Membres du Parlement peut les confulter ; ils
peuvent être examinés à chaque inftant ; & leur contenu dépofe
publiquement de la vérité de leur réfultat.

Il n'en eft pas de même en France : les états des charges
affignées fur les différentes recettes y font arrêtés tous les ans par le
Contrôleur-Général feul ; ils diffèrent d'une année à l'autre ; ils
renferment plufieurs articles variables ; & à l'égard même des articles
fixes, l'adminiftrateur des finances peut en accélérer ou retarder plus

ou moins les paiemens, ce qui fuffit pour groffir ou affoiblir la recette apparente de l'année.

On en verra plufieurs exemples, quand j'entrerai dans la difcuffion des articles du Compte rendu par M. Necker; & ils confirmeront par le fait, ce qui eft démontré par la raifon, que le feul compte de ce qui fe verfe au Tréfor Royal, prélèvement fait des différentes déductions non connues du public, ne peut fuffire pour rendre notoire la fituation des finances, & que pour avoir le rapport exact de la recette à la dépenfe, il faut les comparer en totalité.

M. l'Abbé Terray en 1774, M. de Clugny en 1776, ont fuivi ce principe; je m'y fuis conformé auffi dans le compte que j'ai préfenté au Roi : M. Necker eft le feul qui ait pris une autre méthode, & c'eft une des principales caufes de la confufion qu'il s'agit d'éclaircir. Il eft fenfible que s'il y a deux manières de rendre compte des finances, le rapprochement qu'on eft toujours tenté de faire d'une époque à l'autre, devient une fource d'erreurs; il n'y a plus alors de point fixe de comparaifon; le public s'égare dans de fauffes conféquences, & à peine les perfonnes qui ont une connoiffance intime de toutes les parties peuvent-elles s'y reconnoître. C'eft donc une règle néceffaire, autant qu'une vérité inconteftable, que le compte général des finances doit préfenter la totalité des recettes & la totalité des dépenfes.

SECOND PRINCIPE.

Le compte des revenus doit etre composé de recettes réelles seulement, sans y comprendre aucun objet fictif.

Les cessations de charges ne doivent donc pas etre portées en augmentation de revenu.

C'est encore là une vérité si palpable, qu'il paroît au premier coup-d'œil superflu de la développer : mais il est important de s'en pénétrer, & de s'y attacher strictement, pour éviter beaucoup d'illusions. En fait de calculs, des expressions qui semblent équivalentes peuvent jeter dans de grandes erreurs. On peut dans la conversation, & même dans les combinaisons idéales, confondre une diminution de dépense avec un accroissement de revenu ; l'effet paroît être le même dans la balance, puisque si l'on ôte un poids d'un côté, l'autre s'élève aussi-tôt.

Mais cependant il faut bien se garder de transposer ainsi les objets dans une reddition de compte. Un particulier a 12,000 liv. de revenu chargées de 6000 liv. de rente viagère. Il emploie les 6000 liv. libres à sa dépense ordinaire, & il est au niveau. La rente s'éteint : le voilà en possession de 6000 liv. de plus ; & sa dépense ordinaire pourra de ce moment, être de 12,000, sans rompre l'équilibre. Si sous ce prétexte, son receveur, en lui rendant compte, s'avise de porter l'extinction de la rente au chapitre des revenus, le total se trouvera monter à 18,000 liv. & il paroîtra y avoir 6000 liv. d'excédent de la recette à la dépense. Il faudroit sans doute que ce particulier fût bien mal avisé pour se persuader qu'en conséquence il est devenu d'un tiers plus riche, & qu'il peut dépenser dix-huit mille livres au lieu de douze. L'erreur d'expression n'est point dangereuse, quand l'objet est aussi simple : mais s'il étoit plus compliqué, ou si un tel compte restant dans ses papiers, étoit vu à une certaine distance de sa date, il pourroit donner de fausses idées sur sa fortune, & quelque jour peut-être enhardir le receveur à qui on auroit passé cette manière de compter, à se vanter d'avoir augmenté d'un tiers le revenu confié à sa gestion, & à mettre toutes les cessations de charges que le tems auroit amenées, au rang des améliorations dont il s'attribueroit le mérite.

L'ARGUMENT se fortifie incomparablement du petit au grand ; & dans le Dédale des finances d'un empire aussi vaste & aussi opulent que la France, l'on se perdroit bientôt, si on laissoit échapper le fil de ces vérités premières. Plus elles sont simples en elles-mêmes, plus elles sont de rigueur dans l'observation ; & comme en algèbre, changer la marche des séries, l'expression des données, & les termes des équations, en y substituant de prétendus équivalens, ce seroit bouleverser tous les calculs & intervertir les résultats ; de même, dans une immense comptabilité, le déplacement des objets, l'abus des dénominations, & le mélange de ce qui est fictif avec ce qui est réel, peuvent causer un grand désordre dans la balance, & devenir ce que M. Necker appelle *une source de chicane & d'embroglie.*

IL s'ensuit que les extinctions de viager, les intérêts des capitaux amortis, & à plus forte raison les capitaux mêmes employés à des remboursemens, doivent être exclus de la colonne des recettes ; qu'étant des objets purement négatifs, ils ne peuvent augmenter la masse des objets réels ; & qu'ils ne doivent avoir d'influence que sur la colonne des dépenses.

JE ferai voir par la discussion des calculs, à quel point M. Necker s'est encore écarté de ce principe, & ce qui en est résulté.

TROISIÈME PRINCIPE.

DES REVENUS FUTURS, DES AMÉLIORATIONS ESPÉRÉES, DES CASUELS PRÉVUS, MAIS QUI NE SONT POINT ANNUELLEMENT PRODUCTIFS, NE DOIVENT PAS ETRE COMPTÉS AU CHAPITRE DES RECETTES.

CE principe dérive du précédent. Puisqu'on ne doit faire entrer dans l'état des revenus que ce qui est réel, on ne doit pas y faire entrer ce qui ne l'eft pas encore. Un compte de fituation n'eft pas un compte d'efpérance; les recettes doivent faire face aux dépenfes; elles fervent à les acquitter: il faut donc qu'elles leur foient contemporaines; & il y auroit néceffairement beaucoup de mécompte à la fin de l'année, fi le poids des paiemens exigibles n'étoit balancé que par la perfpective de produits à venir.

Il eft vrai que dans l'eftimation d'un bien, les cafuels font comptés; mais il ne s'enfuit pas qu'ils doivent l'être dans un tableau comparatif des recettes aux dépenfes annuelles. Une geftion quelconque feroit bientôt en défordre, fi des bénéfices éventuels qui ne fe réalifent qu'à des diftances éloignées, & qui communément font abforbés tout d'un coup, étoient mis, par évaluation, au rang des revenus effectifs, s'ils étoient portés en ligne de compte parmi les fonds employés à la dépenfe courante; & ce qui eft une vérité fenfible par rapport à l'adminiftration d'une fortune particulière, le devient encore plus lorfqu'on en fait l'application aux finances d'un grand Empire, où les dépenfes extraordinaires reviennent fi fréquemment qu'elles compenfent, & au-delà, ce qui peut furvenir de gains extraordinaires.

QUATRIÈME PRINCIPE.

Des remboursemens forcés pour l'époque, et déterminés pour le capital, auxquels on est tenu annuellement pendant un tems considérable, doivent être comptés en dépense ordinaire, sur le pied de la totalité de leur montant annuel, si par rapport à l'étendue de leur durée et a l'intention du compte; il y a lieu de les considérer comme une charge perpétuelle; sinon, sur le pied de l'intérêt de la masse totale des capitaux ainsi remboursables.

CETTE propofition exige un peu de développement. Elle eft de vérité abfolue, quant à l'obligation de porter en dépenfe ce qu'on doit payer pendant plufieurs années ; elle eft de vérité relative, quant à la\manière dont cet article de dépenfe doit être conçu & évalué.

POUR éclaircir le tout, je reprens l'exemple du particulier à qui j'ai fuppofé un revenu de 12,000 liv., & je le confidère comme chargé d'une dette de foixante mille livres, avec obligation de la rembourfer dans l'efpace de dix ans, fur le pied de 6000 liv. chaque année, outre l'intérêt dégradatif.

IL eft d'abord inconteftable, que les rembourfemens de 6000 liv. doivent entrer d'une manière quelconque, dans l'état de fa dépenfe ; puifque, s'ils n'y étoient pas compris, il y auroit un déficit annuel de 6000 liv. pendant dix ans.

QUANT à la manière dont ils doivent y être portés, elle dépend du point de vue dans lequel le compte eft formé. Ne s'agit-il que de donner une appréciation de la fortune de ce particulier, de fixer l'idée qu'on en doit prendre, il ne feroit pas jufte de faire fon compte de manière qu'il parût n'avoir que 4500 liv. de revenu au lieu de 12,000 liv., parce qu'effectivement il n'auroit pas plus à dépenfer pendant dix ans, ayant à prélever fur fon revenu 6000 liv. d'une part pour le rembourfement, & 1500 liv. pour le moyen terme de l'intérêt dégradatif de la fomme de 60,000 liv. Il feroit en ce cas plus naturel de ne compter dans fa dépenfe ordinaire que l'intérêt perpétuel de la dette entière, c'eft-à-dire les 3000 liv. de rente qu'il auroit à payer s'il empruntoit à conftitution la fomme néceffaire pour éteindre tout d'un coup le capital qu'il eft tenu de rembourfer. Son revenu libre devroit alors être confidéré comme étant de 9000 liv.

MAIS fi l'objet du Compte rendu eft de faire connoître la fituation préfente des affaires de ce particulier, & de faire voir que pardeffus

deſſus le montant de ſes charges & dépenſes ordinaires il lui reſte un
excédent diſponible ſuffiſant pour payer l'intérêt d'un nouvel emprunt
qu'il voudroit faire, ce ſeroit préſenter un bilan illuſoire & un faux
gage aux créanciers, que de ne pas porter dans l'état de ſa dépenſe
& les 6000 liv. de rembourſemens dont il eſt tenu pendant dix ans,
& les 1500 liv. auxquelles l'intérêt dégradatif du principal ſeroit
eſtimé.

Il en eſt de même, & à plus forte raiſon encore, quand il s'agit
du compte des finances d'un puiſſant Souverain, formé dans la vue
de manifeſter ſa ſituation, & d'exciter la confiance publique. Il eſt
évident qu'alors c'eſt l'état préſent ſur-tout, que l'on conſidère &
qu'on a intérêt de conſidérer. Une libération éloignée ne peut ſervir
à fonder le crédit du moment, puiſqu'elle ne peut être donnée en
paiement des charges annuelles. D'ailleurs, à l'égard des empires,
ce qui doit durer encore dix ans ſemble avoir en adminiſtration, le
caractère de la perpétuité. Il eſt même d'une ſage prévoyance,
d'alligner ſes calculs, comme ſi ce qui ne s'éteint que dans un tel
période, devoit être remplacé par la ſucceſſion des charges nouvelles
que peut amener la révolution des événemens ; ſans néanmoins perdre
l'eſpoir d'une meilleure hypothèſe, c'eſt-à-dire d'une extinction pro-
fitable à l'Etat ; mais en la regardant comme une réſerve utile de
reſſources deſtinées au ſoulagement des peuples. C'eſt le vrai moyen
d'établir l'ordre des finances ſur des fondemens ſolides, & tels que
rien ne puiſſe les ébranler.

CINQUIÈME PRINCIPE.

La dette arriérée doit être comprise dans le compte
de la situation des finances d'un État, sur-tout
lorsque cette dette est trop considérable pour pouvoir être acquittée sur le revenu ordinaire : il faut
alors en compter l'intérêt en dépense.

C

C'étoit un axiome du Droit Romain, & c'est une maxime par-
tout, QU'ON NE PEUT ESTIMER CE QU'ON POSSÈDE, QU'APRÈS
AVOIR DÉDUIT CE QU'ON DOIT. Si ce principe est incontestable
à l'égard des particuliers, il ne l'est pas moins pour les Souverains ;
& il est impossible de donner une idée juste de la situation de leurs
finances, en laissant à l'écart la masse de leurs dettes ; ce qui ne
s'entend pas seulement des dettes constituées, mais aussi des dettes
exigibles, des dettes de toute espèce.

Je suppose qu'une Puissance doive 150 millions en objets arriérés,
au moment que l'administrateur de ses finances veut lui en rendre
compte, & présenter au public la balance de ses revenus & dépenses
ordinaires, pour que chacun connoisse ce que cette Puissance peut
emprunter, & ce qui doit servir de gage aux prêteurs : le compte
sera-t-il exact, s'il n'y est fait aucune mention des 150 millions de
dettes ? Je ne crois pas que cela puisse faire une question.

SEROIT-CE une excuse d'alléguer que cette dette est composée
d'objets non encore liquidés, que le compte n'en est pas encore
arrêté ? Non, sans doute. Il suffit que la dette existe, qu'elle soit
connue, qu'elle puisse être évaluée en masse, pour qu'il soit indispensable de la faire entrer en considération, lorsqu'on veut donner un
état vrai des finances.

Si le moment de la liquidation de tout l'arriéré paroissoit être le
seul où l'on pût le comprendre dans le calcul de la dépense, ce qu'il
en faudroit conclure, c'est que ce moment est aussi le seul où l'on
puisse rendre compte, & fixer avec précision le rapport des recettes
aux dépenses, dans leur état ordinaire.

MAIS si, par quelque motif que ce puisse être, on trouve convenable de mettre au jour la situation des finances, avant l'apurement
des dettes, & lorsqu'une continuation de guerre ne permet pas encore

d'appercevoir jufqu'où peut fe porter leur accroiffement futur, ce n'eft pas une raifon qui difpenfe de parler de celles qui exiftent, d'en eftimer la hauteur par apperçu, & d'en faire, de manière ou d'autre, un article de dépenfe, puifqu'il eft impoffible que, de manière ou d'autre, la dépenfe n'en foit pas augmentée.

En effet, les 150 millions que je fuppofe dus, ne peuvent s'acquitter que par la voie d'un emprunt, ou par des paiemens fucceffifs répartis dans un certain nombre d'années. Dans un cas, comme dans l'autre, la dépenfe fe trouvera groffie, foit de l'intérêt de l'emprunt, foit de la partie d'acquittement dont chaque année fera chargée ; & l'omiffion de cet accroiffement feroit évidemment une erreur dans le bilan de l'état.

Cette vérité eft de tous les pays : il ne peut y avoir de différence que dans la forme. Si, pour acquitter les 150 millions, on doit faire un emprunt viager, ou un emprunt en conftitution rembourfable par portions égales à l'intérêt annuel, comme font en France ceux des Pays d'Etat, il faudra porter 15 millions en dépenfe : fi l'on trouve préférable que l'emprunt foit perpétuel, & que la dette foit *confolidée*, comme en Angleterre, l'intérêt ne devra être compté que fur le pied de 7,500,000 liv. : mais en Angleterre, comme en France, & par-tout ailleurs, une telle maffe de dettes ne fauroit être comptée pour rien, lorfqu'on entreprend de faire connoître la fituation des finances du Royaume.

Voilà ce que j'ai cru pouvoir mettre en principe, & réunir aux autres vérités dont l'expofé m'a paru devoir être le préliminaire de toute difcuffion fur les comptes rendus, pour fervir de guide dans leur examen & donner la facilité d'en difcerner les points de vue, d'en démêler les erreurs, & d'apprécier les différences de leurs réfultats.

Ces vérités une fois reconnues, comme il me femble néceffaire qu'elles le foient, tous les comptes de finance peuvent être conftruits fur un plan uniforme, & dès-lors être comparables entre eux. Mais s'il n'y a aucun principe certain, fi les comptes font rendus fuivant des méthodes entièrement difparates, leur notoriété fera plus nuifible qu'utile, & les conféquences qu'on voudra tirer de l'un à l'autre, ne pourront, comme je l'ai déjà obfervé, qu'égarer de plus en plus & le public & l'adminiftration elle-même.

Je viens préfentement aux preuves de ce que j'ai avancé fur le déficit.

Rétablissons d'abord le texte qui a fait naître la difcuffion.

Page 2.

M. Necker commence par dire : *que j'ai déclaré dans un difcours répandu maintenant dans toute l'Europe, que le Compte rendu à Sa Majefté en 1781 étoit fi extraordinairement erroné, qu'au lieu de l'excédent préfenté par ce Compte, il y avoit à la même époque un déficit immenfe.*

Qui ne croiroit que ce font-là les termes de mon difcours ? Or les voici :

Voyez le Difcours imprimé.

" Entre cette epoque (1776) & celle du mois de Mai 1781, le
" rétabliffement de la Marine & les befoins de la guerre firent
" emprunter 440 millions. Il eft évident que le produit de toutes
" les réformes, de toutes les bonifications qui ont été faites dans cet
" intervalle, quelque évaluation qu'on puiffe leur donner, n'a pu
" compenfer, à beaucoup près, l'augmentation de dépenfe qui a
" réfulté néceffairement de l'intérêt de ces emprunts, qu'il faut tou-
" jours compter fur le pied de neuf à dix pour cent, foit comme

" viagers, foit eu égard aux rembourfemens, & qui par conféquent
" s'eft élevé à plus de 40 millions par an. Le déficit s'eft donc
" accru, & les comptes effectifs le prouvent."

Ce texte eft-il donc le même que celui qu'on y a fubftitué?
L'un feroit un reproche direct, chargé d'expreffions aggravantes, &
étranger au fujet de mon difcours : l'autre eft la fimple énonciation
d'un fait lié néceffairement à l'examen dont j'avois à rendre compte.
Par l'un j'aurois affecté d'accufer un ouvrage qui a eu une grande
célébrité : par l'autre je laiffe cet ouvrage à l'écart, & je préfente
une propofition qui en eft tellement indépendante, qu'elle fubfifteroit
toute entière, quand le Compte rendu en 1781 n'eût jamais exifté.

Les conféquences qu'on a pu en tirer n'entroient pas dans mon
plan ; je n'en ai préfenté aucunes ; & fi ma phrafe indique un fentiment, certainement ce n'eft pas celui de l'inculpation. Je n'avois
point à examiner comment les calculs du Compte rendu en Janvier
1781, pouvoient fe concilier avec le réfultat du Compte effectif de la
même année ; je n'ai articulé, ni que le premier fût *extraordinairement erroné*, ni qu'à *la même époque où il avoit préfenté un excédent*,
il y eût un déficit immenfe ; mon objet n'étoit que de marquer les
progrès fucceffifs du déficit, fuivant l'ordre que j'en avois reçu du
Roi, & d'après la connoiffance que j'en avois acquife : je me fuis
renfermé dans ce devoir ; & pour juftifier l'exactitude de mon affertion, je pourrois me borner aujourd'hui à prouver qu'il eft vrai,
comme je l'ai dit, *que le déficit s'eft accru depuis* 1776 *jufqu'en* 1781.

Ce n'eft point là une pure fubtilité, encore moins un fubterfuge.
Je n'éluderai rien ; je répondrai à tout ; mais je ne veux rien confondre ; & comme dans l'écrit que je réfute, on m'accufe de *tra-
veftiffement* de texte, que fans ceffe on m'y attribue des *méprifes*, des Pages 26, 71,
contradictions, de *grandes légèretés*, & une *artificieufe adreffe*, j'ai bien   54, 16, &c.
droit d'exiger qu'on ne dénature pas mes propofitions, qu'on ne me

faſſe point parler avec dureté quand je me ſuis exprimé avec ménage‑
ment, & qu'on ne m'attribue pas ce que je n'ai pas dit, lors même,
que je ſuis en état de prouver la vérité de ce qu'on m'attribue.

La véritable baſe de mon aſſertion n'a pu être ignorée de M.
Necker : c'eſt le réſultat des Comptes de l'année 1781.

Quel autre moyen plus ſûr pouvois-je invoquer pour m'éclairer
ſur la ſituation des finances à cette époque, que de recourir aux comptes
des recettes & dépenſes effectives, ſeules pièces probantes, où l'on puiſſe
prendre une connoiſſance exacte de ce qui a été réellement reçu
ou dépenſé ? Les états de ſituation qui ſe remettent au Roi au com‑
mencement de chaque année, ne peuvent indiquer que ce que l'Ad‑
miniſtrateur prévoit d'après ce qui peut être apperçu au moment
qu'il les forme : le Compte effectif formé ſur les regiſtres journaux
de l'année, peut ſeul préſenter l'état au vrai & donner un bilan
inconteſtable.

Or, c'eſt par le dépouillement de ce compte, qu'il m'a clairement
apparu que pluſieurs des articles portés dans celui de M. Necker au
chapitre des revenus, ayant été ou nuls en 1781, ou beaucoup moin‑
dres qu'il ne les avoit eſtimés, la recette de l'année, au lieu d'être
de . . . . 264,154,000 liv.
comme il l'avoit ſuppoſé, n'a été que de . . 236,833,000

Ce qui fait une différence de . 27,321,000

C'est par les relevés du même compte, que j'ai trouvé que plu‑
ſieurs articles de dépenſe ayant été ou totalement omis par M. Necker,
ou portés à un taux fort au-deſſous de celui auquel ils ſe ſont élevés,
la dépenſe, au lieu de ne monter qu'à la ſomme de 253,954,000 liv.
comme il l'avoit annoncé, avoit monté à celle de 283,162,000

Ce qui fait la différence de . 29,208,000

[23]

C'est enfin de l'addition de ces deux différences, l'une en moins pour la recette, l'autre en plus pour la dépenfe, qu'il réfulte;

Au total, une différence de   .   56,529,000 liv.

Voila ce qui eft, voilà ce que j'ai vu, voilà ce que j'ai dit: peut-on faire que cela ne foit pas, peut-on voir, peut-on dire autrement? Je ne le conçois pas. Il faut ou que M. Necker s'infcrive en faux contre les Comptes du Tréfor Royal, ou qu'il avoue une différence de 56 à 57 millions entre les réfultats de fes calculs & les réfultats réels.

Mais d'où peut procéder une telle différence? Ce feroit à lui-même de l'expliquer. Il ne l'a pas entrepris ; & ce qui doit paroître bien extraordinaire, ce qui devroit même deffiller les yeux de tous ceux à qui le bandeau de la prévention ne les tient pas fermés invinciblement, c'eft que M. Necker ayant employé 106 pages d'impreffion à combattre mon affertion, n'en ait pas employé une feule, ni même une feule ligne à réfuter la principale preuve fur laquelle je me fuis fondé, celle que j'ai remife au Roi & communiquée à fes Miniftres ; celle qui leur a paru décifive ; celle que j'ai expreffément annoncée dans mon difcours du 22 Février, où on lit : *le déficit s'eft accru, les comptes effectifs le prouvent* ; celle que j'avois auparavant alléguée à M. le Maréchal de Caftries, en lui offrant de la mettre fous fes yeux ; celle que j'ai indiquée à M. Necker lui-même, en lui marquant dans ma réponfe du 30 Janvier, que j'avois formé mon Tableau des progrès du déficit, *d'après les comptes effectifs de chaque année, qui feuls peuvent faire connoître la réalité* ; celle enfin que j'ai préfentée la première dans le grand Comité de Notables tenu chez Monsieur, Frère du Roi, où j'ai même produit l'Etat comparatif que j'avois apporté, du Compte rendu par M. Necker en 1781, & du Compte effectif de la même année, où j'en ai lu les réfumés dont plufieurs des affiftans ont pris note par écrit, & où j'ai fait.

Page 7 de l'Ecrit de M. Necker, où cette réponfe eft rapportée.

paſſer cet Etat comparatif de main en main à ceux qui ſe trouvoient ſiéger à ma droite.

Je retrace toutes ces circonſtances, parce qu'elles ne permettent pas de révoquer en doute ce qui d'ailleurs eſt très-notoire, que toujours j'ai cité les relevés du Compte effectif de 1781, comme la vraie preuve de ce que j'avois avancé ſur l'état du déficit en cette même année.

Cependant M. Necker a jugé à propos de n'en pas dire un mot. Il a mieux aimé s'attacher uniquement à une obſervation que j'avois faite plutôt pour développer que pour conſtater la vérité de ma propoſition. J'avois dit narrativement dans mon diſcours, que le déficit en 1776 avoit été *eſtimé* par lui à 37 millions; que depuis cette époque juſqu'en 1781 on avoit beaucoup emprunté; que les bonifications n'avoient pu égaler l'intérêt de ces emprunts; qu'en conſéquence le déficit s'étoit néceſſairement accru. Ayant été fort argué ſur ce raiſonnement dans le Comité tenu chez Monsieur, j'en avois ſoutenu la juſteſſe, ſans inſiſter ſur l'évaluation du déficit en 1776, étant égal pour ma propoſition, que ce déficit dût alors être évalué à 37 millions, comme je l'avois vu dans un Mémoire de M. Necker(*), ou qu'à la rigueur il fût de 24 ſeulement, comme

il

(*) Il y a dans le texte de ce Mémoire, tel que M. Necker l'a rapporté dans

Pages28&29. ſa brochure, ces propres termes : *C'eſt donc 37 millions, & non 27, qu'il faut trouver, ſoit par la recette, ſoit par la dépenſe*; & plus loin en titre : *Détail des objets qui rempliront le déficit de 27 millions & les 10 millions d'excédent néceſſaires, en tout 37*

Pages51&52. *millions.* Je ſavois d'ailleurs, ce que M. Necker a reconnu lui-même, que *l'on avoit porté trop bas dans le Compte de M. de Clugny, l'eſtimation* de diverſes dépenſes pour leſquelles M. Necker, en y joignant *les erreurs qui ont pu lui échapper*, a cru devoir paſſer *quinze millions :* j'ai donc pu croire ſans *diſtraction* qu'évaluer à 37

millions

il l'avoit dit dans son Compte rendu. Mais avant & même pendant tout ce débat, je n'avois cessé d'appuyer principalement sur la démonstration résultant du Compte effectif de 1781 : je la présentois d'un côté à ceux qui vouloient bien l'entendre, pendant que je répondois de l'autre aux interpellations multipliées de M. l'Archevêque de Bordeaux ; car il falloit bien alors que je fisse tête à tout le monde. J'avois commencé par m'appuyer sur une démonstration de calcul qui ne pouvoit se vérifier que sur les pièces ; j'y joignis un raisonnement qu'il étoit plus facile de saisir dans une telle conférence. N'est-il pas singulier que M. Necker ait laissé la preuve rigoureuse à l'écart, pour ne combattre que le raisonnement accessoire ? Il l'a retourné & disséqué de toutes les manières ; & c'est après s'être bien défendu d'avoir dit une vérité qui ne fait rien à la question, plutôt que d'essayer de répondre à celle qui la décide, qu'il me reproche de n'avoir allégué contre son Compte rendu que des vraisemblances, & de m'être *aventuré d'une étrange manière en voulant conclure de ces fausses vraisemblances qu'il y avoit un déficit de 56 millions en Mai* 1781. *Pages 53 & 54.* C'est sans doute sur ce fondement qu'il s'est cru lui-même autorisé à ne m'opposer que des calculs approximatifs, établis sur des estimations présumées, sur des *environ* ; & il en a formé des tableaux très-méthodiquement composés, mais qui fourmillent d'erreurs.

Je releverai toutes ces erreurs ; je ferai voir l'illusion & des quatre-vingt quatre millions d'améliorations dont on ne s'étoit pas douté jusqu'à ce moment, & des cent onze millions sept cens mille

---

millions le montant du déficit en 1776, c'étoit me conformer à l'opinion que M. Necker en avoit eue à cette époque ; & il est d'autant plus étonnant qu'il ait employé un paragraphe entier de sa brochure à m'accuser d'avoir en cela *travesti son Mémoire, d'en avoir présenté le résultat d'une manière absolument opposée à son véritable sens,* qu'il est contradictoire de me supposer le dessein de lui nuire, & en même tems de me reprocher d'exaggérer le déficit de l'année qui a précédé son administration. Il est évident que le déficit qu'il a trouvé, est en décharge de celui qu'il a laissé.

livres d'augmentations de charges depuis 1781, qui font furvenus
tout auffi à propos pour quadrer jufte avec le Compte que j'ai donné
du déficit, afin de conclure qu'il s'eft formé tout entier depuis 1781 :
mais je n'entrerai dans cette difcuffion négative qu'après que j'aurai
développé, & mis dans le plus grand jour, la preuve pofitive de mon
affertion, fondée fur la différence qui fe trouve entre les tableaux de
recette & de dépenfe donnés par M. Necker en 1781, & ce qui eft
conftaté avoir été reçu & dépenfé cette même année ; non compris
ce qui a été occafionné par la guerre, & généralement tout ce qui
doit être regardé comme extraordinaire.

N° I. des
Pièces Jufti-
ficatives.

Je ferai imprimer en entier à la fuite de cet écrit l'Etat comparatif
que j'ai eu l'honneur de remettre au Roi, & dans lequel tous les
articles de recette & de dépenfe, portés au Compte rendu par
M. Necker en Janvier 1781, font accolés à ceux qui ont été relevés
fur le Compte effectif de la même année. Je vais citer & expliquer
ceux fur lefquels portent les différences.

REVENUS.

ARTICLE I.

Dès le premier article de l'état des revenus portés au Tréfor
Royal, il fe trouve dans le Compte de M. Necker, une erreur de
près de onze millions. Le verfement net des recettes générales y eft
fuppofé être de . . . . . 119,540,000 liv.
Or, fuivant le Compte effectif, il n'a été que de   108,763,250

La différence eft de . . 10,776,750

Il doit paroître fort étonnant qu'il y ait une erreur auffi confidérable fur une partie de recette auffi facile à conftater, & dont le

montant pour chaque année, eſt connu à livres, ſols, & deniers, du Miniſtre des finances, dès le premier de Janvier, par les ſoumiſſions que lui donnent alors les Receveurs-Généraux.

J'AI fait ce que j'ai pu pour découvrir d'où provenoit cette erreur. Je me ſuis fait repréſenter tous les états qu'on a pu retrouver; je les ai comparés à ceux des années antérieures & poſtérieures; j'ai eu & j'ai encore ſous les yeux, les réſumés des ſoumiſſions données par les Receveurs-Généraux, tant pour l'année 1780, que pour l'année 1781; j'ai ſuivi le progrès des produits bruts de la recette générale des impoſitions, depuis le miniſtère de M. l'Abbé Terrai, juſqu'à l'époque où ils ont été augmentés par la perception du troiſième vingtième; j'ai vu auſſi les tableaux des déductions qui ſe prélèvent chaque année, ſur ces produits, avant que le reſtant net ſoit verſé au Tréſor Royal: le rapprochement de toutes ces pièces, la combinaiſon de tous ces renſeignemens, n'a ſervi qu'à me confirmer de plus en plus, dans la certitude que ce premier article du Compte rendu eſt fort erroné; ſans me faire appercevoir clairement comment il a pu l'être à un tel point.

J'AI ſeulement lieu de préſumer que deux cauſes y ont principalement concouru: l'une, que la compagnie des Receveurs-Généraux ayant été ſupprimée en 1780, & leur nombre réduit à 12 ſeulement, ces nouveaux Receveurs-Généraux ont pu ſe tromper ſur l'évaluation des différentes recettes à eux inconnues, qu'on réuniſſoit alors en leurs mains: l'autre, que M. Necker s'étant flatté que la forme qu'il venoit d'établir, produiroit ſur les frais de recouvrement, une grande réduction qui ne s'eſt aucunement réaliſée, avoit en conſéquence retranché du chapitre des déductions qu'il n'a pas détaillées, des ſommes conſidérables qu'il a fallu enſuite y remployer.

[28]

Page 105
du Compte
rendu.

En effet d'un côté, au premier article des explications qui précèdent le tableau des recettes dans le Compte rendu, on lit : *Les impositions perçues par les Receveurs-Généraux, se montent dans ce moment-ci à* . . . . 148,590,000 liv.
Ces mêmes impositions ne montoient en 1776,
   suivant le Compte présenté par M. Clugny,
   qu'à 140,634,730
Elles auroient donc été augmentées, pendant
   l'administration de M. Necker, de . . 7,955,270

Pages 41 & 43
de la Bro-
chure.

CEPENDANT les accroissemens d'impôt dont il convient dans l'écrit qu'il a fait contre moi, ne montent qu'à 3,500,000 liv. d'une part, & à 1,800,000 liv. de l'autre (*) ; lesquelles sommes, ajoutées à ce qu'étoit le montant des impositions en 1776, ne donneroient qu'environ 146 millions : appréciation facilement concordante avec les comptes des années subséquentes & avec l'état présent ; puisque ces mêmes recettes qui, par le cours naturel des choses, tendent plutôt à augmenter qu'à diminuer, ne vont encore aujourd'hui qu'à 147,643,000 liv.

D'UN autre côté on lit au même article des explications données par M. Necker : *Les charges assignées sur ces mêmes impositions s'élèvent à* . . . . 29,050,000 liv.

Page 105
du Compte
rendu.

C'EST-LA, je crois, où se trouve la principale erreur. Les déductions ont toujours monté à une somme beaucoup plus forte : l'année qui a suivi celle du Compte rendu, elles étoient de

---

(*) CE font les articles 9 & 12 du chapitre des améliorations alléguées par M. Necker. Les articles 13, 14, & 15, n'entrent pas dans le compte des recettes générales des impositions. On en compte séparément.

34,622,000 liv. & elles n'ont jamais été au-deſſous de 34 millions. Il paroît qu'elles ont même été beaucoup au-deſſus en 1781, ſoit qu'il y eût eu quelques prompts paiemens dont il a fallu tenir compte, ſoit par toute autre cauſe ; puiſque dans le fait les ſoumiſ-ſions des Receveurs-Généraux pour l'année 1781, n'ont fait monter le verſement net au Tréſor Royal qu'à 108,763,250 liv.

J'ai encore en mains le relevé de ces ſoumiſſions tel qu'il m'a été remis par le premier Commis des finances, qui l'a tiré du dépôt du Con-trôle-général ; & il ſera imprimé à la ſuite de cet écrit. Il ne fait pas mention du moment auquel ces ſoumiſſions ont été remiſes à l'admi-niſtrateur des finances. Ordinairement elles le font la veille du jour de l'an : mais ne ſuſpectant pas la bonne foi de M. Necker, je ne ſaurois admettre que s'il avoit reçu alors ces ſoumiſſions, il eût porté un mois après, dans ſon Compte rendu, ſur le pied de 119 à 120 millions, un verſement qu'on ne s'étoit ſoumis de faire que ſur le pied de 108 à 109.

N° II. des Pièces Juſti-ficatives.

Je ne pénétrerai donc pas plus avant ; je me borne à obſerver que le réſumé des ſoumiſſions des Receveurs-Généraux, qui ſera ci-joint, s'accordant très-exactement ſur le montant du produit net des impo-ſitions en 1781, avec le Compte effectif de la même année, qui ſera pareillement joint, il en réſulte, aux yeux de tout le monde, une double preuve également manifeſte & inconteſtable, que le premier article du Compte rendu ſolemnellement par M. Necker, contient une erreur de dix millions ſept cens & tant de mille livres, ſur le ſeul objet de la recette des impoſitions.

Quelle a dû en être la conſéquence naturelle ? Que ſur la foi de ce compte, qui a dirigé en 1781, les combinaiſons du Tréſor Royal, on a dû tirer ſur les Receveurs-Généraux beaucoup plus en reſcriptions, qu'ils n'en pouvoient acquitter ſur leur recette réelle ; que n'ayant à payer que ce qu'ils s'étoient engagés de payer, ils ont dû reclamer contre ce trop tiré ; qu'il a donc dû paroître néceſſaire de faire remplacer ſur les fonds du Tréſor Royal, cet excédent de reſcriptions portant à faux ; & que ſi on l'a fait, on doit en trouver la preuve au Tréſor Royal, ou au dépôt du Contrôle-Général.

Il étoit donc encore à propos de rechercher cette preuve ; & c'eſt ce que j'ai fait. Marchant toujours avec défiance, de vérification en vérification, pour m'aſſurer de plus en plus de mes propres calculs, & me gardant bien de *m'aventurer avec légèreté* à contredire un Compte que le Roi avoit permis de préſenter au public comme digne de confiance, j'ai demandé aux dépoſitaires des pièces & munimens relatifs aux finances, s'il s'y trouvoit quelque veſtige d'un remplacement de reſcriptions trop tirées en 1781 ſur 1782. Ils m'en ont produit l'acte, & le Compte, tel que je le joins parmi les Pièces Juſtificatives. On y voit qu'en neuf articles détaillés par date, dans cet état, on avoit dès les neuf premiers mois de 1781, excédé de 8,165,780 ce qu'on pouvoit tirer en reſcriptions ; & qu'il a fallu en faire le rembourſement ſur les fonds du Tréſor Royal. Si l'on n'a pas pouſſé le trop tiré juſqu'aux dix millions ſept cens mille livres auxquels s'élève l'erreur de cet article du Compte rendu, c'eſt vraiſemblablement parce qu'avant la fin de l'année, on ſe ſera apperçu qu'on avoit déjà été trop loin, & qu'on aura ſenti la néceſſité d'enrayer.

Quoi qu'il en ſoit, ce remplacement de 8,165,780 liv. de reſcriptions trop tirées en 1781, fournit une troiſième preuve de l'erreur déjà démontrée tant par le Compte effectif, que par les ſoumiſſions des Receveurs-Généraux ; & la réunion des pièces que je rapporte à l'appui de chacune de ces trois preuves, me paroît ne permettre aucun doute ſur le point de fait. A l'égard de l'explication des cauſes qui me paroiſſent avoir pu occaſionner une ſi grande différence entre le Compte de M. Necker & la réalité, je demande pour cet article.

oi, comme pour tous les autres, qu'on veuille bien se souvenir que je ne garantis par mes présomptions; qu'elles sont surabondantes, & entièrement séparées de mes preuves; qu'elles ne doivent pas se confondre avec mon objet principal qui consiste dans la vérification de mes calculs, & nullement dans les éclaircissemens que je tâche de donner sur les erreurs que je relève dans ceux de M. Necker.

ARTICLE II.

L'ERREUR n'est pas moins évidente sur le second article de l'état.

LA partie versée au Trésor Royal du produit des fermes générales devoit être, suivant le Compte rendu par M. Necker, de 48,427,000 liv. Elle n'a été, suivant le Compte effectif, que de   43,506,000

Différence .   4,921,000

CETTE différence sur un produit constaté par bail, doit surprendre encore plus que celle de l'article précédent, & elle provient pareillement d'un mécompte dans les déductions : ce qui fait bien sentir de quelle importance est la règle que j'ai établie pour premier principe, & combien il est difficile de voir clair dans un compte où l'on ne présente que les produits nets versés au Trésor Royal, sans donner aucun détail des déductions prélevées. Ici M. Necker, après avoir calculé les produits des fermes, non sur le pied du prix fixe du bail qui étoit de 122,900,000 liv., mais sur le pied du prix supérieur de 126,100,000, qu'il a supposé devoir être atteint dès la première année, n'a ensuite déduit de cette somme, pour les charges assignées sur la ferme générale, que 77,573,000 liv., comme il le dit lui-même page 105 de son Compte rendu. Cependant les déductions ont été beaucoup plus fortes. On devoit bien s'y attendre, puisque M. du Fresne, premier Commis des finances, dans un état qu'il forma dès le mois de Janvier 1781, & dont le double fut remis aux fermiers généraux, portoit déjà ces déductions à 79,590,000 liv. Cet état est terminé par une note très-remarquable, écrite de la main de ce premier Commis, qui avoit la confiance de M. Necker; elle est conçue en ces termes : *M. le Directeur-Général m'a chargé d'écrire à M. de St. Amand* (*), *que son intention est d'ajouter en 1781 un million aux rentes; c'est-à-dire de porter cette partie à 54 millions; ce qui réduit le restant net au Trésor Royal à 43,506,000 liv.*

Ainsi écrivoit le premier Commis des finances en Janvier 1781; ainsi étoit réglé dès-lors, le versement à faire au Trésor Royal; ainsi s'est effectué ce versement sur le pied de 43,506,000 liv.; & cependant le Compte rendu le fait monter à 48,427,000 liv. !

La différence en moins, qui se trouve dans la recette effective, en est la suite nécessaire; & sur cet article l'aveu de l'erreur est écrit d'une main non suspecte, non récusable. J'ai conservé l'autographe, & il sera imprimé parmi les Pièces Justificatives, à la suite de cet écrit.

N° IV. des Pièces Justificatives.

Vainement on observeroit que M. du Fresne n'avoit pas fait entrer dans ses calculs, les augmentations qu'il y avoit sujet d'espérer au-dessus du prix fixe du bail.

Premièrement, quels qu'aient pu être les produits, il n'en seroit pas moins vrai que suivant l'état formé par le premier Commis des finances pour servir de règle aux fermiers généraux, les déductions étoient portées à 79,590,000 liv., & que suivant le Compte rendu elles ne l'ont été qu'à 77,573,000.

(*) M. de St. Amand, fermier général, est à la tête du comité des caisses, où se règle tout ce qui concerne les fonds.

Secondement,

Secondement, ces augmentations qui étant éventuelles, paru‑
rent ne devoir pas entrer en ligne de compte, n'ont dans le fait,
pas même compensé ce que la ferme générale a été obligée de fournir
dans les trois derniers mois de l'année, pour les paiemens des por‑
tions échues en Juillet, des rentes viagères créées en Février & Mars
de la même année ; paiemens qui n'avoient pas été compris dans
l'état des déductions formé par M. du Fresne. En forte qu'à peine
a‑t‑on pu effectuer le versement au Tréfor Royal fur le pied de
43,506,000 liv., tel qu'il avoit été porté dans cet état ; & le
mécompte a été conftamment de 4,921,000 liv.

A R T I C L E   III.

Le produit des droits du Domaine d'Occident eft porté au Compte
de M. Necker pour   .   .   .   .   4,100,000 liv.

Il n'eft entré pour rien dans la recette effective, ce produit
étant nul pendant la guerre ; ainfi le vuide fur cet objet a été
de   .   .   .   .   4,100,000 liv.

M. Necker fe récrie qu'on feroit bien injufte de le taxer d'erreur
pour avoir compris dans le revenu ordinaire, un produit qui n'étoit
que fufpendu par une caufe accidentelle, & qui devoit renaître à la
paix.

Je ne taxerois pas M. Necker d'erreur, s'il s'étoit borné à faire
mention de cet article pour mémoire : je fais qu'il n'a pas entendu
compter comme perceptibles en 1781, des droits qui ceffent de l'être
quand la mer n'eft pas libre & que les denrées de nos Colonies n'ar‑
rivent plus en France. Je dis feulement le fait : favoir, que cette
recette étant nulle pendant la guerre, il en eft réfulté entre le Compte
qui avoit été rendu au mois de Janvier 1781, & le Compte effectif

de la même année, une différence de quatre millions cent mille livres.

Voila d'abord ce qu'on ne peut nier.

Quant aux conféquences qu'il en faut tirer, on peut déjà les appercevoir en fe rappelant ce que j'ai obfervé fur le troifième des principes préliminaires. Au furplus, il fera tems de les apprécier, lorfqu'après avoir achevé la comparaifon des principaux articles des deux Comptes, j'aurai difcuté & établi ce qu'on doit en conclure par rapport à l'état du déficit à leur époque.

En attendant, je dirai feulement que M. Necker s'eft grandement trompé, lorfqu'il a dit: *Que fi l'on avoit pris le droit du domaine d'Occident à ferme pour 10 ans au prix porté dans le Compte rendu, la fpéculation eût été très-avantageufe, puifque l'accroiffement furvenu depuis la paix auroit amplement dédommagé de deux années de guerre.*

Page 94 de fon Ecrit.

Je ne crois pas que M. Necker eût voulu faire lui-même cette fpéculation, qui, loin d'offrir aucune apparence de gain, méneroit à une perte de plus de 14 millions. En effet, le produit des droits du domaine d'Occident, prefque nul en 1781 & en 1782, a été fort modique en 1783; & depuis qu'il eft revenu en fon état naturel, il ne rapporte pas plus de 3,500,000 liv.; c'eft le plus haut prix qu'en aient donné les fermiers généraux lorfqu'ils l'avoient en ferme; & ils avoient expreffément ftipulé qu'à l'inftant qu'il y auroit guerre, il ne feroit plus à leur compte. Or, comme une malheureufe expérience prouve qu'on ne peut pas fe flatter d'avoir plus que trois quarts de tems de paix contre un quart de tems de guerre, il s'enfuit que fur le produit de 35 millions pour 10 ans, il faudroit défalquer 8,750,000 liv. pour deux années & demie de guerre: refteroient donc 26,250,000 liv. de recette. Donc le fermier qui fur la foi du Compte rendu fe feroit foumis à en rendre 41,000,000 liv. pour dix ans, perdroit 14,750,000 liv.

Il s'enſuit ultérieurement que l'année commune de ce produit, compenſation faite du tems de guerre & du tems de paix, ne pouvant être évaluée ſuivant ce qu'on vient d'obſerver, qu'à 2,625,000 liv., l'eſtimation à 4,100,000 liv. ſeroit en toute hypothèſe de 1,475,000 liv. trop forte. Mais dans le cas où nous raiſonnons préſentement, le mécompte a été réellement de 4,100,000 liv., & doit être conſidéré comme tel : car ſi l'on calculoit les objets de recette portés au Compte rendu, ſur le pied qu'ils devoient être après le retour de la paix, il faudroit calculer de même les objets de dépenſe ; par conſéquent, faire entrer dans l'état des charges annuelles l'intérêt de tous les nouveaux emprunts juſqu'à la fin de la guerre, & les rembourſemens ſucceſſifs, renvoyés à cette époque ; ce qui ſeroit bien plus au déſavantage du Compte de M. Necker.

Articles IV, V, VI, VII, VIII, XXII, XXVIII.

Je n'entre dans aucun détail ſur les articles 4, 5, 6, 7, 8, 22, & 28, du Compte rendu des revenus. Enſemble ils excèdent de 1,177,000 liv. leur produit réel tel qu'il eſt porté au Compte effectif : mais ils ſont compenſés à concurrence de 917,000 liv. par les articles 11, 12, 13, 14, 15, 16, 17, 21, & 29, à l'égard deſquels le produit réel a ſurpaſſé l'évaluation qui leur avoit été donnée au Compte rendu. Ainſi la différence n'eſt que de 260,400 liv. Il étoit juſte de marquer les différences en moins, de même que les différences en plus, dans l'Etat comparatif ; & on a eu ſoin de les y diſtinguer en deux colonnes.

Article X.

Les revenus caſuels qui, ſuivant le Compte rendu, ſont portés à . . . . 3,928,000 liv.

Suivant le Compte effectif, ne ſont que de . 2,713,000

Différence . . 1,215,000

M. NECKER indique lui-même la principale caufe de cette différence, en avouant dans l'explication qu'il a donnée des objets de
recette compris dans fon tableau, qu'il avoit compté le produit des
revenus cafuels comme il étoit avant que les droits de centième denier,
qui en faifoient partie, euffent été engagés pour huit ans. Quoi
qu'il puiffe dire, on ne fauroit concevoir que des droits rachetés en
Février 1780, & qui jufqu'en 1788 ne devoient plus rien produire
au Tréfor Royal, aient pu en Janvier 1781 être mis au rang des
revenus qui s'y verfent annuellement.

Si l'on jugeoit convenable que ces droits de centième denier, pour
le rachat defquels on venoit de recevoir 6,970,000 liv., fuffent con-
fidérés comme encore compris dans la maffe des revenus cafuels,
eu égard à ce qu'ils devoient revivre au bout de 8 ans, il falloit du
moins, eu égard à leur nullité pendant cet efpace, en faire un article
des déductions à défalquer fur le net porté au Tréfor Royal. Autrement, préfenter comme revenu réel, ce qui ne doit avoir d'exiftence
que dans 5 ans ou dans 8, c'eft fuivre une méthode illufoire qui ne
peut donner que de faux réfultats ; comme je l'ai fait voir en établiffant le troifième principe.

IL eft vrai que dans le Compte rendu de M. Necker il eft fait
mention de ce rachat du centième denier, & qu'il eft dit que fi d'un
côté on n'en fait aucune déduction fur le produit des revenus cafuels,
d'un autre côté on a compris, à l'article 29 des dépenfes, une fomme
de 348,500 liv. pour l'intérêt à 5 pour cent des 6,970,000 liv. que le
Roi avoit reçus des propriétaires d'offices, qui s'étoient rachetés pour
8 ans, du droit de centième denier.

MAIS fi cette réponfe peut juftifier la bonne foi que je n'attaque
pas, elle ne détruit pas la réalité du mécompte que j'allègue ; car
d'abord la fomme de 348,500 liv. eft bien éloignée de compenfer le

produit du droit de centième denier des offices, qui eft d'environ 1,200,000 liv. annuellement (*) ; & d'ailleurs cet intérêt fictif de la fomme reçue pour le capital du rachat, n'entre pour rien dans l'article du Compte effectif correfpondant à cet article 29 du Compte des dépenfes rendu par M. Necker, la fomme qui y eft portée étant abforbée en entier par d'autres intérêts plus réels qu'il a fallu acquitter.

Ainsi le vuide de 1,215,000 liv. fur les revenus cafuels, fubfifte fans aucune compenfation.

Article XX.

L'Article du Compte rendu qui porte en recette pour le don gratuit du Clergé 3,400,000 liv. a été abfolument nul au Compte de 1781, le don gratuit ayant été entièrement confommé l'année précédente.

On a pu fans doute confidérer la fomme que le Clergé donne au Roi tous les cinq ans, comme diftribuée entre les cinq années fuivantes, & imputer le cinquième de cette fomme en revenu annuel : mais cette diftribution idéale d'un fonds qui eft toujours dépenfé dès la première année, ne peut former un article réel dans la recette ordinaire, & dans le tableau comparatif c'eft un vuide de 3,400,000 livres.

M. Necker demande fi *un propriétaire qui couperoit fes bois tous les cinq ans, ne pourroit pas préfenter ce gage à fes créanciers ?*

(*) Il paroît que M. Necker n'a compté ce produit que fur le pied d'environ 800,000 liv. ; mais il eft conftant que dès l'année 1781 il étoit de 1,160,000 liv., & qu'aujourd'hui il s'élève à plus de 1,200,000 liv.

On pourroit, en réponfe, lui demander fi les créanciers fe con-
tenteroient d'un pareil gage dans le cas où le propriétaire auroit la
liberté, & feroit même dans l'ufage conftant, de dépenfer en une
année ce produit quinquennal, fans en rien réferver pour leur payer
les intérêts de leur prêt pendant les quatre années fuivantes ?

On pourroit encore demander fi le fucceffeur de M. Necker auroit
pu, fur la foi du Compte rendu, deftiner à l'acquittement des charges
de l'Etat en 1781 ou 1782, les 3,400,000 liv. du don gratuit du
Clergé, les 4,100,000 du domaine d'Occident, & autres recettes
auffi chimériques ? Les raifonnemens qu'on emploie pour perfuader
qu'on a dû les porter en compte, lui auroient-ils été d'une grande
reffource ? Et les créanciers de l'Etat auroient-ils pris pour paiement de leurs rentes, une délégation fur des produits qui devoient
être nuls jufqu'à la paix, ou fur un fonds confommé d'avance, mais
reproductible en cinq ans ?

Mais, dira-t-on, falloit-il qu'un fonds que le Roi reçoit regu-
lièrement tous les cinq ans, fût compté pour rien dans fes revenus ?

Je réponds, qu'une recette extraordinaire, toujours appliquée à
des befoins extraordinaires, ne doit pas être mife au rang des recettes
annuelles ; qu'on ne peut la confidérer que comme une reffource
qui fert tous les cinq ans, ou à éviter un emprunt, ou à éteindre des
anticipations ; & que fous ce point de vue tout ce qu'on pourroit
avec juftice, feroit de compter en diminution de dépenfe, l'intérêt de
la fomme de 3,400,000 liv., c'eft-à-dire 170,000 liv. Mais d'aucune manière ce ne peut être un objet réel de recette annuelle.

Je ne prétends cependant pas faire un reproche à M. Necker de
cette répartition fictive du don gratuit du Clergé en cinq années. Je
dis feulement, comme il réfulte du fecond Principe, que cette

fiction, qui ne cefferoit d'en être une qu'autant que le don gratuit feroit employé aux dépenfes annuelles, ne peut tenir lieu de la réalité dans les Comptes effectifs. Au furplus, comme il eft enfin reconnu que les biens eccléfiaftiques doivent contribuer comme tous autres à l'impofition territoriale, on ne fera plus embarraffé déformais fur la manière dont le don gratuit doit être porté dans la recette; il y fera très-avantageufement remplacé par la jufte portion que le Clergé fupportera dans l'impôt général.

ARTICLE XXIII.

Suivant le Compte rendu, *la part du Roi dans les produits excédant les fommes fixées pour la Ferme générale & les Régies*, eft eftimée à 1,200,000 liv. par an, & elle eft portée fur ce pied dans les revenus ordinaires, ci 1,200,000 liv. Mais dans le fait, on n'en a rien touché en 1781; & en conféquence il y a, fuivant le Compte effectif, une différence en moins de 1,200,000 liv.

S'il ne s'agiffoit dans cet article que des produits excédant les prix fixes du bail des fermes & des régies, comme les termes dans lefquels il eft conçu femblent l'énoncer, ce feroit un double emploi, puifque les produits ont été calculés dans les articles précédens fur le pied des prix fupérieurs; le prix fixe des fermes n'étoit que de 122,900,000 liv., & il eft porté à 126 millions dans l'état des revenus, Article II. Il y a donc plutôt lieu de croire que l'on a entendu parler ici des bénéfices, qui ne commencent qu'à partir de ce qui furpaffe ce prix fupérieur, & dans lefquels le Roi entre en partage avec les fermiers généraux : mais ces bénéfices dont on ne compte qu'à la fin du bail, ont-ils été dès l'année 1781 tels qu'on les fuppofe ? Je l'ignore; & ce n'eft pas en ce moment ce qu'il s'agit d'examiner. Il fuffit pour mon affertion, qu'en 1781 il n'en ait été rien verfé au Tréfor Royal, & que la part du Roi dans ces bénéfices éventuels qui ne devoient fe répartir que fix ans après, n'ait pu être comprife dans le Compte de revenus pour cette année 1781, non plus que dans celui des cinq années fuivantes.

Du refte, j'ai déjà annoncé que je me réfervois de difcuter, après avoir achevé l'examen comparatif du Compte rendu & du Compte effectif, l'objection générale que peut faire M. Necker, & qui feroit applicable à cet article, comme à ceux du domaine d'Occident & du don gratuit du Clergé, fur ce que ce n'eft pas en s'arrêtant à l'année 1781 qu'on doit fixer la balance des revenus & des dépenfes ordinaires ; je ferai voir qu'il faut confidérer une époque quelconque, & ne pas varier.

Mon objet en ce moment n'eft que de montrer les principales différences des deux Comptes, & d'où elles procèdent.

Article XXIV.

Le produit de la Loterie Royale & des plus petites loteries eft eftimé, au Compte rendu, être, toutes charges déduites, de 7,000,000 liv.
Il n'a été, fuivant le Compte effectif, que de . 6,046,000

Différence . 954,000

Soit que les hafards n'aient pas été auffi favorables à la recette en 1781, foit que les déductions aient furpaffé l'évaluation qu'on en avoit faite, le mécompte a été tel : mais ce n'eft point une erreur reprochable. Il eft très-permis de fe tromper fur l'eftimation d'un produit auffi incertain. Quel qu'il foit, il eft toujours trop fort ; & il feroit bien à fouhaiter que la fituation des finances permît bien-tôt de l'annuller.

Article

Article XXVI.

M. Necker a porté en recette *les extinctions des rentes viagères & les intérêts des capitaux remboursés en* 1781, pour la somme de dix-huit cent cinquante mille livres. Il n'eſt pas étonnant qu'il ne ſe trouve rien de pareil dans le Compte effectif. Il a été ci-deſſus établi en principe, que ces prétendues recettes fictives ne peuvent être admiſes dans l'état des finances, ni comptées au rang des revenus : mais comme il faut ſuppoſer que le montant de ces rentes éteintes, & intérêts amortis en 1781, eſt reſté compris dans le total des charges aſſignées que M. Necker a déduites par prélèvement ſur les recettes, ſans en donner le détail, on a paſſé cet article dans le Tableau Comparatif, comme ſi c'étoit une recette réelle. J'en ai uſé de même pour tous les articles ſuſceptibles de doute. Je n'ai contredit qu'avec preuve & certitude. Je me borne donc à faire ici l'application des Principes I & II, ſans porter dans la colonne des différences, aucune ſomme pour cet article.

Article XXVII.

La contribution de la ville de Paris dans les dépenſes de la Police eſt dans le Compte rendu un objet de   .   .   204,000 liv. Cet article étoit réel alors ; mais depuis, & dès l'année 1781, la ville de Paris a obtenu d'en être déchargée : en ſorte qu'il eſt nul dans le Compte effectif. C'eſt donc en moins   .   204,000 liv.

Article XXX.

Le dernier article de recette du Compte rendu eſt encore un objet fictif, dont on ne trouve même aucun équivalent au Compte réel : C'eſt *l'intérêt d'environ ſix millions d'effets publics rentrées au Tréſor Royal en différens tems, & non encore brûlés*   .   290,000 liv.

F

Il n'y a rien au Compte réel qui puisse se rapporter à cet article dont on ignore l'objet, & dont l'énoncé semble indiquer des effets publics, tels que les billets de la loterie remboursés en 1778, 1779 & 1780, desquels l'intérêt n'étoit pas compris dans l'état des charges assignées sur l'année 1781, & qui par conséquent n'ont dû être portés en aucune manière dans les comptes de cette année. C'est encore en moins . . . . . . 290,000 liv.

RÉCAPITULATION DES DIFFÉRENCES EN MOINS QUI SE TROU-VENT DANS LES RECETTES DU COMPTE EFFECTIF, COM-PARÉES A CELLES DU COMPTE RENDU.

A l'Article I.	10,776,750 liv.
A l'Article II.	4,921,000
A l'Article III.	4,100,000
Aux Articles IV, V, VI, VII, VIII, XXII, & XXVIII, en moins, sur lesquels a été faite compensation des Articles XI, XII, XIII, XIV, XV, XVI, XVII, XXI, & XXIX, en plus .	260,400
A l'Article X. . . .	1,215,000
A l'Article XX. . . .	3,400,000
A l'Article XXIII. . .	1,200,000
A l'Article XXV. . . .	954,000
A l'Article XXVII. . .	204,000
A l'Article XXX. . . .	290,000
Total de la différence sur les Revenus	27,321,150

DEPENSES.

ARTICLE III.

L'Article III du Compte rendu ne porte le fonds deftiné à
l'Artillerie & au Génie qu'à la fomme de . . 9,200,000 liv.
Suivant le Compte effectif il a été de . . 12,805,000

Différence . . 3,605,000

On ne fauroit révoquer en doute la réalité de cet article de
dépenfe, conftaté également par les états du Département de la
Guerre, & par ceux de la Finance : mais d'où peut provenir une
différence fi confidérable ? M. Necker feul pourroit l'expliquer ;
car, pour moi, je ne le conçois pas. Dira-t-il qu'il avoit formé
fon compte d'après des projets de retranchemens qui ne fe font pas
effectués ? Mais c'eft au mois de Janvier 1781 que ce compte a paru ;
& déjà fans doute il avoit reçu le projet de fonds du Département de
la Guerre approuvé par le Roi : or ce projet, ou plutôt cet arrêté très-
détaillé, & qu'on trouvera imprimé à la fuite de cet écrit, porte la
dépenfe à 12,459,770 liv. ; & loin que dans le fait il y ait eu aucune
diminution, il y a eu, au contraire, pour articles imprévus, trois
cens & quelques mille livres d'augmentation.

N° V. des
Pièces Jufti-
ficatives.

On ne peut pas dire que cette dépenfe comprenne dans le Compte
effectif, des extraordinaires qui l'élèvent au-deffus de ce qui doit être
compté pour annuel : je me fuis affuré du contraire par le relevé
que j'ai fait faire très-foigneufement de tout ce qu'il y a eu en 1781
de dépenfes extraordinaires pour le Département de la Guerre ; elles
ont monté, indépendamment de ce qui concernoit le Département
de la Marine, à 22,671,000 liv. ; & cette fomme n'entre pour
aucune partie dans le compte que je compare à celui de M. Necker.

En général, on ne sauroit appliquer à aucun point de cette confrontation, l'objection d'avoir confondu l'extraordinaire avec l'annuel, puisque je n'ai extrait du Compte effectif que les articles, soit de recette, soit de dépense, qui correspondent exactement, & sous les mêmes titres, aux articles du Compte rendu auxquels je les ai accollés. Ainsi il n'y a pas plus d'objets dans l'un que dans l'autre, & la différence n'est que dans les sommes.

On ne peut pas non plus, pour excuser l'erreur que je relève ici, supposer que le fonds destiné chaque année pour l'Artillerie & le Génie, soit tellement variable, qu'on puisse se tromper de trois, ou quatre millions sur son évaluation. Il est prouvé par la récapitulation des états de fonds remis par le Ministre de la Guerre depuis 1780 jusques & compris 1787 (elle sera au nombre des Pièces Justificatives rapportées à la suite de cet écrit) que la dépense de l'Artillerie & du Génie n'est jamais moindre que de 11 à 12 millions, & que plus communément elle a été de 12 à 13, comme elle est encore à présent. Tel est son état ordinaire : Pourquoi donc se trouve-t-elle réduite de plus d'un quart dans le Compte rendu, où elle n'est portée qu'à 9,200,000 liv. ? C'est-là un des articles qu'il me paroît impossible d'expliquer, mais sur lequel le mécompte est incontestable.

N° VI. des Pièces Justificatives.

A R T I C L E   V.

La différence relative aux fonds de la Marine est encore plus considérable.

Ils ne sont passés au Compte rendu *pour l'état ordinaire*, que sur le pied de . . . . . . 29,200,000 liv.

Le Compte effectif de 1781 porte 144 millions pour la dépense totale de la Marine en cette année, dont il y a 108 millions pour l'extraordinaire & 36 pour l'ordinaire, ci 36,000,000

Différence : . 6,800,000

M. NECKER doit être moins étonné que perſonne de ce que le fonds ordinaire de la Marine, tel qu'il a dû être compté depuis le rétabliſſement de nos forces maritimes, ſurpaſſe de plus de ſix millions le taux auquel il a jugé à propos de le borner dans ſon Compte rendu. Il n'ignore pas que le Miniſtre chargé de ce département, l'a toujours eſtimé devoir être de 44 à 45 millions; il peut encore moins ſe diſſimuler l'eſtimation qu'il en a faite lui-même dans ſon livre ſur l'adminiſtration des finances; & il ſait auſſi que tout ce que j'avois pu obtenir, après beaucoup de débats, c'eſt que le fonds annuel de la marine fût fixé à 34 millions en tems de paix; fixation que M. le Maréchal de Caſtries a toujours ſoutenu être inſuffiſante, & qui a toujours été outrepaſſée.

COMMENT donc M. Necker a-t-il pu la préſenter comme ne formant pour l'ordinaire, qu'un objet de 29,200,000 liv.? Comment dans ſon Compte rendu ne l'a-t-il portée qu'à cette ſomme; tandis qu'il l'évalue à 45,200,000 liv. dans ſon ouvrage ſur les finances? Adminiſtra-
tion des finan-
ces, Tome II,
page 440.

IL eſt vrai que par une note ſur cet article du Compte rendu, il eſt convenu qu'il étoit *poſſible que les nouvelles diſpoſitions qui ſeroient ordonnées à la paix, donnaſſent lieu d'augmenter l'ancien fonds ordinaire de la marine : mais,* ajoute-t-il, *d'un autre côté il eſt poſſible auſſi qu'il y ait quelque réduction dans la ſomme portée maintenant pour l'extraordinaire des guerres.* Compte ren-
du, page 110.

IL a donc cru pouvoir compenſer l'augmentation déjà certaine, déjà effective, des fonds de la marine, par l'eſpérance plus que douteuſe en elle-même & infiniment contredite par le fait, d'une diminution ſur les fonds de la guerre.

C'EST ainſi que par la fluctuation des calculs conjecturaux & des préſomptions imaginaires, toujours ramenés au point de vue de

faire paroître la recette fupérieure à la dépenfe, on a pu préfenter
l'afpect d'un tableau fatisfaifant & capable d'encourager la confiance:
mais le Compte effectif n'a pu fe plier à de pareilles illufions; &
l'année finie, on a vu à quel point la réalité s'écartoit de l'apperçu
idéal.

QUAND on fait attention qu'il s'agifloit dans le Compte de
M. Necker de préfenter l'état habituel & ordinaire de la dépenfe,
pour le mettre en balance avec celui de la recette, comment concevoir qu'il ait pris pour bafe fur un objet auffi important que l'eft
celui des fonds d'un département, une ancienne fixation qui n'exiftoit
plus, & qu'il favoit bien ne devoir plus exifter ? Qu'on dife fur cela
tout ce qu'on voudra, toujours eft-il vrai qu'en 1781 le fonds ordinaire du département de la Marine ne pouvoit être confidéré comme
borné à 29 millions, qu'il ne l'étoit pas alors, qu'il ne devoit pas
l'être par la fuite, qu'il ne l'a point été depuis, qu'il ne le fera
[vraifemblablement jamais.

ARTICLE VI.

Au Compte rendu le fonds annuel des affaires étrangères, compris
les Ligues Suiffes, eft de   .   .   .   8,525,000 liv.
Au Compte effectif il eft porté à   .   .   12,565,000

Différence   4,040,000

LE fonds de ce département ne peut pas être le même tous les
ans; il s'accroît plus ou moins en proportion des dépenfes extraordinaires que la politique exige, dont les détails reftent dans le fecret
du Cabinet. Ces dépenfes variables ne peuvent fans doute être
confidérées comme annuelles : mais elles ne peuvent pas non plus
être comptées abfolument pour rien, lorfqu'on veut faire une balance

exacte. J'en donnerai pour preuve, & je mettrai au rang des Pièces Juſtificatives, un relevé pris ſur les états des fonds ordonnés pour les affaires étrangères depuis 1780 juſques & compris 1787. On verra que quelquefois, comme en 1782 & 1783, ils ont monté au-deſſus de 14 millions, & que les 4 dernières années ils ont été entre 11 & 12. N° VII des Pièces Juſtificatives.

QUANT à l'avenir, la plupart des extraordinaires qui ont ſubſiſté juſqu'à préſent n'ayant plus lieu, on peut compter que la dépenſe annuelle de ce département n'ira guères au-deſſus de neuf millions, y compris les 830,000 liv. que coûtent les Ligues Suiſſes ; & c'eſt ſur ce pied que je l'ai portée dans mon apperçu de l'état ordinaire de dépenſe : mais il n'eſt pas moins conſtant que la fixation portée au Compte rendu en Janvier 1781, ne s'eſt trouvée conforme à la dépenſe effective ni cette année-là, ni aucune des ſix années ſuivantes ; & ce qu'il y a eu de différence a été néceſſairement en déficit.

ARTICLE VII.

M. NECKER a porté dans ſon Compte rendu pour la dépenſe de toutes les parties de la maiſon domeſtique du Roi, de celle de la Reine, de toute la Famille Royale, compris les bâtimens, les gages des charges, les divers traitemens des perſonnes attachées à la Cour, ... 25,700,000 liv.

ET pour les maiſons de Monſieur & de Madame, de Monſieur le Comte & de Madame la Comteſſe d'Artois, dont il a fait un article ſéparé, ... 8,040,000

CE qui fait pour le tout . . . 33,740,000

LES mêmes articles, dans le Compte effectif, font enſemble la ſomme de . . . 36,157,000

Différence 2,417,000

On ne voit pas dans le Compte rendu quels ont pu être les élémens de l'évaluation donnée par M. Necker aux dépenses de la maison du Roi & de la Famille Royale. Vraisemblablement il les a calculées d'après l'idée qu'il s'étoit faite de l'économie qui pourroit résulter de son opération de réforme entreprise l'année précédente. Mais il est bien prouvé que cette idée étoit fort exagérée, & qu'il s'en faut de beaucoup que l'événement ait répondu à ses espérances. Il paroît même par les détails qu'il a donnés au public des différentes dépenses comprises sous la dénomination de dépense de la maison du Roi, qu'il n'en étoit pas parfaitement instruit, puisqu'il a été reconnu que sur le seul objet de *la Chambre aux deniers*, dont il a estimé que la dépense étoit réduite à environ 800,000 liv. il s'est trompé de 1,700,000 liv. La démonstration de cette erreur se trouve consignée dans un rapport fait au Bureau général des dépenses de la maison du Roi le 14 Février 1785, qui se trouvera ci-joint parmi les Pièces Justificatives.

Ouvrage sur l'administration des finances, Tome II, page 452.

N° VIII. des Pièces Justificatives.

La lecture de ce rapport dispensera de plus grande explication sur les causes de la différence qui se trouve entre les Articles VI & VII du Compte rendu & ceux du Compte effectif qui y correspondent. On se contentera d'observer que malgré les augmentations de dépenses survenues depuis, & occasionnées nécessairement par la naissance de Monseigneur le Dauphin, par celle de M. le Duc de Normandie, ainsi que pour la maison de M. le Duc de Berri, & quelques arrangemens relatifs à celle de la Reine, la somme totale de ces articles n'est encore aujourd'hui que de 36 millions, comme elle étoit en 1781 ; qu'elle n'est portée que sur ce pied, & même un peu au-dessous, dans l'état que j'ai remis au Roi de la dépense ordinaire ; qu'ainsi il y a eu sur cette partie une continuation d'économie prouvée par le fait, & non *ce relâchement de principes*, ces *prétendues dissipations* que la calomnie est toujours sûre de faire croire facilement, lors même qu'elle n'en peut fournir aucune preuve, ni citer aucun exemple constaté.

ARTICLE

[49]

ARTICLE XVI.

DANS le Compte rendu, les intérêts & frais des anticipations ne
font portés qu'à . . . . . . 5,500,000 liv.
Dans le Compte effectif ils le font à . . 7,011,000
                                          ____
                            Différence . 1,511,000

C'EST pour marcher toujours fur la même ligne, & me tenir aux
réfultats du Compte effectif, que je ne compte les intérêts & frais
des anticipations qu'à 7,011,000 liv.; quoique, fuivant l'état des
fervices de 1780, ils aient monté à 9,156,744 liv., les anticipations étant alors de 130,168,000 liv., & quoique ces intérêts &
frais fe foient néceffairement élevés plus haut pour l'année 1781,
les anticipations ayant été de 150,560,000 liv.

LORSQU'ON recherche pourquoi le Compte effectif de 1781 n'a
cependant porté ces mêmes frais qu'à une moindre fomme, on en
trouve l'éclairciffement dans le bilan de 1782, dont je rapporte un
extrait. On y voit que l'intérêt des 150 millions 560 mille livres
anticipés en 1781, a réellement coûté plus de 9 millions; mais
qu'on en a rejeté fur l'année fuivante, une portion plus confidérable
que ne le font les rejets ordinaires (*). On trouve en effet dans ce
bilan de 1782, que les intérêts & frais d'anticipation pour les quartiers de Juillet & d'Octobre 1781 formoient un objet de 2,340,000
liv. qu'on a repris dans la dépenfe de 1782, par article féparé de
celui des intérêts & frais d'anticipation appartenant à cette même

Nº IX des
Pièces Juf-
tificatives.

(*) On ne rejette ordinairement qu'un quartier, d'une année à l'autre : on
en a rejeté deux de 1781 fur 1782.

G

année 1782. Je serois donc en droit de dire que les frais d'anticipation pour 1781 ont monté à 9,351,000 liv., par conséquent à
3,851,000 liv. au-dessus de l'évaluation bornée par M. Necker à
5,500,000 liv. J'y serois d'autant plus fondé, que dans un état
remis au Roi par M. de Fleuri au mois de Juillet 1781, où l'on fait
connoître les erreurs de divers articles du Compte de M. Necker,
on lit ce qui suit :

" Les intérêts & frais d'anticipation n'ont été portés par M. Necker
" que pour 5,500,000 liv. cependant, vérification faite de la même
" dépense en 1780, elle a excédé 9 millions : l'on est certain qu'elle
" sera plus considérable en 1781."

Mais je reviens, & m'arrête uniquement à l'énoncé du Compte
effectif, qui ne porte ces frais qu'à 7,011,000 liv. Sur ce pied, il
ne peut y avoir de contestation : car M. Necker lui-même, voulant
répondre à ce reproche d'avoir porté trop bas les frais d'anticipation,
convient qu'à l'époque du Compte rendu, ils *revenoient à 6 pour cent,
la commission comprise* ; & comme au même endroit il énonce que les
anticipations *montoient alors à 119 millions* (quoiqu'il soit constant
qu'elles montoient beaucoup plus haut), il en résulte que, même
suivant son calcul, elles coûtoient 7,140,000 liv. ; ce qui excède de
1,640,000 liv. la somme à laquelle cet article est évalué dans son
Compte rendu. Il y auroit donc de son propre aveu, sur cet objet,
une erreur encore un peu plus forte que celle qui résulte du Compte
effectif.

Cette allégation, dit M. Necker, *ne peut être vérifiée que par une
multitude de faits dont je n'ai pu conserver la mémoire.*

La voilà constatée par Pièces.

IL ajoute que *les levées extraordinaires pour* 1781 *ayant dû surpasser de beaucoup les besoins de l'année, l'on auroit pu d'un moment à l'autre diminuer les anticipations ; qu'il étoit donc raisonnable de ne les comprendre dans le Compte rendu que pour le capital ordinaire de* 100 *millions, lequel, à cinq & demi pour cent, faisoit* 5 *millions* 500 *mille liv.*   Page 98.

EST-CE donc là une raison ?—On ne pouvoit ignorer que les anticipations avoient été à 130 millions 168 mille liv. en 1780 : cependant on ne les compte qu'à 100 millions en Janvier 1781 !

ON ne pouvoit pas prévoir alors quelle seroit la proportion entre les levées extraordinaires qui auroient lieu dans le courant de l'année, & les besoins de cette même année : cependant on suppose qu'il en résultera de la diminution dans la masse des anticipations, sur laquelle dans le fait il y a eu beaucoup d'augmentation !

ON convient que les frais étoient à six pour cent : & cependant on ne les compte qu'à cinq & demi !

ON ne passe que 5 millions 500 mille liv. pour ces frais : & dans l'année même où l'on a écrit, ils ont monté au-delà de 9 millions !

ENFIN on croit tout sauver, en disant qu'on a voulu former l'état d'une année ordinaire : & cet état disproportionné, qui ne se rapporte à aucune époque, ne s'est jamais réalisé !

ARTICLE XXII.

LA Dépense relative aux loteries de 1777 & de 1780 n'est porté, au Compte rendu, qu'à . . . . . 3,000,000 liv.

Cependant le fonds effectif qu'il a fallu faire en 1781 pour l'objet de ces loteries a été . . 7,623,000

Différence   .   4,623,000

G 2

Dans l'Appendix qui eſt à la fin du Mémoire auquel je réponds, M. Necker s'eſt fait l'objection qu'il y avoit à payer en 1781, 4,623,000 liv. pour la loterie de 1777, par conſéquent 1,623,000 liv. au-delà de la ſomme à laquelle cet article eſt réduit dans ſon Compte : mais il n'a point parlé des 4,170,000 liv. qu'il a fallu payer dans les premiers jours de Janvier 1782 pour la loterie de 1780. La réunion de cette dernière ſomme avec celle de 4,623,000 liv. pour la loterie de 1777, devroit faire en dépenſe celle de 8,793,000 liv., par conſéquent 5,793,000 liv. de plus que ce qui eſt porté au Compte rendu. Il paroît cependant que le fonds effectif qu'il a fallu faire en 1781 n'a été que de 7,623,000 liv. ; & la différence n'eſt comptée que relativement à cette ſomme dans le Tableau comparatif des deux Comptes.

M. Necker pourra objecter, que le paiement des 4,170,000 liv. pour la loterie de 1780 n'étant échu qu'en Janvier 1782, ne devoit être compris pour aucune portion dans la dépenſe de 1781 ; & cela eſt vrai dans l'ordre de la comptabilité : mais il eſt certain que ce qui devroit être payé le 1er Janvier, n'a pu l'être qu'avec des fonds raſſemblés au moins dès la veille, & qu'ainſi la charge de ce paiement porte réellement ſur l'année précédente. L'échéance du 1er Janvier ſe confond néceſſairement avec celle du dernier Décembre précédent, quand il s'agit des moyens d'acquittement.

Mais, dira-t-on, c'eſt décharger l'année 1782 de partie d'une dépenſe qui lui appartient ; & la reporter ſur l'année 1781, à qui elle n'appartient pas ?

Je réponds que dans l'année 1782 il a fallu pareillement faire le fonds du paiement fixé au 1er Janvier 1783 de la même ſomme de 4,170,000 liv. pour la loterie de 1780 ; & que le rembourſement de celle de 1777 ayant été cette même année 1782, de 6,075,000 liv., elle a été encore bien plus chargée que 1781, puiſque les paiemens

de ces deux loteries lui ont coûté 10,245,000 liv. De même en 1783;
de même en 1784.

CETTE inégalité dans la quotité des remboursemens prescrits pour
chaque année par les arrêts constitutifs des deux loteries, est le motif,
ou plutôt le prétexte dont M. Necker s'est servi pour ne pas porter
ces remboursemens en dépense, & n'y faire entrer que l'intérêt du
capital. Cette étrange métamorphose d'un paiement exigible en un
intérêt imaginaire n'a pu être adoptée dans le Compte effectif de
l'année 1781, où l'on a employé en dépense tous les fonds qu'il
a été nécessaire de se procurer dans le cours de cette année pour les
besoins de l'Etat.

MAIS ce qui tranche toute difficulté, & ce qui devoit naturellement servir à évaluer le montant de la dépense dont il s'agit, comme
on fait toutes les fois qu'on veut donner une mesure égale à une
quotité variable, c'est le calcul de l'année commune des dix sur
lesquelles cette dépense se trouvoit répartie suivant les dispositions des
Arrêts du Conseil.

ON en trouvera le Tableau dans les Pièces Justificatives; & on
verra que depuis & compris 1781 jusques en 1790 inclusivement,
il restoit à payer 73,374,000 liv.; ce qui fait pour l'année commune
7,374,000 liv., par conséquent 4,374,000 liv. de plus que les trois
millions auxquels cette dépense est réduite dans le Compte rendu;
ce qui revient à-peu-près à la différence résultant de l'Etat comparatif.

M. NECKER observe qu'il n'a point dissimulé dans son Compte
rendu, qu'il avoit substitué l'intérêt du capital aux remboursemens
ordonnés. Mais en convenir est-ce le justifier? Pouvoit-il y avoir
un motif raisonnable pour mettre ce qui n'étoit pas, à la place de ce
qui étoit, pour porter en compte une charge éternelle au lieu d'un
remboursement déterminé? Réduire ainsi à moitié le montant d'une

No X des
Pièces Jus-
tificatives.

dépenfe, à l'aide d'une fiction imaginaire, n'étoit-ce pas induire en erreur quiconque auroit cru pouvoir établir le bilan de l'année, & fa confiance, fur de pareils calculs ?

Tout le monde en fit l'obfervation dans le tems ; & chacun remarqua avec l'auteur d'un des écrits qui parurent alors, qu'au moyen de cette méthode de ne porter dans l'état de fa dépenfe que l'intérêt de ce qu'on doit payer, il feroit facile de la réduire à la vingtième partie de ce qu'elle feroit réellement, puifqu'il ne faudroit que mettre au lieu du montant de chaque article, l'intérêt à 5 pour cent, de la fomme à emprunter pour s'en acquitter.

Mais, dit M. Necker, dès qu'on explique de quelle manière on a procédé, il n'y a rien à dire. *C'étoit l'inftruction des créanciers de l'Etat, des capitaliftes & des prêteurs qu'on avoit en vue, dans la publicité du Compte rendu ; & cette inftruction étoit complette toutes les fois qu'il n'y avoit rien de diffimulé, de myftérieux, dans la compofition des états qui devoient régler leur opinion.*

Eh, quoi ! deux lignes qui annonçoient feulement qu'à caufe de l'inégalité des rembourfemens, on fe bornoit à *paffer en dépenfe l'intérêt de leur capital*, fuffifoient-elles donc pour avertir les créanciers de l'Etat, & les prêteurs, qu'ils ne devoient pas compter fur la réalité des réfultats du tableau de fituation qu'on leur préfentoit ? Frappés de ces réfultats avantageux, bien plus que de la petite note interlinaire où l'on prétend qu'ils ont dû trouver une *inftruction complette*, ont-ils dû penfer qu'on prenoit de pareilles tournures pour faire éclipfer une partie de la dépenfe, afin de trouver un excédent dans les revenus ? Et s'ils ont dû le penfer d'après cette note, que devenoit l'intention du Compte rendu ?

J'ai procédé fort différemment dans les Comptes que j'ai préfentés au Roi & à la Nation, pour faire connoître la véritable fituation des finances. Loin de faire difparoître la hauteur des rembourſemens aſſignés à des époques fixes, j'ai conſidéré qu'une charge qui devoit durer encore dix ans, & qui dans le période de ſon extinction ſucceſſive, pouvoit ſe reproduire, du moins en partie, par l'effet de nouveaux beſoins, devoit être miſe au rang des dépenſes annuelles ; & qu'il valoit mieux réſerver à l'Etat la reſſource future de ſon extinction, que de la préſenter comme actuelle aux créanciers & aux prêteurs, quand elle étoit encore ſi éloignée. J'ai ſuivi ainſi la méthode fondée ſur le Principe IV. Aurois-je mieux fait de ne compter que l'intérêt du capital de ces rembourſemens ? C'eſt au public, & ſur-tout aux capitaliſtes prêteurs, à juger ſi le parti que j'ai préféré n'eſt pas le plus juſte, le plus franc, le plus loyal.

ARTICLE XLIX.

Les dépenſes imprévues ſont réduites, dans le Compte rendu, à   3,000,000 liv.

Suivant le Compte effectif elles ont montés à ..   9,881,000

Différence   .   .   6,881,000

Ce n'eſt, dit M. Necker, *que graduellement & par la perfection de l'ordre que je me ſuis cru autoriſé à évaluer ces dépenſes à une ſomme ſi modique.* Page 100 de la Brochure.

Cet article, dit-il ailleurs, *eſt ſuſceptible de grands écarts, ſelon les hommes & ſelon les circonſtances ; car c'eſt-là que peuvent ſe ranger & l'acquit des dettes des Princes ou des grands Seigneurs, & les gratifications & les fêtes & les bâtimens extraordinaires, & tous les ſacrifices de libéralité, de profuſion, de négligence, & de mal-adreſſe.* Page 513 & 527 du Tome II de l'Adminiſtration des finances.

Ce n'eſt pas la ſeule occaſion où l'on a vu M. Necker s'exalter aux dépens des Adminiſtrateurs qui l'ont précédé ou ſuivi. Il eſt certain que tous ont porté dans leurs états, l'article des dépenses imprévues & extraordinaires à environ 10 millions ; c'est la mesure qu'on lui a toujours donnée, & souvent elle a été insuffisante : je crois même qu'il ne seroit pas impossible de prouver qu'elle n'a pas été moins étendue sous l'administration de M. Necker que sous toutes les autres ; il devroit être facile de le vérifier par le recours aux états de situation de son tems : mais, comme je l'ai déja observé, ces états manquent entièrement, & il ne s'en est pas trouvé un seul au dépôt du Contrôle-général pour l'espace de 1777 à 1781. Je n'en pénètre pas la raison ; & je me borne à soutenir, sans craindre d'être contredit par aucune des personnes versées dans l'administration, que l'article des dépenses imprévues ou extraordinaires a toujours été compté pour environ 10 millions, sans qu'on en doive conclure que ni les prédécesseurs de M. Necker, ni lui, ni ses successeurs, y aient fait entrer ce qu'il appelle *des sacrifices de libéralité, de profusion, de négligence, ou de mal-adresse* ; sans qu'ils aient, comme il le dit au même paragraphe, *imaginé qu'une part de la fortune de l'Etat pût être employée à leur valoir des remercîmens, à leur procurer des amis & des protecteurs.*

Page 516 du Tome II de l'Administration des finances.

Toutes ces insinuations dénigrantes portent sur la supposition que la réserve destinée aux objets imprévus, peut n'être qu'un moyen de faciliter des dépenses abusives. Mais c'est en donner une très-fausse idée : car il est de fait, & les Comptes le constatent, que les dépenses qui absorbent chaque année ce fonds de précaution, & qui l'ont toujours fait regarder comme nécessaire, sont relatives, soit au service du Roi, soit au soulagement de ses peuples, & subordonnées, comme toutes les autres, aux règles de la comptabilité.

Les cas fortuits en tout genre, les malheurs de toute espèce, les dérangemens de saison, les incidens politiques, les emprunts éventuels, tout ce qui sort de l'ordre ordinaire, tout ce qui ne peut être classé

claffé dans les dépenfes annuelles, enfin tout ce qui n'eft qu'acci-
dentel & momentané, entre dans la compofition de cet article, dont
les détails font multipliés à l'infini.

Un particulier qui voudroit former un projet exact de fa dépenfe,
le pourroit-il fans y comprendre pour les objets imprévus une fomme
quelconque ? & cette fomme la trouveroit-on exceffive, fi elle n'étoit
que le cinquantième du tout ? Comment donc s'étonneroit-on, comment ne trouveroit-on pas indifpenfable qu'il y eût environ dix millions réfervés pour les dépenfes imprévues & extraordinaires, dans
un Royaume dont la dépenfe ordinaire & annuelle furpaffe cinq cens
millions (*) ?

Légères Différences sur plusieurs Articles,
Tant en plus qu'en moins.

Je n'entrerai dans aucun détail fur les articles à l'égard defquels
les différences entre les deux comptes font peu importantes. On verra
en y jetant les yeux qu'il y en a neuf de ce genre, dont les différences
en plus dans l'effectif, font enfemble la fomme de   1,881,000 liv.
& cinq autres dont les différences en moins, étant
réunies, font la fomme de   .   .   .   2,510,000
En forte que, compenfation faite à concurrence,   ————
il refte une différence en moins de   .   .   629,000

(*) P. S. Je ne faurois changer de façon de penfer fur cet objet, quoique depuis
ce que j'en ai dit, j'aie lu dans le difcours prononcé par M. le Garde des Sceaux,
à la féance du 19 Novembre dernier, qu'au nombre des réductions économiques
dont il donne le détail, on a compris celle de *neuf millions retranchés de l'article des
dépenfes imprévues.* Retrancher fur l'imprévu !—J'avoue que je ne le conçois pas.
Il feroit fort heureux qu'on pût retrancher beaucoup fur l'intempérie des faifons,
fur les calamités accidentelles, fur les circonflances inquiétantes qui d'un moment

H

Laquelle il est juste de retrancher du total des différences en plus
qui se trouvent dans les autres articles de dépense du Compte effectif,
comparés aux articles correspondans du Compte rendu.

Récapitulation des Différences sur la Dépense.

Article III.	3,605,000 liv.
Article V.	6,800,000
Article VI.	4,000,000
Articles VII. & VIII. . . .	2,417,000
Article XVI.	1,511,000
Article XXII.	4,623,000
Article XLIX.	6,881,000
	29,837,000

Sur quoi il faut déduire, comme il est dit ci-dessus,
pour la différence en moins résultant de la compensation des petits articles . . . 629,000

Total des différences en plus, sur les dépenses 29,208,000

Pour plus grande clarté, & afin de soulager l'attention des lecteurs, déjà fatiguée sans doute par cette froide & fastidieuse discussion de calculs, je vais rapprocher dans un résumé général les exagérations de recette & les atténuations de dépense ci-dessus annotées,
en caractérisant chaque erreur suivant sa cause.

à l'autre peuvent exiger des surcroîts de précautions & de dépenses : mais puisque
la volonté de l'homme ne peut commander aux événemens, sa prévoyance doit
s'y plier ; & une longue expérience a prouvé, que si les différentes causes qui concourent à former le chapitre des dépenses imprévues sont infiniment variables,
leur résultat n'en est pas moins certain, qu'il surpasse même presque toujours le
fonds qu'il est d'usage d'y destiner.

RÉSUMÉ GÉNÉRAL.
Exagérations de Recette.

Article I. ERREUR fur le produit des recettes générales des finances, conftatée tant par le Compte de la recette effective que par les foumiffions des Receveurs-Généraux, & par la néceffité où l'on a été de remplacer en 1782, des deniers du Tréfor Royal, ce qu'il y avoit eu de trop tiré en refcriptions pendant l'année 1781 ... 10,777,000 liv.

Article II. Trop compté du verfement de la ferme générale au Tréfor Royal, pour n'avoir pas prélevé toutes les déductions portées en l'état remis aux fermiers-généraux 4,921,000

Article III. Emploi caduc du produit des droits du domaine d'Occident en non-valeur pendant la guerre . 4,100,000

Articles divers. Légères différences en moins fur plufieurs articles réunis, déduction faite de plufieurs petites différences en plus fur d'autres articles . . 260,000

Article X. Suppofition d'une recette qui avoit été annullée pour huit ans par un rachat dont on avoit touché le prix 1,215,000

rticle XX. Répartition chimérique par années, d'un don gratuit confommé en une feule . . . 3,400,000

Artic.XXIII. Imputation prématurée de la part du Roi dans le bénéfice éventuel des fermiers-généraux . . 1,200,000

Artic. XXV. Excès dans l'évaluation préfumée du produit de la Loterie Royale 954,000

Art.XXVII. Emploi devenu nul d'une contribution dont la ville de Paris a été déchargée . . 204,000

Artic. XXX. Recette fictive & fans objet, pour l'intérêt d'effets publics rentrés précédemment au Tréfor Royal 290,000

Total . . 27,321,000

De l'autre part . . 27,321,000 liv.

Atténuations de Dépenfe.

Article III. Erreur étonnante fur l'état des fonds deftinés à l'Artillerie & au Génie, prouvée par les états même émanés du Département de la Guerre . 3,605,000

Article V. Eftimation beaucoup trop foible, & reconnue telle dans les ouvrages même de M. Necker, des fonds ordinaires du Département de la Marine . 6,800,000

Article VI. Difcordance de la fomme portée pour la dépenfe des affaires étrangères, avec celle réfultante des états de ce département 4,000,000

Articles VII. & VIII. Méprife fur la dépenfe de la Maifon du Roi, vérifiée au Bureau des Commiffaires de Sa Majefté pour cet objet 2,417,000

Artic. XVI. Calcul erroné des frais d'anticipation, même en ne les comptant que d'après les données de M. Necker 1,511,000

Art. XXII. Subftitution illufoire & évidemment inadmiffible, d'intérêt perpétuel & fuppofé, au lieu de rembourfemens prefcrits à epoques fixes . . 4,623,000

Art. XLIX. Réduction imaginaire, & qui feroit plutôt imprévoyance qu'économie, fur le fonds de réferve deftiné aux dépenfes extraordinaires . . 6,881,000

Somme totale . . 57,158,000

A déduire pour les différences en moins, qui furpaffent les différences en plus de divers petits articles, comme il a été précédemment obfervé 629,000

La différence réelle entre le Compte effectif et le Compte rendu, est donc de 56,529,000

Il m'étoit impoffible de ne pas appercevoir un tel mécompte, ayant toutes les pièces fous les yeux ; & il ne m'étoit pas permis de le diffimuler, étant obligé de remonter au paffé pour donner une idée jufte du préfent.

Je n'en ai pas conclu, comme M. Necker le fuppofe, *que le* Page 23. *déficit à l'époque de fa retraite étoit de cinquante-fix millions.* C'eût été manquer de logique ; car de ce qu'il y a cette différence entre le Compte rendu & le Compte réel, il réfulte feulement qu'au lieu de l'excédent de recette de 10 millions, annoncé par M. Necker en 1781, le déficit de cette année avoit été de 46 millions ; & c'eft ce que j'en ai conclu. J'ai ajouté dans le grand Comité des Notables tenu chez Monsieur, que par deffus ce réfultat du Compte effectif, d'autres objets qui n'y étoient pas compris, faifoient monter le déficit, pour la même époque, à environ foixante & dix millions, & que j'étois en état d'en donner la preuve. Je n'en ai point fait un *fecret*, comme M. Necker le fuppofe encore : mais on ne m'a pas mis dans le cas Page 33. de m'expliquer davantage en cette occafion. On peut fe fouvenir que le Prélat qui foutenoit vivement la thèfe contraire, difoit & répétoit que fi je prouvois feulement une erreur de fix millions dans le Compte rendu, c'étoit affez pour que M. Necker fût inexcufable. Je n'ai donc pas eu befoin pour lui répondre, d'entrer fort avant dans les calculs. Ils vont être entièrement développés, & l'on ne fe plaindra plus *que j'en garde le fecret.*

Mais avant tout, je dois, pour l'intérêt public autant que pour la défenfe de mon exactitude, abjurer, ou plutôt repouffer loin de moi ces évaluations vagues, ces eftimations variables & incertaines, ces manières de compofer fur le taux du déficit, que je n'ai jamais employées, & qu'on trouve dans tous les écrits où l'on a voulu traiter cet objet ; comme fi un point qui doit être fixé par des calculs authentiques, étoit fufceptible de pareilles vacillations.

QUELLES idées peut-on se former de la situation de nos finances, quels jugemens peut-on asseoir sur la hauteur du déficit, lorsque M. Necker, après m'avoir fait dire d'abord, que *le déficit à l'époque de sa retraite étoit de cinquante-six millions,* & ensuite que par d'autres calculs *il se trouveroit être de soixante & dix à soixante-onze millions,* finit par prendre *soixante millions pour résultat ;* lorsque d'un autre côté, le discours de clôture de l'Assemblée des Notables, annonce comme fruit de leur *examen pénible, que quelques bureaux ont porté le déficit actuel entre* 130 & 140 *millions, que quelques-uns l'ont porté encore plus haut, & que le terme moyen de leur recherches peut être fixé à* 140 *millions ;* lorsqu'enfin chacun des écrivains à qui il a plu de communiquer au public leurs prétendues connoissances sur ce sujet, a composé à sa guise, des comptes rendus, & des tableaux de situation depuis 1770 jusqu'à présent, lesquels diffèrent si prodigieusement les uns des autres, qu'on a peine à croire qu'ils se rapportent au même pays, & que pareils rêves aient pu être tous enfantés dans la même circonstance (*) !

(*) Suivant un de ces auteurs, lorsque M. l'Abbé Terray *est sorti du Ministère* il y avoit, *au lieu* d'un déficit, un excédent de 14 *millions* 326 *mille* 728 *livres ;* il n'y avoit à l'époque du compte de M. de Clugny aucun déficit ; M. Necker par *ses propres calculs se seroit montré lui-même en déficit de* 39 *millions,* & cet administrateur seroit tombé dans *une erreur* que j'aurois encore aggravée en prenant pour réel un déficit fictif. (*Lettre à M. le Duc de* ***, page 21, 25, 31.)

Suivant un autre ouvrage qui est rempli de bons principes & de faux calculs, le *déficit étoit de six millions seulement en* 1775 ; il étoit *de plus de* 30 *en* 1781, & il *ne seroit aujourd'hui que de* 70 *millions.* (Libération de la Dette Nationale, troisième partie, pages 52, 65, 146.)

Dans les remontrances d'un Parlement, où l'on paroît avoir adopté les calculs d'un libelle qui venoit d'être publié, on a été jusqu'à dire *qu'à mon entrée dans le ministère, la recette excédoit la dépense de* 33 *millions.*

Enfin les papiers Anglois viennent de rapporter un nouveau tableau envoyé de Paris, où, après avoir présenté des excédens de recette, tels qu'on a voulu les imaginer, depuis le commencement du règne jusqu'aux derniers tems de mon administration, on les fait subitement se métamorphoser en un déficit de 140 millions.

On ne fauroit m'imputer ces variations. Il n'y en a eu ni dans mes paroles ni dans mes écrits. Puiffe celui-ci fervir à débrouiller ce cahos de calculs oppofés, qui n'eft pas le moindre inconvénient des débats fur les comptes de finances, fuite naturelle de leur publicité! Il n'y a rien d'indéterminé dans ce que j'ai avancé, parce que je n'ai rien avancé qui ne fût conftaté fur pièces, rien dont je ne puiffe préfenter les renfeignemens juftificatifs. Je vais en continuer l'expofé; & pour que tous les points auxquels ils fe rapportent, demeurent établis avec toute la précifion que je leur ai donnée; pour qu'ils foient à l'abri de toute équivoque, je crois devoir mettre ici fous les yeux du public, l'état progreffif du déficit depuis le commencement du règne jufqu'à préfent, tel que je l'ai préfenté au Roi, & tel qu'il réfulte des comptes & pièces originales que j'ai eu en mains. J'efpère qu'il paroîtra mériter plus de confiance que ces tableaux imaginaires qui fe multipliant de jour en jour, & s'introduifant jufques dans les gazettes, ne peuvent qu'embrouiller toutes les idées. La difcuffion contradictoire, puifqu'il faut qu'il y en ait une, ne paroît devoir être qu'entre M. Necker & moi. La pofition où nous nous fommes trouvés l'un & l'autre, nous rend compétens pour la traiter en connoiffance de caufe. Ceux qui n'ayant pu avoir les mêmes moyens de puifer dans les fources, n'en font que plus affirmatifs dans les réfultats qu'ils publient, s'érigeant eux-mêmes en juges de ce qui eft hors de la portée de leur vue, ne peuvent être regardés dans cette queftion, que comme des intrus peu dignes d'être crus fur parole.

ÉTAT PROGRESSIF DU DÉFICIT.

PREMIÈRE ÉPOQUE.
1774.

Commencement du Règne.

Déficit . . . 40 millions.

C'est en 1774 que le Roi est monté sur le trône; & c'est en parlant de cette même année 1774, que j'ai dit à l'Assemblée des Notables que le déficit étoit alors de 40 millions. Je me suis fait représenter l'état général des recettes & dépenses que M. l'Abbé Terray avoit fait faire avec beaucoup de soin à cette époque. Le résumé qui le termine sera imprimé à la suite de cet écrit. La colonne des recettes n'y présente que le revenu disponible versé au Trésor Royal : mais le Compte général comprenoit tout, & étoit accompagné de tous les détails nécessaires pour faire connoître la nature & le montant des déductions prélevées sur chaque article (*).

PAR la balance de ce compte il résulte un déficit de 27,818,443 liv. Mais le Compte effectif de la même année prouve qu'il a été beaucoup plus considérable;

1°, EN ce que les dépenses de l'extraordinaire des Guerres, qui n'avoient été employées que pour 60 millions, ont monté à 63,400,000 liv. ;

2°, EN

N° XII des Pièces Justificatives.

(*) M. Le Clerc, qui étoit alors premier Commis des Finances, en a conservé les doubles.

[65]

2°, En ce que celles de la Marine, qui n'étoient portées qu'à
trente millions, ont été à trente trois;

3°, En ce que celles des affaires étrangères, qui n'étoient comprises dans cet état que fur le pied de 8 millions, ont été de 10 millions 500 mille liv.;

4°, En ce que les penfions du Tréfor Royal, qui n'y étoient
comptées qu'à fix millions 500 mille liv. ont coûté cette même
année 10 millions.

Ces augmentations font enfemble la fomme de   12,400,000 liv.
Laquelle ajoutée au déficit de   .   .   .   27,818,443

L'a fait monter pour 1774 (*) à   .   .   40,218,443

M. l'Abbé Terray, ayant ceffé d'être chargé de l'adminiftration des finances dès le mois de Septembre 1774, n'a point été dans
le cas de former un compte en règle pour 1775 : il avoit feulement
préfenté au Roi fes apperçus fur l'avenir; & c'eft l'objet du mémoire
fouvent cité qu'on a pris l'habitude d'appeler le Compte rendu de

---

(*) Je ne me fuis pas mépris d'année, comme l'a fuppofé M. Serpaud dans *fes
Lettres à M. le Duc de ****; je fais fort bien que le dernier mémoire qu'ait remis
au Roi M. l'Abbé Terray deux ou trois mois avant fa fortie du miniftère, fe
rapporte à la fituation de 1775 : mais ce n'eft pas fur celui-là que j'ai établi
le déficit de 1774; c'eft fur celui qui avoit été préfenté antérieurement par
M. l'Abbé Terray, & qui étoit accompagné de tous les états néceffaires pour former
le bilan de 1774. Sa fortie du miniftère a prévenu le tems où il devoit, fuivant
l'ufage, donner pareillement un état précis de fituation pour l'année fuivante. Il
n'a pu qu'annoncer, comme il a fait, dans fon mémoire du mois de Juin, ce qu'il
avoit lieu de prévoir pour 1775, 1776, & 1777. Mais le compte proprement dit
de 1775, n'a été formé & remis au Roi qu'à la fin de 1774 par M. Turgot, qui
avoit fuccédé à l'Abbé Terray au mois de Septembre.

I

l'Abbé Terray; quoiqu'il ne foit qu'une expofition raifonnée des accroiffemens que la recette avoit reçus depuis 1772, de ceux dont elle paroiffoit fufceptible jufques & compris 1777, des moyens de la rapprocher de la dépenfe, & de la néceffité de faire des réductions dans les différens départemens. On y lit, que *le bon prix du bail des fermes*, qui venoit d'être renouvelé, *l'augmentation fur les recettes générales, & celles de plufieurs autres parties*, éleveroient *la recette pour l'année 1775 à* 210 *millions*, les déductions prélevées. Elle n'étoit que de 196,901,557, en l'année 1774, quand le mémoire fut préfenté; ainfi l'augmentation fut de 13,502,983; & comme le déficit devoit diminuer à concurrence de la même fomme, on auroit pu en conclure qu'il étoit d'environ 26 millions en 1775.

Au lieu de tirer cette conféquence du mémoire de M. l'Abbé Terray, ceux qui ont voulu y trouver les élémens d'un compte en forme, & qui fe font même efforcés de réduire en tableaux figurés le petit nombre d'articles & les réfultats généraux qui s'y trouvent énoncés, ont fait éclipfer prefque tout le déficit, & fe font fondés fur ce que M. l'Abbé Terray femble faire entendre dans ce même mémoire, qu'au moyen des ceffations de charges, que par une fauffe dénomination il avoit annoncées comme accroiffemens de revenus pendant les années 1775, 1776, & 1777, la recette ne feroit plus inférieure à la dépenfe que de fix millions, dans le cas où il n'obtiendroit pas une réduction de pareille fomme fur le fond du Département de la Guerre.

Mais premièrement cette phrafe, qu'on a rapportée au prétendu compte de l'année 1775, n'eft applicable qu'à l'année 1778.

Secondement, on voit clairement que M. l'Abbé Terray, foit pour donner une idée avantageufe de fon adminiftration, foit pour décider le Roi aux retranchemens qu'il croyoit faifables fur les départemens, les avoit d'avance comptés comme réalifés; puifqu'au lieu d'élever au taux de l'effectif de 1774 les articles de dépenfe qui avoient excédé fon évaluation, il les rabaiffe encore de fept millions pour 1775, en ne portant la Guerre qu'à 56 millions, & la Marine à 27; tandis que dans l'état de 1774, l'une étoit à 60 millions, l'autre à 30; & qu'en réalité la dépenfe de l'une avoit été de 63 millions, & celle de l'autre à 33, en cette même année 1774.

DANS le fait, loin qu'il y ait eu de la diminution fur les fonds des Départemens, l'année fuivante, il paroît qu'on trouvât néceffaire d'accorder un fupplément de fonds à celui de la Marine. Les 13 millions d'augmentation de revenu furent, pour la plus grande partie, abforbés tant par ce fupplément, que par la dépenfe du Sacre, par celle du mariage de Madame Clotilde, par celle de l'émeute des grains, & autres extraordinaires : en forte que le déficit auquel M. Turgot eut à pourvoir en 1775, ne fut guères moindre qu'il n'avoit été en 1774. Je ne m'arrêterai pas à l'adminiftration de ce Magiftrat refpectable, qu'on ne peut juger que par le mérite des projets qu'il n'eut pas le tems d'exécuter; & je paffe à la feconde époque, que je prends au moment où M. Necker fut chargé de l'adminiftration des finances.

SECONDE ÉPOQUE.

1776.

Fin de l'Adminiſtration de M. de Clugny.

Déficit . . 37,000,000 liv.

CE n'eft ni par obftination, ni par befoin, que je perfifte à foutenir pour cette époque, comme pour la précédente, l'exactitude de ce que j'ai avancé dans mon Difcours à l'Affemblée des Notables. Quoique ma preuve fur l'état du déficit en 1781, ne dépende aucunement de ce qu'il étoit, foit en 1774, foit en 1776, j'ai à cœur de faire voir que je n'ai rien dit légèrement devant une affemblée auffi

I 2

augufte ; & d'ailleurs cette efpèce de généalogie du déficit ayant été altérée & défigurée dans plufieurs écrits publics qui font autant de fources d'erreurs, il me paroît utile de la rétablir fuivant la vérité.

N° XIII. des Pièces Jufti-ficatives.

C'EST dans cette vue que je reviens fur le compte de M. de Clugny pour l'année 1776, lequel fe trouvera imprimé à la fuite de cet écrit. Ce même compte fut difcuté dans le tems par M. Necker, dont les obfervations me ferviront de guide pour reconnoître quel étoit en réalité le montant du déficit annuel à cette époque. J'em-ployerai fes propres expreffions.

Mémoire du mois de Juillet 1776, remis à M. de Mau-repas.

L'Etat des Dépenfes & des Revenus de Sa Majefté que j'ai fous les yeux (M. Necker parle de celui ci-joint), *fait monter le déficit à 24 millions, fans les dépenfes extraordinaires de la Marine portées à 15 millions ; ce qui fait 39 millions en les comprenant : mais ces dépenfes extraordinaires étant en partie applicables à des objets arriérés ou momentanés, on ne peut les comprendre en entier dans l'état annuel & conftant des dépenfes. D'un autre côté, il ne paroît pas qu'on doive fe flatter que les 32 millions de dépenfes ordinaires convenus pour la Marine, & portés dans l'état des finances, ne foient excédés, du moins pendant quelques années. Ainfi, pour ne point aller en avant fur de fauffes efpérances qui ont continuellement fait négliger les moyens de pourvoir efficacement aux befoins, je pafferai les dépenfes ordinaires de la Marine pour 35 au lieu de 32 millions. . . . . . ce qui feroit 3 millions à ajouter au déficit annuel des finances, & le porteroit à 27 millions au lieu de 24.*

M. NECKER, après avoir enfuite établi la néceffité d'avoir un excédent annuel de 10 millions pour fe procurer l'étendue de crédit néceffaire, conclut ainfi : *C'eft donc trente-fept millions & non vingt-fept qu'il faut trouver, foit par la recette, foit par la dépenfe.*

VOILA ce qui m'a fait dire qu'il avoit lui-même *eſtimé le déficit à* 37 *millions*. J'ai cru pouvoir, dans l'énonciation rapide d'un diſcours, comprendre ſous une même dénomination ce qu'il avoit réduit à un ſeul tout. Avec quelle amertume M. Necker s'eſt récrié à ce ſujet! Je ne répondrai point à ſes reproches; je ne me défendrai pas ſur l'exactitude rigoureuſe d'une expreſſion indifférente; & je laiſſe à juger quel peut être le tort d'avoir appelé eſtimation du déficit, l'appréciation de ce *qu'il falloit trouver*, par conſéquent de *ce qui manquoit*, pour le bon état des finances: mais quoi qu'on puiſſe dire ſur le mot, je vais prouver, par M. Necker lui-même, que le fond de la propoſition étoit juſte & vrai, c'eſt-à-dire que le déficit annuel étoit réellement de 37 millions en 1776.

ON vient de voir que s'il eſt porté à 39 millions par la dernière ligne du compte de M. de Clugny, c'eſt en y comprenant 15 millions d'extraordinaire, leſquels M. Necker a jugés ne devoir entrer qu'à concurrence de trois dans l'état de ſituation ordinaire; ce qui lui a paru alors élever le déficit de 24 millions à 27. Mais depuis, dans la brochure qu'il a fait publier au moment de ma démiſſion, au chapitre où il fait l'énumération de ſes améliorations, il obſerve que l'on *avoit porté trop bas dans le Compte de M. de Clugny, l'eſti-* Pages 51 & 52. *mation des penſions alors diviſées dans une multitude de caiſſes, de même que les dépenſes de la maiſon du Roi, & l'extraordinaire des Guerres.* Il évalue ces articles erronés, avec quelques *augmentations modiques de dépenſe* ſurvenues dans les années ſuivantes, à *quinze millions*. De ces quinze millions, que cinq ſoient appliqués aux *modiques* accroiſſemens de dépenſes, & dix aux articles portés trop bas; voilà le déficit de M. de Clugny à 37 millions, ſuivant M. Necker lui-même.

IL l'eſt auſſi ſuivant la réalité; & ce n'eſt point au haſard que j'ajoute 10 millions pour les articles de dépenſe que M. de Clugny avoit comptés au-deſſous de ce qu'ils étoient.

En effet, 1°, l'article des penfions n'eft dans fon compte, qu'à 9,746,533 liv., y comprifes les penfions de la Guerre & de la Marine, lefquelles y entrent pour 5,280,000 liv. Or il eft conftaté que dès 1775, comme je l'ai dit ci-deffus, les penfions payées au Tréfor Royal alloient déjà à dix millions, fans que les penfions militaires y fuffent comprifes ; & l'on ne doit pas en être étonné, lorfqu'on trouve la maffe de toutes ces penfions réunies portée à 28 millions, cinq ans après, dans le Compte rendu par M. Necker. Il y a donc fur cet article, erreur de (*) . . . . 5,533,467 liv.

2°, L'extraordinaire des Guerres a monté à trois millions au-deffus des 64 pour lefquels le Compte de M. de Clugny l'a porté dans la fomme de 93,323,382 liv., qui comprend l'Artillerie & le Génie, la Maifon militaire du Roi, les Maréchauffées, Marches des Troupes, Tranfports, &c, ci   3,000,000

3°, L'article de la Maifon du Roi étoit porté trop bas d'environ 900,000

4°, Celui des Rentes viagères de . . . 600,000

Total à joindre aux 27 millions de déficit . 10,033,467

Donc j'ai eu raifon d'eftimer à 37 millions le déficit pour l'époque de 1776.

Cette vérité n'auroit pas dû bleffer M. Necker : elle eft plutôt pour lui que contre lui ; puifque, comme je l'ai fait fentir ailleurs,

---

(*) Cette fomme de 5,533,467 eft la différence qui fe trouve entre 10,000,000 de penfions, non comprifes celles de la Guerre & de la Marine, & ce qui refte de cette fomme de 9,746,000, fouftraction faite de celle de 5,280,000 pour ces penfions militaires qu'on a fait entrer mal-à-propos dans le total des penfions payées alors au Tréfor Royal.

plus il a trouvé de déficit, moins il y en a de relatif à son adminiſtration dans celui qu'il a laiſſé.   Ce n'eſt pas même une contradiction avec l'endroit de ſon Compte rendu où il a dit que le *dernier*
état mis ſous les yeux du Roi par M. de Clugny annonçoit un déficit de
24 millions, ſans affirmer lui-même l'exactitude de ce réſultat, ayant
au contraire ajouté qu'il lui *avoit paru ſuſceptible de pluſieurs obſerva-*
tions, mais qu'il croyoit inutile d'entrer de nouveau dans cette diſcuſſion.
Ne peut-on pas croire que s'il y étoit entré, il n'auroit pas manqué
de relever alors, comme il a fait depuis, les *articles de dépenſe portés*
trop bas dans le Compte de M. de Clugny, & qu'il auroit conclu,
comme j'ai fait, qu'il avoit trouvé en prenant la direction des finances,
un déficit de   .   .   .   .   .   .   37,000,000 liv.

TROISIÈME ÉPOQUE.
1781.

Fin de l'Adminiſtration de M. Necker.
Déficit . . 70,000,000 liv.

JUSQU'A ce moment, je n'avois point encore articulé préciſément le
montant du déficit à l'époque où M. Necker a ceſſé de diriger l'adminiſtration des finances.   J'avois ſeulement annoncé, dans mon diſcours
aux Notables, qu'il n'avoit pu que s'accroître depuis 1776 juſqu'en
1781.   J'avois montré enſuite dans le grand Comité tenu chez
MONSIEUR, que ſuivant le Compte effectif de l'année 1781, au lieu
que la recette fût de dix millions ſupérieure à la dépenſe, elle étoit
de quarante-ſix millions inférieure ; & j'en ai ci-deſſus développé la
preuve dans le plus grand détail.   Je ne diſconviens pas d'avoir
ajouté dans le même Comité, qu'en réuniſſant à ces quarante-ſix
millions, d'autres objets dont il n'étoit pas fait mention dans les
comptes de l'année, & qui néanmoins augmentoient encore le vuide
qui à cette époque devoit être conſidéré comme déficit ordinaire, il ſe

trouveroit être de 70 à 71 millions. C'eſt auſſi ſur ce pied que j'entreprends de le prouver, ſans accepter l'eſpèce de compoſition que M. Necker a paru me faire en ne prenant que *ſoixante millions pour réſultat*. J'avouerai même que dans le premier apperçu que je donnai au Roi de la ſituation de 1781, j'avois porté juſqu'à 75 millions, l'appréciation qu'on pouvoit faire de ce déficit. Mais lorſque j'ai formé la balance exacte, en écartant tout ce qui pouvoit être conteſté, j'ai reconnu que ce qu'on pouvoit appeler la dépenſe ordinaire en 1781, excédoit de ſoixante & dix millions, ce qu'on pouvoit alors regarder pareillement comme le revenu ordinaire.

C'EST-LA mon véritable réſultat; c'eſt celui dont j'avois annoncé que j'adminiſtrerois la preuve aux Notables lorſque l'on ſeroit parvenu à l'examen des matières de la quatrième diviſion; & c'eſt celui que je vais démontrer.

J'AI déjà fait voir que la recette effective de 1781, au lieu d'avoir ſurpaſſé la dépenſe effective de la même année, lui avoit été inférieure de 46,329,000 liv. ſans compter rien de ce qui étoit relatif à la guerre ou à toute autre circonſtance momentanée. Le Compte de 1781, ſéparé ainſi de tout l'extraordinaire, ſeroit vraiment le compte de la ſituation ordinaire à cette époque, s'il n'y avoit rien d'omis, ſoit par rapport aux revenus, ſoit par rapport à la dépenſe.

QUANT aux revenus, je ne vois qu'un ſeul article de ſupplément qui pourroit paroître juſte: c'eſt celui des *Droits du Domaine d'Occident*. On appelle ainſi l'impôt qui ſe lève à l'entrée des denrées des Colonies. Cet article a été nul au Compte effectif de 1781, à cauſe de la guerre qui exiſtoit alors; & l'on a reproché avec raiſon à M. Necker de l'avoir mis au rang des fonds actifs qu'il préſentoit comme gage des emprunts qu'il alloit faire, tandis que c'étoit une valeur morte, & que le tems où elle redeviendroit productive, étoit encore incertain. Pouvoit-il employer dans la recette un revenu futur, lorſqu'il s'annonçoit comme rendant *compte de l'état actuel*, lorſqu'il diſoit au Roi que par l'effet de ſes ſoins, *l'état actuel de ſes finances* étoit tel que, malgré le déficit qu'il avoit trouvé, malgré la guerre & ſes ſuites, il y avoit *dans ce moment* un excédent de revenu, de dix millions deux cens mille livres?

Pages 1 & 9 du Compte rendu de M. Necker.

MAIS quand on conſidère, abſtraction faite du moment, & de toutes circonſtances, ce qui doit compoſer le revenu ordinaire, il eſt certain qu'alors les Droits du Domaine d'Occident y ſont naturellement compris.

JE les ajouterai donc au Compte effectif de 1781, & même ſur le pied de leur produit total en tems de paix, quoique pour former une année commune on devroit, comme je l'ai obſervé, en défalquer à-peu-près un quart, par compenſation du tems de guerre, qui en ſuſpend ou réduit preſque à rien la perception. Ces droits entrent aujourd'hui pour 3,500,000 liv. dans le bail des fermes : mais comme ils étoient en régie en 1781, c'eſt un article ſéparé de pareille ſomme qu'il faut ajouter à la colonne des revenus ; & conſéquemment c'eſt 3,500,000 liv. à retrancher du déficit, qui dès-lors, au lieu d'être de 46,329,000 liv., ſe réduit à . . . 42,829,000 liv.

LES additions qu'il eſt juſte de faire à la colonne des dépenſes, ſont beaucoup plus conſidérables.

1°, IL en eſt une que M. Necker ne peut conteſter, puiſqu'il convient que l'intérêt des emprunts qui ont eu lieu *immédiatement après ſon Compte rendu, & encore ſous ſon miniſtère, a balancé l'excédent d'environ dix millions qu'il avoit annoncé.* Ces emprunts que dès-lors il prévoyoit, qu'il avoit même ſpécialement en vue lorſqu'il a publié ſon Compte, doivent ſans aucun doute, être compris dans

Page 24 de la Brochure.

le tableau de la fituation ordinaire à l'époque de 1781, puifque leur rente a pris naiffance du commencement même de cette année. Or il y a eu dès le mois de Janvier un emprunt de 12 millions fur les Etats de Bretagne, dont l'intérêt eft de . . 600,000 liv.

En Février un emprunt viager de 60 millions, porté prefque auffi-tôt à . . . . 76,400,000 liv.

En Mai un autre emprunt viager de 30,000,000 liv., qui a été auffi fort étendu ; mais comme il ne l'a été que depuis la retraite de M. Necker, il ne doit être compté ici que fur le pied de fon établiffement.

Ces deux emprunts font donc enfemble un capital de 106,425,000 liv. M. Necker en ne le fuppofant que de 90,000,000 porte l'intérêt à 9,500,000. Il faut y ajouter l'intérêt des 16 millions 425 mille liv. d'extenfion (*), ce qui donne 11,142,500 liv. Cette fomme n'eft pas comprife dans le Compte effectif de 1781, parce que le paiement n'en étoit pas encore échu : mais comme elle influoit dès-lors dans la balance, elle doit être ajoutée au compte de la dépenfe ordinaire, ci . . . . 11,142,500 liv.

2°, Il eft également indifpenfable d'y faire entrer d'une manière quelconque l'article des dettes arriérées & exigibles qui y a été entièrement omis, quoiqu'il dût paroître néceffaire d'en acquitter

____

(*) Je rapporte cette extenfion à la date qui lui eft donnée par les Etats du Contrôle général. Au refte, quand elle pourroit être conteftée, & fallût-il réduire l'intérêt des emprunts faits par M. Necker en 1781, aux 10,200,000 liv. qu'il y a lui-même appliqués, la conclufion feroit encore la même ; parce qu'il y a, comme on le verra par le réfultat des calculs, affez de marge pour couvrir quelques erreurs, qui fi elles exiftoient n'iroient pas à un million.

quelques parties chaque année, & que le moins qu'on pût faire,
fut d'en compter l'intérêt à raison de la nécessité plus ou moins
pressante de satisfaire à leur acquittement.

La masse de ces dettes étoit, suivant les calculs de M. de Clugny,
de 203 millions au premier Janvier 1776. Elle ne pouvoit être
beaucoup moindre au moment que M. Necker a rendu son compte,
la guerre survenue dans l'intervalle n'ayant pu favoriser la diminution
de l'arriéré. L'on voit même par le mémoire que M. Necker avoit
remis en 1776 à M. de Maurepas, qu'il étoit d'avis que, vu l'état
des besoins où l'on étoit, on retranchât de la dépense la somme de
7,200,000 liv., que M. de Clugny avoit portée dans son Compte
comme destinée au paiement des objets les plus privilégiés. Je sup-
poserai cependant que par un acquittement successif d'environ 53 millions, la dette se soit trouvée réduite à 150 millions en 1781 ; &
quoique la plupart des emprunts qui ont servi à sa liquidation,
aient coûté 9 à 10 pour cent d'intérêt, néanmoins, comme il y a eu
des objets retardés ou attermoyés, je ne compterai l'intérêt qu'à
5 pour cent : c'est . . . . . 7,500,000 liv.

Mémoire de
M. de Clugny
débattu par
M. Necker.

3°, Sur les frais d'anticipations, lorsque j'ai comparé leur évaluation suivant M. Necker à ce qu'ils ont coûté suivant le Compte
effectif de 1781, j'ai fait remarquer qu'il s'en falloit de deux millions
qu'ils eussent été portés dans ce compte à leur taux réel, parce qu'on
en avoit rejeté une partie sur l'année suivante ; j'ai fait voir que dès
1780 ils avoient coûté plus de neuf millions, ainsi que le prouve
l'état des services que j'ai rapporté, & que s'il n'y a eu que sept
millions payés en 1781 à compte de ces frais, il n'en est pas moins
certain qu'ils ont monté relativement à cette même année à
9,351,000 liv. Il l'est également que depuis lors ils ont toujours
excédé neuf millions ; les comptes des années 1782, 1783, 1784,
en font foi : je ne parle pas des accroissemens postérieurs ; & je me

N° XI des
Pièces Jus-
tificatives.

borne à conclure qu'à l'époque du Compte rendu par M. Necker, les frais des anticipations devoient être évalués à neuf millions, au moins pour l'année ordinaire, puifque dans l'année précédente & dans toutes les fuivantes ils ont furpaffé cette fomme, & que d'ailleurs étant conftaté par le compte de 1782 que les anticipations de 1781 montoient à 150,560,000 liv., il eft évident que les frais à 6 pour cent faifoient déjà plus de neuf millions. Ainfi le Compte effectif que j'ai pris pour première bafe de mes calculs, n'en ayant porté que fept comme dépenfe payée en 1781, il faut en ajouter deux pour arriver au taux de la dépenfe annuelle, ci   .   .   2,000,000 liv.

4°, L'ARTICLE des rembourfemens doit auffi être relevé pour fe trouver à fa véritable hauteur. M. Necker a donné, à la fin de fon Compte rendu, page 115, le *détail des rembourfemens paffés dans le chapitre des dépenfes annuelles,* dont le total monte à 17,326,666 liv. mais on n'y trouve ni le rembourfement des charges fupprimées de la maifon du Roi, qui devoit coûter par an   . . 1,500,000 liv.

N1 les rembourfemens de partie des différens emprunts faits à Gênes en 1775 & 1777, dont il a feulement compté l'intérêt, mais pour lefquels le Tréfor Royal devoit rembourfer chaque année jufqu'à leur extinction   .   .   .   .   .   1,300,000 liv.

N1 le rembourfement annuel de l'emprunt fait fur les Etats de Bretagne en Janvier 1781. Ce rembourfement eft de 600,000 liv. par an ; mais il ne fera compté ici que pour 300,000 liv., parce qu'à la fin du Compte rendu de M. Necker on trouve dans le détail des rembourfemens, la mention de 300,000 liv. *deftinés,* eft-il dit, *dans ce moment, fous le bon plaifir du Roi, au rembourfement d'un emprunt particulier à la province de Bretagne.* Ne fachant pas fi cette deftination n'étoit pas relative à celui dont il s'agit ici, j'aime mieux en faire la déduction que de m'expofer à compter trop ; & je réduis en conféquence cet article à   .   .   .   300,000 liv.

Ni les fonds d'avances à rembourfer annuellement à différentes caiffes, telle que celle des meffageries, & autres, qui devoient être comptés fur le pied de 800,000 liv., & qui dans fon compte, où il n'a fait mention que de ce qui étoit rembourfable à la Caiffe de Poiffy, ne font employés que pour 166,666 liv., ce qui exige un fupplément de .   .   .   .   633,334 liv.

Ni enfin les rembourfemens des loteries de 1777 & 1780, auxquels il a lui-même déclaré qu'il avoit fubftitué l'intérêt feulement du capital. Cet article, qui n'eft porté au Compte effectif que pour 7,623,000, a coûté 10,245,000 liv. en 1782, 10,110,500 liv. en 1783, 10,336,000 en 1784. Il eft vrai qu'en 1785 la loterie de 1777 fe trouvant entièrement remboursée, il n'eft refté que fix millions trois à quatre cens mille livres à rembourfer jufqu'en 1790 : mais comme dès l'année 1784 les loteries d'Avril & Octobre 1783 ont ajouté à cette dépenfe annuelle celle de 4,789,000 liv. dont le Tréfor Royal fe trouve encore chargé actuellement, & que ce remplacement malheureufement trop ordinaire d'une charge qui s'éteint par une autre qui naît au même inftant, oblige de confidérer comme dépenfe annuelle ce qui doit être payé pendant plufieurs années, il s'enfuit qu'il n'y a pas d'exagération à compter comme telle à l'époque de 1781, pour l'article des loteries, ce qu'elles ont coûté depuis lors jufqu'à préfent, ce qu'elles ont coûté à quelque époque qu'on les confidère, c'eft-à-dire dix millions deux à trois cens mille livres. C'eft conféquemment à ajouter à la fomme de 7,623,000 liv. portée au Compte effectif, celle de   .   .   2,600,000 liv.

Il n'eft pas étonnant que ces différentes parties de rembourfemens ne fe trouvent pas dans le Tableau comparatif, où je n'ai rapporté que les articles qui fe réfèrent à ceux du Compte rendu, dans lequel ces mêmes parties font totalement omifes. Il en eft d'ailleurs, que les circonftances ont obligé de fufpendre, tels que les rembourfemens des charges fupprimées : mais tous ces rembourfemens étoient dus annuellement dès 1781 ; ainfi tous ont dû être portés dans la dépenfe ordinaire à cette époque, comme ils l'ont été poftérieurement.

RÉSUMÉ.

	liv.	
Déficit réfultant du Compte effectif de l'année 1781	46,329,000	
Lequel, en défalquant . . .	3,500,000	liv.
Pour le produit des droits du Domaine d'Occident, qui étoient alors fufpendus, & que j'ajoute au revenu ordinaire, fe réduit à . . .	42,829,000	42,829,000
Intérêt de l'emprunt de Janvier 1781 fur la Bretagne,		600,000
Intérêt des emprunts viagers de Février & Mars 1781,		11,142,500
Intérêt de la dette arriérée		7,500,000
Supplément aux frais des anticipations . . .		2,000,000
Rembourfemens omis		1,500,000
Item		1,300,000
Item		300,000
Item		633,000
Item		2,600,000
Total . . .		70,404,500

Il eft donc prouvé que le déficit étoit de foixante & dix millions & plus, à l'époque de la retraite de M. Necker. Pour ne lui rien diffimuler, je vais rapporter ici les obfervations que j'ai faites à ce fujet dans le grand mémoire que j'ai eu l'honneur de remettre au Roi, au mois de Novembre 1786.

" Votre Majesté peut juger à préfent quelle étoit à cette " époque la véritable fituation de fes finances, & combien elle " s'éloigne de l'idée que lui en avoit donnée M. Necker.

C'étoit

" C'ÉTOIT fans doute celle qu'il en avoit lui-même; car s'il
" l'avoit bien connue, il l'auroit dévoilée, je ne dis pas au Public à
" qui il pouvoit être important de la cacher, mais à Votre Majefté
" à qui la vérité eft toujours due : s'il l'avoit bien connue, il n'auroit
" pas cru pouvoir fe difpenfer d'employer, dès le commencement de la
" guerre, la reffource de l'impofition toujours fâcheufe fans doute,
" mais qui le devient bien davantage quand elle eft trop différée :
" s'il l'avoit bien connue, il n'auroit pas préfenté au Public pour
" gage de fes emprunts, un excédent idéal, quand il y avoit en
" réalité un déficit énorme : s'il l'avoit bien connue, il n'auroit pas
" chargé l'Etat d'une maffe d'intérêts dont il pouvoit lui épargner
" une bonne partie, en prenant les moyens que les circonftances
" exigeoient pour augmenter la recette.

" Ici s'applique ce que j'ai eu l'honneur d'obferver à Votre Ma-
" jefté, fur la cherté des fauffes combinaifons. En effet, je la fup-
" plie de faire attention que les 50 millions d'impofitions établies
" tant par l'édit d'Août 1781, que par celui de Juillet 1782, qui
" n'a eu d'effet qu'en 1783, s'ils avoient eu lieu, comme cela devoit
" être, dès 1777, euffent produit au Tréfor Royal pendant ces cinq
" années 250 millions, & que par conféquent ils euffent difpenfé
" d'emprunter pareille fomme, à laquelle il faut ajouter les intérêts,
" qui, calculés feulement fur le pied moyen de 6 pour cent jufqu'au
" remboursement en dix ans, font encore 150 millions. Voilà donc
" 400 millions dont les finances de Votre Majefté ont été privées en
" pure perte, parce que l'adminiftrateur a mis fa gloire à retarder
" une impofition néceffaire. Quelles réformes peuvent compenfer
" une privation de 400 millions ! J'ai raifon de dire qu'elle a été
" en pure perte, puifque le retardement d'une contribution inévitable
" n'en épargne aucune parcelle au peuple, qui tôt ou tard fupporte
" tout ce qui eft charge pour l'Etat, & paie d'autant plus qu'il paie
" moins promptement.

L

" Qui peut d'ailleurs évaluer tout ce qu'une plus grande abon-
" dance de moyens, & par conféquent une plus grande célérité
" d'opérations, auroit pu économifer en diminuant la durée de la
" guerre ?

" Mais je m'écarterois de mon objet & de la précifion que je me
" fuis prefcrite dans cet expofé hiftorique des caufes de la fituation
" préfente, fi j'infiftois davantage fur cette obfervation.   Je conclus
" feulement qu'au moment de la retraite de M. Necker les charges
" annuelles n'avoient aucune proportion avec l'opinion qu'il en a
" voulu donner ; & que fi l'illufion d'un excédent de dix millions,
" quand il y avoit, fuivant les Comptes effectifs, un déficit de 46,
" qu'on pourroit même, par les confidérations que j'ai obfervées,
" eftimer jufqu'à 75 millions (*), a dû produire l'avantage paffager de
" charmer le public, elle a en même tems occafionné le très-grand
" mal d'avoir égaré pour long-tems l'adminiftration.

" En effet, depuis lors, il femble qu'on ait toujours marché dans
" les ténèbres.   Ne pouvant appercevoir ni le point d'où l'on partoit,
" ni celui où l'on alloit, on ne s'eft occupé que d'atteindre, à force
" de viremens, d'anticipations, & pour ainfi dire d'efcamotages, la
" fin de chaque année ; on n'a pu recouvrir les vuides qu'en creufant
" plus loin d'autres vuides plus grands encore.

(*) Si lorfque j'ai formé une balance exacte du revenu ordinaire & de la
dépenfe parcillement ordinaire, le déficit, dont par un premier apperçu j'avois
porté l'appréciation jufqu'à 75 millions, s'eft trouvé réduit à 70, c'eft parce que
j'ai cru équitable de rétablir dans le compte des revenus, ceux qui n'étoient que
fufpendus en 1781, tels que les droits du domaine d'Occident, qui, retranchés du
Compte de M. Necker par le calcul du Compte effectif, y faifoient un vuide de
4,100,000 liv.

" On s'eſt même vu forcé de dérober ſoigneuſement au Public,
" & de ſe dérober en quelque ſorte à ſoi-même, la connoiſſance du
" véritable état des affaires.

" La poſition du Magiſtrat qui a ſuccédé à M. Necker au milieu
" de 1781, étoit d'autant plus fâcheuſe, qu'il trouvoit un déficit
" immenſe, lorſqu'il étoit cenſé trouver un excédent de recette;
" qu'il étoit forcé de mettre des impôts à l'expiration de la guerre,
" lorſque ſon prédéceſſeur s'en étoit diſpenſé pendant ſa durée; qu'il
" devoit ouvrir de nouveaux emprunts, lorſque le dernier n'avoit pu
" être rempli à moitié."

Je n'imaginois pas, quand je m'exprimois ainſi vis-à-vis du Roi,
que ſix mois après M. Necker auroit haſardé ce qui ſe lit en note, à
la page 34 de l'écrit qu'il a fait imprimer, & dont il a fait parvenir
un exemplaire à Sa Majeſté elle-même.   En voici les termes :

*On ne doit pas perdre de vue, qu'à ma retraite, en Mai 1781, je
laiſſai le Tréſor Royal dans un tel état d'abondance, que les reſſources
relatives à mon adminiſtration, ont ſuffi à toutes les dépenſes de cette
année-là, & au commencement de la dernière campagne en 1782 : je
m'en rapporte ſur ce fait au témoignage de M. de Fleuri.*

Si Sa Majeſté a fait attention à ce paſſage, & je n'en doute pas,
car elle lit attentivement tout ce qu'on lui adreſſe d'important ; ſi
elle l'a rapproché de ce que je viens de citer de mes obſervations ſur
l'état où M. de Fleuri a trouvé les finances, & ſur l'embarras de ſa
poſition ; ſi elle a revu enſuite les détails que je lui avois préſentés
dans le même mémoire reſté entre ſes mains, ſur la quantité d'emprunts & de reſſources extraordinaires qu'il a fallu employer pénible-
ment pour achever l'année 1781, quel a dû être ſon étonnement, &
quelle opinion a-t-elle dû prendre de l'un ou l'autre de deux adminiſtrateurs ſi prodigieuſement oppoſés dans leurs aſſertions !

Est-ce donc moi qui ait tort ? Eſt-ce moi qui auroit rêvé qu'outre les 118 millions empruntés par M. Necker en Janvier, Février, & Mars 1781, il a encore été fait pendant le reſte de la même année pour 141 millions 200 mille livres d'emprunts, dont j'ai remis au Roi l'énumération ? (*) Savoir :

Sur les Etats de Bourgogne . . .	5,000,000 liv.
Sur les Etats de Languedoc . . .	15,000,000
Sur la ville de Paris	20,000,000
Sur les Etats du Maçonnois . . .	1,200,000
Par extenſion des emprunts de l'année 1770	70,000,000
Prêt des fermiers-généraux . . .	30,000,000
Total . .	141,200,000

[Je n'ai pas compris dans cette énumération l'emprunt de dix millions fait en Hollande dans la même année. Son produit ayant été, en entier, pour les Etats-Unis de l'Amérique, à qui la France a prêté, en cette occaſion, ſon crédit, je n'ai pas trouvé juſte de le compter parmi les reſſources auxquelles il a été néceſſaire d'avoir recours en 1781.]

Ai-je pu être trompé ſur des faits auſſi faciles à vérifier ? Ai-je pu être induit en erreur par les états que le premier Commis des finances a formés ſur les relevés même du Contrôle Général, ſur les pièces probantes ? Non, ſans doute.

Mais ſi la réalité de ces emprunts ne peut être conteſtée, comment concevoir que M. Necker ait eſpéré de perſuader *que les reſ-sources relatives à ſon adminiſtration, ont ſuffi à toutes les dépenſes de cette année-là, & même au commencement de la dernière campagne en*

(*) C'eſt l'état coté p. p, parmi les 63 pièces jointes au mémoire remis au Roi en Novembre 1786.

1782 ? Comment concilier *l'état d'abondance* où il prétend avoir
laissé le Tréfor Royal avec les besoins preffans qui feuls ont pu déterminer fon fucceffeur à fe procurer 141 millions par fix emprunts différens cumulés dans les fept derniers mois de la même année où
l'on avoit commencé par en emprunter 118 ? M. de Fleuri ne pouvoit pas ignorer que rien n'eft plus contraire aux principes d'une fage
adminiftration, ni plus nuifible au crédit, que de multiplier & diver-
fifier fucceffivement les emprunts, dans le cours de la même année.
Ce n'eft donc que par une néceffité abfolue, qu'il a pu être réduit à
en ouvrir fix, à la fuite des trois précédens, pendant cette même
année 1781, qui au total fe trouve avoir engendré une maffe de deux
cent cinquante-neuf millions à la charge de l'Etat. Quelle maffe
pour une année où la fituation des finances avoit été préfentée fous
un afpect fi fatisfaifant ! Quel funefte fruit de la prétendue abondance !

M. Necker dira-t-il que ce qu'on emprunte dans le cours d'une
année n'eft pas toujours relatif aux dépenfes qui lui font propres,
qu'il eft même d'ufage que les emprunts des derniers mois aient pour
objet les dépenfes de l'année fuivante ?

Mais, c'eft ici que l'étonnement va redoubler, loin que les emprunts relatifs à l'adminiftration de M. Necker aient fuffi non-
feulement pour acquitter toutes les dépenfes de l'année 1781 fans
recourir à de nouvelles reffources, mais auffi pour fatisfaire aux
premiers frais de la campagne en l'année fuivante, il a fallu dès le
mois de Janvier 1782 ouvrir encore un nouvel emprunt, qui a été
porté jufqu'à 140 millions (*), & qui n'a pas même fuffi, puifqu'il
y a encore eu trois autres petits emprunts dans la même année.

(*) Cet emprunt s'eft élevé depuis, par de nouvelles extenfions, jufqu'environ
185 millions : mais je ne compte ici que fa première extenfion qui l'a porté à 140.

Je ne m'arrête en ce moment qu'à celui du mois de Janvier ; & je réunis les cent quarante millions qu'il a produits, non aux deux cent cinquante-neuf empruntés en 1781, ce qui feroit un total de 399 millions dans l'efpace de 12 mois ; mais feulement aux 141 millions empruntés depuis la retraite de M. Necker : cette addition donne une fomme de 281 millions empruntés par M. de Fleuri dans les huit premiers mois de fon miniftère ; & cependant fon témoignage eft invoqué à l'appui de ce qu'a dit M. Necker, que les fonds laiffés par lui avoient fuffi à toutes les dépenfes de l'année de fa retraite & au commencement de la campagne, dans l'année fuivante !

A qui appartient-il de compter fur le témoignage de M. de Fleuri ? N'eft-ce pas à moi qui juftifie la néceffité où il s'eft vu de faire coup fur coup des emprunts auffi confidérables, plutôt qu'à M. Necker qui l'accufe, en le prenant à temoin qu'il lui avoit laiffé les moyens d'être difpenfé de les faire ?

Le dirai-je enfin ? Je ne fuis pas encore revenu de la furprife que m'a caufée cette note remarquable de l'écrit auquel je réponds. J'ai douté fi je veillois en la lifant ; & lorfque j'en ai pourfuivi la lecture, curieux de voir comment M. Necker pourroit accorder une telle propofition, avec les détails qu'il annonçoit fur les accroiffemens de charges furvenues depuis fa retraite, j'ai vu qu'elle l'avoit entraîné dans une autre fingularité peut-être plus frappante encore, quoiqu'il femble qu'elle n'ait pas même été apperçue. Tant il eft vrai qu'en pareille matière, les plus groffes erreurs adroitement recouvertes, peuvent échapper aux yeux du public néceffairement mal inftruit, & fur-tout aux yeux prévenus ; ce qui n'empêche cependant pas que quand la vérité furvient, & fe découvre, elle ne perce auffitôt tous les nuages par cet éclat irréfiftible qui eft réfervé à l'évidence.

Voici la fingularité dont je veux parler ; elle achevera de montrer pour qui fe déclare cette divinité tutélaire devenue mon feul foutien.

M. NECKER, après avoir recommandé *de ne pas perdre de vue l'état d'abondance* capable de fuffire à tout, où il avoit laiffé le Tréfor Royal ; après avoir effayé d'expliquer comment cette incroyable abondance avoit pu furgir du fein des emprunts & du déficit antérieur, au moyen des améliorations opérées par fes foins, dont le calcul plus incroyable encore, monte fuivant lui à plus de 80 millions, a voulu arracher un dernier cri d'admiration à fes lecteurs, en leur faifant voir que le réfultat des augmentations de dépenfes & de charges annuelles, furvenues depuis la date de fon Compte rendu jufqu'à ce jour, déduction faite des accroiffemens de revenu ou diminutions de dépenfe poftérieures à la même date, étoit précifément égal au déficit actuel, & prouvoit par conféquent qu'il s'étoit formé entièrement depuis fa fortie du miniftère.

POUR prouver ce réfultat, M. Necker a formé deux tableaux de calculs, dont l'un annonce par fon titre le compte des augmentations de charges furvenues depuis fa retraite. J'ai cru d'abord qu'il ne pourroit fe difpenfer d'y infcrire les emprunts de la fin de 1781 dont je viens de parler, & je ne voyois pas comment il auroit pu fouftraire à tous les regards les conféquences très-palpables que je viens d'en tirer. Eh bien—il a tout fimplement fupprimé dans fon énumération, tous ces emprunts, fauf un feul ; il en a réduit la fomme qui eft de 141 millions, à 20 ; & entre le troifième article de fon tableau où il rappelle fort inutilement le petit emprunt de Hollande, étranger aux charges de l'Etat, & le quatrième article où commence le détail des emprunts de 1782, il fe trouve une omiffion de 121 millions (*).

(*) En ôtant du total de 141 millions dont j'ai donné ci-deffus le détail, les 20 millions de l'emprunt de la ville, le feul donc M. Necker ait fait mention, refte en omiffion .   .   .   .   121,000,000 liv.

QUELLE omiffion ! quelle lacune dans un compte où l'on fe pique, d'être plus exact qu'on ne l'avoit jamais été ! En fut-il jamais de pareille !—Mais le même écrit en fournit encore plus d'un exemple à-peu-près de même force, comme on le verra quand je viendrai à la réfutation des calculs illufoires dont il eft rempli. Je fuis encore à la preuve pofitive de mes propres affertions ; & fi je l'ai interrompue un moment pour me livrer à des obfervations incidentes, auxquelles je crois qu'on trouvera naturel que je n'aie pu me refufer, je me hâte de la reprendre & de la completter, en établiffant la véritable confiftence du déficit dans les deux dernières époques qu'il me refte à parcourir, & qui font relatives, l'une au commencement, l'autre à la fin de mon adminiftration.

QUATRIÈME ÉPOQUE.
Novembre 1783.

Commencement de mon Adminiftration.
Déficit . . 80,000,000 liv.

IL y a deux manières de reconnoître quel étoit l'état du déficit à la fin de 1783 : l'une, c'eft de partir du point où il étoit en 1781, & de compter ce qu'il y a eu depuis, en accroiffement ou décroiffement foit de revenu foit de dépenfe ; l'autre, c'eft de prendre les réfultats des Comptes de 1783, après en avoir diftrait ce qui ne peut être réputé annuel.

CES deux méthodes conduifent à la même conclufion, & fe donnent un foutien réciproque. La première fait voir que les augmentations de charges furvenues entre le mois de Mai 1781 & le mois de Novembre 1783, ont furpaffé de dix millions, les augmentations de revenu acquifes dans le même intervalle, & conféquemment que le déficit étant de 70 millions à la retraite de M. Necker, a dû fe trouver de 80 millions à la fin de 1783.

L'AUTRE

L'AUTRE prouve qu'en effet il étoit tel ; puifque l'état de fituation préfenté au Roi par M. de Fleuri pour l'année 1783, fi l'on en
retranche tous les extraordinaires, & fi l'on y ajoute l'intérêt des
fommes levées pendant la même année, avant que le Roi m'eut fait
l'honneur de me confier l'adminiftration de fes finances, fait appercevoir dans la recette comparée à la dépenfe, un vuide de 80 millions.

VOICI les calculs & développemens de cette double vérification.

*Accroiffemens de Revenu ordinaire ou Diminutions de Dépenfe depuis le
mois de Mai 1781 jufqu'au mois de Novembre 1783.*

PRODUIT des nouveaux fols pour livres établis par
    Edit du mois d'Août 1781, trois mois après la   *liv.*
    retraite de M. Necker 25,000,000

Troifième vingtième établi par Edit de Juillet 1782.

Il ne feroit pas jufte de regarder comme un accroiffe-
    ment de revenu ordinaire, cette impofition dont la
    durée a été bornée à 4 ans par fon établiffement,
    comme elle l'a été auffi par le fait.   M. Necker ne
    l'a pas comprife dans le Tableau qu'il a donné des
    augmentations de revenu poftérieures à fa retraite ;
    il faut, dit-il, *confidérer les fonds procurés par cet
    impôt comme un fecours extraordinaire de quatre-vingt-
    cinq millions environ.* Je penfe de même, & par
    cette raifon ne comptant pas ici fon établiffement
    comme accroiffement de revenu, je ne mettrai pas
    non plus fa ceffation parmi les caufes qui ont aug-
    menté le déficit fous mon adminiftration (*). Mais

Page 77 de
l'Ecrit de
M. Necker.

(*) On a pu remarquer dans ma Requête au Roi, que quand j'ai parlé de
l'augmentation du déficit pendant mon miniftère, je l'ai rapportée entièrement
aux emprunts que j'ai été obligé de faire, fans rien compter pour la ceffation du
troifième vingtième.

M

liv.

De l'autre part . . 25,000,000.

puifqu'il faut au moins le regarder comme un fecours extraordinaire qui a tenu lieu de l'emprunt qu'il eût fallu faire pour acquitter les objets auxquels il a été employé, je crois devoir confidérer comme recette annuelle, l'intérêt d'un pareil emprunt qu'il a épargné, & le compter ici pour . . . . . 4,250,000.

Diminution du montant des intérêts par l'effet des rembourfemens à époque, & de ceux des états, ainfi que par l'extinction des rentes viagères, environ . . . . 6,000,000.

Améliorations opérées naturellement fur différentes recettes, environ . . . . 1,000,000.

Total . . . 36,250,000.

Accroiffemens de Charges & de Dépenfes ordinaires pendant le même intervalle.

CHARGE réfultante des emprunts faits dans les fept derniers mois de 1781, dans le cours de l'année 1782, & dans les dix premiers mois de 1783, faifant enfemble 411,001,000 liv. dont les intérêts réduits comme ils doivent l'être fuivant les différens genres de ces emprunts, defquels un feul eft viager, ne montent, comme on le verra par l'Etat de ces Emprunts & de leurs intérêts, qui fera joint à ce Mémoire, qu'à la fomme annuelle de . . . 27,558,900.

_{N° XIV. des Pièces Juftificatives.}

Rembourfemens du prêt fait à la fin de 1781 par les fermiers-généraux, chaque année . . . 3,600,000.

Rembourfemens annuels fur l'emprunt de Décembre 1782 . . . . 5,000,000.

36,158,900.

liv.

Ci-contre . . 36,158,900

Rembourſemens des ſommes empruntées par les Pays
d'Etats, tant à la fin de 1781 qu'en 1782 & en
1783, par an 1,951,000

Rembourſement ou paiement des primes des loteries
d'Avril & Octobre 1783. Cet article coûte par
an . . . . . 6,650,000 liv.

Mais, pour ne préſenter ici que ce qu'il y a eu d'augmentation dans la dépenſe ordinaire, il faut conſidérer qu'à la fin de 1784 elle s'eſt trouvée diminuée
en proportion de ce que coûtoit la loterie de 1777,
qui s'eſt éteinte alors. C'eſt pourquoi, quoique
cette loterie ſubſiſtât encore en 1783 & 1784, nous
la réputerons éteinte dès 1783, pour ne porter en
accroiſſement de charge que la différence entre ce
que coûtoient les loteries de 1777 & de 1780, &
ce qu'ont coûté après la ceſſation de la première,
celles de 1783 réunies à celle de 1780, qui ne
s'éteindra qu'en 1790. Or les loteries de 1777 &
de 1780 coûtoient enſemble, comme je l'ai fait
voir dans la diſcuſſion du Compte
de M. Necker . . . 10,245,000 liv.

Celles de 1780 & de 1783 coûtent,
comme on le verra par le Compte
général préſenté aux Notables en
1787 13,010,000
——————
La différence eſt de . . 2,765,000

ci 2,765,000
——————
40,874,900

M 2

liv.

De l'autre part . . 40,874,900

Paiement annuel de 700,000 liv., accordées au Clergé
par édit de Novembre 1782 700,000

Augmentation de dépenfe pour le Département de la
Guerre, favoir en 1782 . . 710,000 liv.
& l'année fuivante . . . 4,262,000

Total . . 4,972,000   4,972,000

Nº XV. des Pièces Jufti-ficatives.

Ce progrès de dépenfe & ceux des années fuivantes
font prouvés par le relevé des projets de fonds de
ce Département depuis 1781 jufques & compris
1786. Il fera joint à ce Mémoire.

Total . . . 46,546,900

Balance.

Les accroiffemens de charges & dépenfes ordinaires
étant de 46,546,900

tandis que les accroiffemens de revenu ordinaire ou
diminutions de dépenfe n'ont été qu'à . . 36,250,000

L'excédent de dépenfe à ajouter au déficit précédent,
eft de 10,296,900

Ainfi le déficit qui, à l'époque de la retraite de
M. Necker, étoit de 70,000,000

s'eft trouvé à mon entrée dans le miniftère, de . . 80,296,900

Nº XVI. des Pièces Jufti-ficatives.

J'ai dit que le même réfultat étoit prouvé par l'examen du Compte
de 1783. Pour qu'on puiffe s'en convaincre, j'ai fait imprimer le
Compte tel qu'il a été préfenté par M. de Fleuri, & il fera ci-joint.

Mais comme il n'a point été formé dans l'intention de faire connoître la différence du revenu à la dépenfe ordinaire, que fon objet
a feulement été de faire appercevoir à l'avance, l'état de fituation de
l'année qui alloit commencer & les fonds qu'elle exigeoit, on y a
réuni une partie de ce qui appartenoit à l'année précédente tant pour
les recettes que pour les dépenfes, on y a compris les extraordinaires
que la guerre occafionnoit, on n'y a pas fait entrer les augmentations de charges annuelles réfultantes des reffources qu'il a fallu
employer dans le courant de l'année même, & l'on a évalué quelques
articles de dépenfe au-deffous de ce qu'ils ont coûté réellement.

On ne peut donc en tirer des conféquences juftes & applicables
à la vérification dont il s'agit, qu'en prenant en confidération les
retranchemens ou additions qu'il eft néceffaire de faire à plufieurs des
articles de ce compte pour qu'il puiffe préfenter le tableau de l'état
ordinaire.

La Recette, prélèvement fait des déductions
   affignées, & pour la feule partie verfée au Tréfor   *liv.*
   Royal, monte fuivant ce compte à   . .   609,920,000.

      Mais il faut en fouftraire,

   1°, Ce qui eft porté comme reftant   *liv.*
de l'année précédente, ci   . . 33,980,000
   2°, Les recettes extraordinaires
énoncées aux Articles XXII, XXIII,
& XXIV, comme provenant d'emprunts, de dons patriotiques, d'opérations de finances, &c, faifant enfemble   157,767,000
                               —————
                                191,747,000

	liv.	*liv.*
De l'autre part . .	191,747,000	609,920,000

3°, Les anticipations qui font portées en recette comme en dépenfe, & qu'il eft mieux de retrancher de part & d'autre, comme articles qui fe compenfent & qui ne doivent pas fe trouver dans le compte de la fituation ordinaire 154,760,000

4°, Le petit article de la contribution de la ville de Paris, repris par erreur à l'Article XVIII de la recette, quoique la ville en eût été déchargée, 204,000

5°, Le troifième vingtième porté en recette pour 10 mois à l'Article III, & qui fuivant ce qui a été ci-deffus obfervé, fort entièrement du rang des revenus ordinaires . . . 18,000,000

	364,711,000	364,711,000
RESTE pour recette ordinaire . . .		245,209,000

		liv.
LA DÉPENSE eft préfentée comme étant de .		575,194,250

Mais il eft jufte pareillement d'en retrancher plufieurs articles confidérables, qui ne font relatifs qu'à des circonftances extraordinaires; & il faut y ajouter ce qui eft furvenu de plus, dans le courant de l'année, en dépenfe ordinaire.

Les Articles à retrancher font :

1°, Sur les 107 millions portés pour le Département de la Guerre, Arti-

liv.
Ci-contre . . 575,194,250

cle II, il faut déduire 12 millions pour extraordinaire, puisque la dépense ordinaire de ce département n'étoit en 1783, que de 95 millions, comme on le voit par l'état des fonds déjà cité sous le N° XV . . . . *liv.* 12,000,000

2°, A l'Article III, qui concerne le Département de la Marine, il y a 80 millions portés pour l'extraordinaire 80,000,000

3°, L'Article IV, pour les affaires étrangères, comparé à ce qu'il étoit au Compte effectif de 1781, donne pour excédent extraordinaire , . 2,000,000

4°, L'Article XLII est encore relatif à la circonstance de la Guerre; ce sont les frais d'une expédition de l'Inde, ci 5,500,000

5°, L'Article XLIII porte pour les frais de l'assemblée du Clergé, qui est aussi une circonstance passagère . 1,290,000

6°, L'Article des anticipations, dont on a fait le premier article des dépenses, doit en être retranché comme il l'a été de la recette, ci . 154,760,000

Total des retranchemens . 255,550,000

[94]

liv.

De l'autre part . . 575,194,250

Les Articles en addition, & qui
doivent conféquemment être déduits
de la fomme ci-deffus, font:

1°, Sur l'Article V, concernant la
Maifon du Roi, qui eft de 900,000 liv.
inférieur à la dépenfe effective de la
même année 900,000

2°, L'Article VII, où les penfions
ne font portées qu'à 25 millions,
quoiqu'elles fuffent à 27, ci . . 2,000,000

3°, L'intérêt de l'emprunt de
la ville évalué, Article XVI, à
400,000 liv. quoiqu'il foit d'un million pour 20 millions de capital, ci
en fupplément 600,000

4°, Enfin l'intérêt des nouveaux
emprunts faits pendant les dix premiers mois de 1783, ci . . 2,058,000

Ces quatre Articles, dont le total eft . . 5,558,000
réduifent la fomme des retranche-
mens à celle de . . . 249,992,000

Laquelle fomme de 249,992,000
étant fouftraite de 575,194,250 liv. premier
total de la Dépenfe, elle n'eft plus que de. . . 325,202,250

BALANCE.

En 1783 la Dépenfe, tous les extraordinaires liv.
déduits, a été 325,202,250
La Recette, pareillement dégagée de tout ce qui
n'eft pas annuel, a été 245,209,000

Différence . . . 79,993,250

Par cette balance le déficit s'élève, fauf une différence impercep-
tible, à 80 millions : par la précédente il monte à 80 millions
296 mille liv. Ces deux réfultats, qu'on peut regarder comme très-
concordans, juftifient donc ce que j'ai avancé, qu'il y avoit 80 millions
de déficit annuel, quand j'ai été appelé à l'adminiftration des finances ;
& la double preuve que je viens d'en donner ne permet pas de
faire la moindre attention aux calculs chimériques d'après lefquels
quelques écrivains folliculaires ont hafardé des propofitions fort
oppofées, mais dénuées de tout foutien, comme de toute vraifemblance.

Il eft facile d'appercevoir que les mêmes calculs qui conftatent le
montant du déficit en 1783, ajoutent un nouveau degré de force à
la démonftration de ce qu'il étoit en 1781 : puifque d'un côté les
charges annuelles étant augmentées de 10 millions depuis cette
époque, & d'un autre côté le déficit étant de 80 millions fuivant le
compte de 1783, il s'enfuit qu'il étoit de 70 millions en 1781. C'eft
ainfi que dans un enchaînement de vérités progreffives, toutes s'ap-
puient l'une fur l'autre, & femblent fe cimenter par leur rapprochement.

CINQUIEME ÉPOQUE.
Avril 1787.

Fin de mon Adminiftration.

Déficit   .   .   115 millions.

Pour conftater le déficit que j'ai fait connoître au Roi & à la
Nation, je ne puis mieux faire que de produire le compte que j'ai
rendu au commencement de l'année 1787.

Pourquoi héfiterois-je à le rendre public ? Mon honneur me
le commande ; j'y vois de l'utilité pour l'Etat ; & c'eft évidemment
une conféquence des vues annoncées par Sa Majefté.

N

Je dis que mon honneur m'en fait un devoir. En effet les réſultats de mes calculs ſont conteſtés ; le Gouvernement lui-même les a fait paroître douteux ; ils ont été dénaturés dans pluſieurs écrits publics : je dois donc en juſtifier l'exactitude, & je ne le puis qu'en expoſant au grand jour le compte même qui les a produits. Au reſte, ce compte peut-il être un myſtère ? Il a été communiqué à l'Aſſemblée des Notables avec tous les états que j'y avois joints : je l'ai appris par le diſcours que M. l'Archevêque de Toulouſe a prononcé le 25 Mai dernier à la clôture de cette Aſſemblée. Depuis lors, mon adminiſtration a été en quelque ſorte livrée à la cenſure publique, après avoir été chargée des couleurs les plus odieuſes. Il eſt tems qu'elle ſoit connue.

J'y vois le bien de l'Etat : car, pour me ſervir des expreſſions du même diſcours, *le plus grand malheur pour une nation puiſſante étoit de n'être pas éclairée ſur l'étendue des maux auxquels elle avoit à remédier ; & ſi la circonſtance devoit la porter à des efforts extraordinaires, il falloit au moins s'aſſurer à quel point ces efforts devoient s'étendre ou s'arrêter.* Je puis ajouter qu'il n'eſt pas moins important pour la tranquillité du Royaume que les étrangers n'aient point une opinion exagérée du dérangement de ſes finances.

Enfin, c'eſt une conſéquence des volontés annoncées par Sa Majeſté. Elle a fait connoître dans cette même Aſſemblée du 25 Mai 1787, que ſon intention étoit de *faire publier, dès la fin de cette année, un état exact de la recette & de la dépenſe ;* & lorſque Sa Majeſté a tenu ſa ſéance au Parlement le 19 Novembre dernier, elle a encore fait réitérer par ſon Garde des Sceaux, la promeſſe de *faire publier tous les ans le compte de ſes finances.* Je ne préviens donc pas, mais je ſuis moi-même cette intention, lorſque je donne aujourd'hui le compte qui précède immédiatement ceux qui doivent être déſormais publiés, le compte que j'ai mis ſous les yeux du Roi, & qui doit naturellement fervir à comparer le point d'où l'on eft parti, au point où l'on fera parvenu.

C'est par la chaîne de tous les comptes fucceſſifs, c'eſt par les rapports qu'ils ont néceſſairement entr'eux, qu'on peut appercevoir avec clarté, & juger avec certitude, la fituation des finances de l'Etat. On a dans ceux que j'ai rapportés ici, la preuve que le déficit qui étoit de 40 millions, quand le Roi eſt monté fur le trône, étoit devenu de 70 en 1781, de 80 en 1783, & qu'il eſt aujourd'hui de 115. Tout ſe tient, tout eſt d'accord dans cette progreſſion ; & ſi l'on en rapproche la ſuite chronologique des emprunts, dont la ligne eſt naturellement parallèle à celle du déficit, on voit la liaiſon des cauſes avec les effets, on trouve les motifs de crédibilité réunis aux preuves de calculs, & par le coup-d'œil de tout cet enſemble on s'affermit dans la perſuaſion d'avoir en main le fil de la vérité.

Voudroit-on pour conteſter cette concordance, argumenter de ce que les accroiſſemens de charges furvenus pendant mon adminiſ-tration, ont ſurpaſſé conſidérablement les 35 millions auxquels ſe borne, ſuivant mes calculs, l'augmentation du déficit dans cet eſpace de tems, & citer pour preuve le tableau des emprunts qui y ſont relatifs, tel que moi-même je l'ai donné & fait imprimer à la ſuite de ma Requête ; du quel il réſulte que l'intérêt de ces emprunts, en y joignant celui des cautionnemens des charges nouvellement créées, & celui de la ſomme dont les anticipations ſe ſont accrues, monte à . . . . 45,420,000 liv.

Ce n'eſt pas même dire aſſez, & l'objection ne ſeroit pas dans toute ſa force, ſi l'on ne conſidéroit que les accroiſſemens de charges occaſionnés par les emprunts. Il faut y joindre l'augmentation ſur les dépenſes de la guerre, qui depuis 1783 s'eſt élevée à . 13,962,000 liv.

[Voyez l'état coté XIV.]

N 2

PLUS, quelques augmentations de dépenfes occafionnées par l'accroiffement de la Famille Royale, & qui font d'environ . 1,000,000 liv.

IL faut encore y joindre les trois millions qui ont été deftinés
annuellement à la caiffe des amortiffemens par l'édit du mois d'Août
1784, ainfi que les extinctions des rentes viagères qui y font pareillement affectées par cet édit, & qu'on eftime être de 1,200,000 liv.
année commune (*) ; ce qui fait en tout   .   .   4,200,000

ENFIN, il faut y joindre l'augmentation fur les rembourfemens
annuels, qui depuis trois ans a été de   .   .   6,367,000 liv.

En récapitulant tous ces articles,   .   . $\left\{\begin{array}{l} 45,420,000 \\ 13,962,000 \\ 1,000,000 \\ 4,200,000 \\ 6,367,000 \end{array}\right.$

on trouve que le total des accroiffemens de
dépenfe annuelle pendant mon miniftère eft de   70,949,000.

L'AUGMENTATION du déficit doit être égale à la différence qui fe
trouve entre cette fomme, & celle des améliorations de revenu ou
diminutions de dépenfe qui ont eu lieu pendant le même tems.

(*) C'eft à tort qu'on a évalué ces extinctions à une plus forte fomme. Les
comptes annuels des rentes font preuve qu'elles ne s'élèvent pas plus haut,
quoique les rentes viagères foient à préfent de 92 à 93 millions ; ce qui feul fuffit
pour montrer à quel point elles font onéreufes, puifqu'il ne s'en éteint qu'environ la foixante dix-huitième partie chaque année. On comptoit autrefois ces
extinctions au 35ème au plus : il eft poffible que l'établiffement des 30 têtes Gene-
voifes ait changé la proportion.

En voici le tableau.

1°. L'AUGMENTATION fur le prix du bail des fermes, & fur celui des deux régies des domaines & des aides, en conféquence des réfultats du Confeil de 1786, eft de   .   .   13,300,000 liv.

PREUVE.

	liv.
Le prix du bail des fermes étoit de	126,000,000
La régie du domaine . .	42,000,000
La régie des aides . . .	42,000,000
Il faut y joindre les droits du domaine d'Occident . .	3,500,000
Total . . .	213,500,000
Le prix actuel du bail des fermes, y compris le domaine d'Occident, eft de . . .	150,000,000
Celui de la régie des domaines eft de	50,000,000
Celui de la régie des aides eft de	51,000,000
Les droits de la Flandre maritime qui ont été extraits de la régie, & fe paient directement au Tréfor Royal . . .	800,000
Total . .	251,800,000
Précédent . .	213,500,000
Différence . .	38,300,000
Mais de cette fomme il faut retrancher le produit des nouveaux fols pour livres qui exiftoit déjà en 1783, ci .	25,000,000
Refte en augmentation réelle .	13,300,000

2°. L'AMÉLIORATION fur les impofitions de Paris qui en 1783
produifoient 6,383,000 liv., & qui, au moyen du meilleur ordre
établi l'année dernière, produifent aujourd'hui 7,967,000 liv., eft
de . . . . 1,584,000 liv.

3°. LES rembourfemens à recevoir pour les fommes prêtées aux
Etats-Unis de l'Amérique ayant été ftipulés à des termes qui
commencent en 1787 & continuent jufqu'en 1801, font entrés
cette année, dans le compte des recettes annuelles, fur le pied
de . . . . 2,500,000 liv.

4°. ON y a fait entrer auffi avec raifon les parties non réclamées
des rentes fur l'hôtel-de-ville, qui n'avoient jamais été comptées
dans le revenu, & qui vont chaque année au moins à 5,000,000 liv.

5°. LA dépenfe des affaires étrangères, qui depuis 1781 avoit
toujours été de 11 à 12 millions, n'étant plus que de 9 à 10, à caufe
de l'extinction de quelques dépenfes fecrettes, c'eft une diminution
de . . . . 2,000,000 liv.

6°. COMME on a compté en augmentation de dépenfe l'accroiffement des rembourfemens annuels depuis trois ans, il eft jufte de
compter en diminution de dépenfe les intérêts éteints par ceux qui fe
font faits dans le même efpace. Ils ont monté à plus de 150 millions : ainfi l'on peut compter pour cet objet . 7,500,000 liv.

7°. IL faut compter en outre l'effet qu'a produit le rembourfement des refcriptions fufpendues, qui a été fait féparément, & par
un moyen compris dans le compte des extenfions d'emprunts : il eft
jufte en conféquence, de porter en diminution de dépenfe, d'abord
la ceffation du rembourfement annuel de ces refcriptions qui étoit
de trois millions, enfuite l'intérêt qui fur les 29 millions reftans
étoit de 1,450,000 liv.—enfemble . . . 4,450,000 liv.

	liv.
Récapitulation	13,300,000
	1,584,000
	2,500,000
	5,000,000
	2,000,000
	7,500,000
	4,450,000
	——————
	36,334,000

Or fi du montant des accroiſſemens de charges, porté ci-deſſus à la ſomme de . . . 70,949,000
on retranche ce qui vient d'être repris en augmentation de recette ou diminution de dépenſe, ci . 36,334,000

il reſte en différence, & par conſéquent en augmentation de déficit, celle de 34,615,000

J'ai donc été fort exact lorſque j'ai avancé que le déficit n'étoit augmenté que d'environ 35 millions, pendant le cours de mon adminiſtration ; & le réſultat des changemens que la recette & la dépenſe ont éprouvés dans cet intervalle, prouve également que le déficit étoit de 80 millions antérieurement, & qu'il eſt préſentement de 115 millions. L'objection même ſert donc à manifeſter de plus en plus cet accord des différentes manières d'enviſager & de calculer, qui doit paroître une confirmation de preuve.

Les autres objections d'après leſquelles on s'eſt figuré que le déficit actuel excédoit 115 millions, ne ſont pas mieux fondées.

On a prétendu que le fonds annuel pour la marine devoit être porté au-delà de 34 millions.

Mais le Roi l'ayant réglé à cette ſomme après une longue diſcuſſion entre le Miniſtre de la Marine & moi, ſa déciſion tant qu'elle fubfifte, ne permet pas de le compter autrement, du moins pour ce qui concerne la dépenfe fixe & déterminée. Je fais bien que jufqu'à préfent il a toujours fallu un fupplément d'environ 6 millions : mais comme il n'eft point décidé qu'il aura toujours lieu, & qu'il prendra place dans les dépenfes ordinaires, je l'ai rejeté dans l'article des dépenfes extraordinaires & imprévues, pour lefquelles il y a une réferve de 11 millions. Ainfi, rien à changer quant à préfent, à cet égard.

On a montré des doutes fur l'exactitude des paiemens à faire par les Etats-unis de l'Amérique pour rembourfemens & intérêts des fommes qu'ils doivent à la France.

Mais comme leur engagement eft réel, & que les rembourfemens commencent à écheoir cette année, il eft impoffible de ne pas en faire état, ainfi que des intérêts dont on a déjà commencé l'acquitte-ment. Tôt ou tard cette dette s'acquittera ; on doit le préfumer. S'il y a quelques paiemens en retard, ce fera une non-valeur dans la recette : mais les non-valeurs accidentelles ne changent pas la fixa-tion du revenu ordinaire ; & l'on auroit d'autant plus de tort de s'y arrêter, que comme il feroit difficile d'évaluer le montant annuel des intérêts progreffifs & compofés de tout ce qui s'amortit chaque année par rembourfement, ou extinction, cet objet dont il n'eft pas fait mention dans mon Compte rendu, compenfe & au-delà fembla-bles non-valeurs.

Il m'eft encore revenu qu'on vouloit rayer de la recette, comme cafuel trop incertain, l'article des parties de rentes non réclamées.

Mais pourquoi regarder comme incertain ce qui arrive toujours ? Pourquoi ne compteroit-on pas en revenu ordinaire, un bénéfice qui revient habituellement & conftamment chaque année ? Eft-il éton-nant que fur une maffe de 151 millions de rentes, dont il y a 92 à

93 millions

93 millions en viager, il y ait tous les ans pour cinq millions de
parties non réclamées par l'effet des retards que peuvent caufer, foit
l'abfence, foit la négligence, foit l'incertitude fur l'exiftence des
rentiers ? J'ai vérifié que depuis plufieurs années cet objet avoit été
plutôt au-deffus qu'au-deffous de neuf millions ; & c'eft à caufe du
nouvel ordre que j'ai établi pour rendre les paiemens plus exacts, que
j'ai cru devoir borner l'évaluation de l'année commune à cinq millions. Elle n'eft pas conteftable ; & il femble que je mérite éloge
plutôt que reproche d'avoir fait entrer dans le Compte, cet objet qui
étoit en dehors.

Je ne fache pas qu'aucun autre article du Compte que je publie
aujourd'hui, ait fubi quelque critique.

Le don-gratuit du Clergé n'y eft porté que pour mémoire.

L'intérêt des 70 millions de cautionnement exigé de la Caiffe
d'Efcompte en Février 1787, n'étoit pas compris dans la première
rédaction de ce Compte que j'avois formée à la fin de l'année 1786 :
je ne la prévoyois point alors. Il y a été ajouté ; & c'eft ce qui fait
que le déficit que j'avois eftimé d'abord n'être que de 111 à 112
millions, en le comptant au 1er Janvier 1787, a été porté à 115,
à l'époque du mois d'Avril fuivant.

A ce changement près, les réfultats du Compte qui fera ci-joint,
s'accordent entièrement avec ceux du Compte que j'avois remis au
Roi dès la fin de l'année 1786 ; & quant à la forme, j'ai feulement
adopté ce que j'ai fu avoir été défiré & même arrangé par un des
bureaux des Notables (*), qui confiftoit à inférer dans l'énoncé des

---

(*) C'eft celui de Monfeigneur Comte d'Artois. Et la perfonne qui a travaillé à
cette efpèce d'amalgame, eft M. Lambert, aujourd'hui Contrôleur-général ; dont
la perfpicacité & l'intégrité font également connues.

articles pour leur explication, une partie des détails contenus dans les états féparés correfpondant à chacun d'eux que j'avois joints à ce compte, pour que Sa Majefté pût y avoir recours quand elle voudroit connoître plus particulièrement les élémens de chaque fomme.

On a eu raifon de penfer que lorfque le Compte fe préfentoit fans ces états collatéraux, il convenoit d'en extraire & de refondre dans les articles tant de recette que de dépenfe, l'énumération des objets qui les compofent. J'ai fuivi la rédaction faite en conféquence ; & pour qu'il ne manquât rien aux éclairciffemens qu'on pourroit défirer, j'ai annoté en marge de chaque article des recettes totales, la fomme des déductions dont elles font chargées ; & j'ai indiqué à la marge de chaque article de dépenfe, les caiffes & fonds fur lefquels ces déductions font affignées.

J'ose dire qu'il n'a pas encore été rendu un Compte auffi développé, auffi lumineux, & auffi incompatible avec la volonté de céler ou déguifer la moindre chofe. Comment pourroit-on imaginer que j'ai eu cette volonté ? Comment me trouveroit-on le moindre foupçon d'intérêt à exagérer ou affoiblir le déficit, lorfque j'ai pris volontairement la franche & loyale réfolution de le révéler à une Affemblée Nationale ?

J'en ai trop dit pour qu'on puiffe m'imputer d'avoir voulu rien taire ; & j'avois trop à dire pour qu'on puiffe m'attribuer l'envie d'en outrer la mefure. C'eft donc le vrai entièrement, & le vrai feulement que j'ai dit ; & ce vrai bien conftaté, ce vrai auquel je fuis bien fûr que les Notables auroient rendu unanimement hommage, fi je m'étois trouvé à portée d'éclaircir, comme je viens de le faire, les doutes qu'ils ont pu concevoir fur des objets nouveaux pour eux, ce vrai une fois reconnu, doit fervir de bafe à toutes les combinaifons qu'on peut avoir à faire fur l'état des finances.

J'ESPÈRE qu'on ne trouvera pas que j'aie donné trop d'étendue aux explications dans lesquelles je suis entré par rapport aux différens Comptes rendus depuis le commencement du règne du Sa Majesté, & principalement par rapport au mien. Je les devois ces explications, non à ma défense, pour laquelle la seule production des pièces auroit pu suffire, mais à l'intérêt de l'Etat qui exige plus que jamais, depuis que la situation a été mise à découvert, qu'elle ne soit point obscurcie par de fausses notions qui occasionneroient les écarts les plus dangereux.

QU'IL me soit encore permis dans la même vue, & pour que l'application des faits aux principes confirment les uns & les autres, de faire voir d'un côté, que dans mon Compte-rendu j'ai suivi très-exactement les principes que j'ai posés au commencement de cet écrit, d'un autre côté ce qui auroit résulté si j'avois adopté la méthode de ceux qui s'en sont écartés.

J'AI établi pour premier principe, que POUR FAIRE CONNOÎTRE L'EXCÉDENT DU REVENU SUR LA DÉPENSE, OU DE LA DÉPENSE SUR LE REVENU, IL EST INDISPENSABLE DE LES PRÉSENTER DANS LEUR UNIVERSALITÉ. Je me suis conformé à ce principe, en présentant la masse entière des revenus montant à   474,047,629 liv. & la masse entière des dépenses montant à .   509,184,995 en même tems que j'ai fait appercevoir séparément les déductions & leurs différentes assignations.

SUIVANT le second principe, LE COMPTE DES REVENUS DOIT ÊTRE COMPOSÉ DE RECETTES SEULEMENT, SANS Y COMPRENDRE AUCUN OBJET FICTIF OU NÉGATIF. On ne trouvera dans le Compte que j'ai donné des revenus, aucun objet qui ne soit réel & positif; je n'ai porté en recette aucune cessation de charges ou d'intérêts; je les ai seulement pris en considération dans l'appréciation des dépenses éventuelles.

O 2

J'ai été également fidelle au troifième principe, de ne compter en recette ni revenus futurs, ni améliorations espérées, ni casuels prévus mais non actuellement productifs. C'eft ce qui fait que je n'ai compté ni le don-gratuit du Clergé, ni les diminutions qui étoient déjà promifes fur les dépenfes de la guerre, ni les portions des revenus qui actuellement engagés, ne doivent redevenir libres que dans plufieurs années.

Le quatrième principe étant que des remboursemens déterminés auxquels on est tenu pour un tems considérable doivent être comptés en dépense ordinaire sur le pied de la totalité de leur montant annuel, si par rapport a l'étendue de leur durée et a l'intention du compte, il y a lieu de les considérer comme une charge perpétuelle. En conféquence j'ai porté en dépenfe la matière entière des rembourfemens à époque fur le pied actuel de 53 millions, quoique fon décroiffement peu fenfible jufqu'en 1790, doive le devenir enfuite au point que cette maffe ne fubfiftera plus que pour une dizaine de millions, en 1798.

Quant au cinquième principe, fuivant lequel la dette arriérée doit être comprise dans le compte de la situation des finances d'un Etat, sur-tout lorsqu'elle est trop considérable pour pouvoir être acquittér sur le revenu ordinaire, auquel cas il faut en compter l'intérêt en dépense, je puis dire, ou que j'en avois prévenu l'exécution en liquidant d'avance la totalité de la dette arriérée, & en faifant même difparoître toute efpèce de retard dans le paiement des rentes; ou que cette exécution fe trouve implicitement dans mon compte, en ce qu'il contient l'intérêt des emprunts qui ont fervi à l'acquittement de la plus grande partie de la dette, & qu'il porte en dépenfe les autres portions qui ont été attermoyées.

Si, au lieu de prendre ces principes pour règle dans la confection de mon compte, j'avois fuivi fur chaque article la route que M. Necker avoit tracée, la méthode qu'il avoit employée dans la confection du fien, j'aurois pu, c'est une observation qui me paroît devoir faire une grande impreffion, j'aurois pu faire difparoître la plus forte partie du déficit que j'ai dévoilé; j'aurois pu le rendre infenfible; j'aurois pu préfenter une apparence de niveau entre la recette & la dépenfe; faut-il dire encore plus, j'aurois pu préfenter auffi un excédent de recette de 10 ou même de 20 millions.

Je n'exagère pas; je vais en donner une démonftration rigoureufe & calculée. Je crois qu'elle ne fera pas inutile, pour achever de diffiper l'illufion, & apprendre à s'en garantir.

1°. J'aurois pu, à l'exemple de M. Necker, forcer de 8 à 9 millions les refcriptions tirées fur les recettes générales, gagner en même tems un ou deux millions par un léger retard fur un grand nombre de paiemens, & groffir ainfi cet article du revenu fans m'embarraffer fi mon fucceffeur auroit été obligé, comme le fien l'a été, de remplacer des fonds du Tréfor Royal le trop tiré en refcriptions, ci . . . . 10,500,000 liv.

2°. J'aurois pu fur 115 millions de déduction, qui, par mon compte, réduifent à 35 millions le verfement de la ferme générale au Tréfor Royal, en faire éclipfer environ cinq, comme a fait M. Necker; & l'on n'auroit pas été étonné de me voir porter à 40 millions le net de ce verfement qui dans fon compte eft porté à 48, ci . . 5,000,000

15,500,000

liv.

De l'autre part . . 15,500,000

3°. J'aurois pu fuppofer avec lui que le produit des droits du domaine d'Occident eft de
4,100,000 liv. quoiqu'il n'aille qu'à 3,500,000
liv. même en tems de paix, ci . . . 600,000

4°. J'aurois pu exagérer comme lui d'environ
un million ce qui refte net des revenus cafuels,
charges déduites, ci 1,000,000

5°. J'aurois pu, par une répartition femblable
à la fienne, porter en recette annuelle le don-gratuit de Clergé, que j'ai feulement rappelé pour
mémoire, & qu'il a compté en effectif fur le pied
de 3,400,000

6°. J'aurois pu à fon exemple compter
d'avance comme revenu, l'évaluation de la part
du Roi dans les bénéfices éventuels des Fermiers-
généraux, ci 1,200,000

7°. J'aurois pu porter en recette, comme il
a fait, les extinctions des rentes viagères, les intérêts des capitaux rembourfés, & ceux des effets
rentrés au Tréfor Royal, defquels objets le *bénéfice annuel*, pour me fervir de fes expreffions, eft
eftimé dans fon compte à plus de deux millions,
& iroit bien à trois pour le moins, depuis que la
maffe des rentes & celle des rembourfemens eft
infiniment augmentée, ci 3,000,000

8°. Je ne dis pas que j'aurois pu réduire le fonds
annuel du Département de la Guerre au même taux
qu'il eft porté au compte rendu, ce qui l'auroit

—————
24,700,000

liv.

Ci-contre . . 24,700,000

diminué de 18 millions; je ne dis pas même que j'aurois pu compter comme réel le retranchement espéré d'une grande partie de ce furcroît de dépenfe; mais en ne faifant exactement que ce qu'a fait M. Necker, j'aurois fupprimé fur l'état des fonds de l'artillerie & du génie 3,600,000

Sur celui des affaires étrangères . . . 4,040,000

Sur la maifon domeftique du Roi . . . 2,417,000

9°. J'aurois pu auffi, comme lui, ne compter le fonds de la Marine que fur l'ancien pied de 29,000,000; ce qui auroit fait, fur cet article de mon compte où il eft à 34, une réduction de . 5,000,000

10°. J'aurois pu, en fuivant toujours fa méthode quelque erronée qu'elle foit, ne calculer les frais d'anticipation que fur le pied de cinq pour cent, en fupprimant ce qui eft paffé pour commiffion; & par ce moyen j'aurois opéré, fur cet article de mon compte, une diminution de . . 2,500,000

11°. J'aurois pu, en laiffant de côté une partie des objets que j'ai compris fous la dénomination de dépenfes imprévues & extraordinaires, entre autres le fupplément de fix millions à la Marine, réduire, comme a fait M. Necker, à trois millions le fonds de réferve deftiné à ces objets: il auroit bien fallu qu'il y fût fuppléé d'une autre manière, comme il eft arrivé en 1781; mais j'aurois eu le bon air d'avoir économifé fur cette réferve 8,000,000

50,257,000

liv.
De l'autre part . . 50,257,000

12°. Enfin, & voici le grand article, j'aurois pu, en faifant fur la maffe entière des rembourfemens déterminés que j'ai comptés en dépenfes, la même opération que M. Necker a faite fur les rembourfemens des loteries de 1777 & de 1780, déclarer comme lui, qu'attendu qu'une pareille dépenfe n'eft pas permanente, qu'elle doit s'éteindre prefque entièrement dans dix ans, & que chaque année elle varie dans fa quotité, j'avois trouvé qu'au lieu de la porter en compte, *il étoit plus raifonnable*, ce font fes propres expreffions, *de me borner à paffer au rang des dépenfes perpétuelles l'intérêt du capital avec lequel on pourroit éteindre aujourd'hui les emprunts* & autres objets pareillement rembourfables à époque. Alors, au lieu de 52 millions 900 mille livres employées dans mon état de dépenfe ordinaire pour ces rembourfemens, je n'aurois compté que l'intérêt perpétuel de 529 millions, c'eft-à-dire 26 millions 450 mille livres, & mon article auroit été diminué de pareille fomme, ci 26,450,000

Toutes ces fommes réunies font au total . . 76,707,000

J'AUROIS donc pu, en fuivant l'exemple du Compte rendu par M. Necker au commencement de l'année 1781, retrancher ces 77 millions 700 mille livres de l'état que j'ai donné du déficit à la fin de l'année 1786 ; & alors, au lieu d'être de 115 millions, il eût paru n'être que de trente-huit à trente-neuf.

13°. J'AUROIS même pu faire éclipfer totalement ce déficit, en comptant au préfent, l'augmentation qu'on a droit de compter pour

l'avenir

l'avenir dans le produit des deux vingtièmes, par le feul effet d'une perception exacte, proportionnelle, & exclufive de toute exception.

Il eft prouvé par des combinaifons très-juftes, que fi le travail de la vérification des rôles, tel qu'il s'eft fait fur 4902 paroiffes, étoit achevé fur toutes les parties du Royaume non vérifiées, fans dif- tinction, fans abonnement, fans privilège de biens eccléfiaftiques, ni autres quelconques, les deux vingtièmes & quatre fols pour livre du premier, tels qu'ils exiftent aujourd'hui, produiroient environ 93 millions, au lieu de 54 à 55 qu'ils rapportent dans l'état actuel.

J'en ai les calculs fous les yeux, dans un travail fort bien fait qui me fut remis par le Département des Impofitions, au mois de Juillet 1786, en réponfe aux queftions que j'avois faites à ce fujet. L'aug- mentation feroit donc d'environ 38 millions. Je n'avois qu'à mettre en effectif, ce qui doit être le fruit d'une opération fucceffive, & joindre cette amélioration de 38 millions aux 76 millions 700 mille liv. ci-deffus retranchés ; j'étois au pair, ET VOILA LE DÉFICIT ENTIÈREMENT DISPARU.

14°. Pourquoi n'aurois-je pas été plus loin ? Pourquoi n'aurois-je pas compté en diminution de dépenfe annuelle, les différentes réduc- tions économiques que j'avois propofées à Sa Majefté, & qu'elle avoit agréées ? Je n'avois pas trouvé poffible de les porter au point où l'on fuppofe aujourd'hui qu'elles pourront s'élever; elles ne mon- toient, fuivant l'état que j'ai remis à M. de Fourqueux au moment de ma démiffion, qu'à 20 millions : mais toutes pouvoient s'effectuer très- réellement dans l'efpace d'un an. Il m'étoit donc permis de les comprendre dans le plan de la fituation ordinaire ; & puifque le Roi a bien voulu déclarer poftérieurement qu'elles iroient à plus de 40 millions, que même on annonce préfentement qu'elles peuvent s'étendre jufqu'à 80, je n'aurois pu être accufé d'exagération en les

évaluant à 20 millions que j'aurois retranchés de la dépenfe. ET
ME VOILA PARVENU A MONTRER UN EXCÉDENT DE RECETTE
DE 20 MILLIONS, AU LIEU D'UN DÉFICIT DE 115.

O NATION trop fufceptible d'être trompée, & qu'il faut tromper
pour lui plaire ! fi j'avois fuivi cette marche captieufe, vous auriez
peut-être été contente ; moins vrai, j'euffe été mieux traité ; la
fource de vos maux feroit demeurée inconnue, & je ne ferois pas
victime des efforts que j'ai faits pour la tarir. A préfent, que vous
avez fous les yeux toutes les Pièces de ce grand procès, fi vous
prenez la peine de les examiner avec une attention fuivie ; fi vous
laiffez toute préoccupation à l'écart, du moins pour quelques heures ;
fi vous avez le courage de dévorer l'ennui des calculs auxquels j'ai
dû me livrer pour vous fatisfaire fur tous les points, trouverez-vous
que j'aie mérité les reproches qui, depuis ma retraite, ont été lancés
contre moi, & qui ont fuccédé aux applaudiffemens qu'on fembloit me donner auparavant ? Quel cas ferez-vous déformais des
vaines fuppofitions fi hardiment affirmées par ces écrivains vénaux
qui, en même tems qu'ils exaltent, qu'ils citent pour modèles, des
précis d'anciens états dont ils n'ont que des copies incorrectes, &
qu'ils arrangent à leur guife, calomnient, décrient, & dénaturent
les réfultats de mon Compte qu'ils n'ont pas vu, m'imputent d'avoir
voulu tout cacher lorfque j'ai tout découvert, admettent aveuglément tout ce qu'on m'a oppofé fans attendre mes réponfes, & m'ac-
cufent de profufions monftrueufes, d'inapplication, & de légèreté,
fans favoir un mot des détails de ma geftion, fans avoir la moindre
notion ni de ma vie, ni de mon travail ? Un jour peut-être on fera
plus jufte. En attendant, je trouve dans le jugement intérieur du
tribunal de ma confcience, une confolation indépendante du pouvoir
des hommes, & qui m'autorife à marcher tête levée, dans les plus
rudes fentiers de l'adverfité.

APRÈS avoir démontré auffi pofitivement & auffi clairement que je viens de le faire, l'exactitude de ce que j'avois avancé fur le déficit qu'a laiffé M. Necker, fur celui que j'ai trouvé, & fur celui qui exifte, je pourrois fans doute me difpenfer de la preuve négative, c'eft-à-dire de la réfutation des calculs répandus dans l'écrit auquel je réponds. Ils font détruits par ceux que je viens d'établir.

DIRA-T-ON qu'il n'y a pas plus de raifon de croire les uns que les autres ?

MAIS des tableaux qui font, pour la plus grande partie, compofés d'appréciations d'économies efpérées, & d'évaluations qui par leur énoncé même, ont le caractère de l'incertitude & de l'arbitraire, des tableaux qui d'ailleurs ne conduifent qu'à former une préfomption fur un point de fait, peuvent-ils donc entrer en balance avec des comptes précis qui tous font appuyés fur des Pièces juftificatives, & ne préfentent que les réfultats de la réalité ? Voici comme a rai-fonné M. Necker :—J'ai amélioré les revenus d'environ 80 millions; donc il n'a pas dû y avoir de déficit en 1781.—Les charges de l'Etat fe font accrues depuis ma retraite à l'égal du déficit annoncé en 1787 ; donc aucune partie de ce déficit n'eft relative à mon adminiftration.— Tels font en fubftance les deux grands argumens auxquels fe rap-portent tous fes tableaux de calculs. Mais que deviennent-ils lorf-qu'il eft prouvé par l'effectif, & même par la difcuffion des articles de fon propre Compte rendu, qu'il exiftoit en 1781, un déficit de 70 millions ; lorfqu'il eft également conftaté par les Comptes pofté-rieurs, que ce déficit n'a été augmenté depuis lors, que de 45 mil-lions ? Le fait eft plus fort que toutes les fubtilités de raifonnemens, & la preuve directe de ce fait exclut toutes préfomptions contraires.

CEPENDANT pour que perfonne ne puiffe dire que je n'ai pas rempli entièrement ma tâche, & afin de ne laiffer aucun prétexte à ceux qui voudroient douter, je vais faire voir combien il y a d'erreurs dans les calculs que M. Necker m'a oppofés, en ne les confidérant qu'en eux-mêmes, & abftraction faite de tout ce qui conftate la vérité de mes affertions.

Erreurs dans le Calcul de
L'ACCROISSEMENT des CHARGES Annuelles,
Depuis le Compte de M. de Clugny, *jufques à la retraite de*
M. Necker.

Page 33 de la Brochure in 8°.

C'est une grande erreur que de ne porter dans le chapitre de l'accroiffement des charges annuelles, que le feul intérêt des emprunts ; fur-tout lorfque enfuite dans le chapitre de l'amélioration des revenus, on porte un grand nombre de ceffations de dépenfes qui ont été remplacées par d'autres dont on ne parle pas. Pour que la balance de ces deux chapitres foit jufte, il faut que l'énumération des parties qu'on y fait entrer, ne foit pas moins complette d'un côté que de l'autre. Or celle des augmentations de dépenfe eft tronquée, & celle des augmentations de recette eft exceffive.

M. Necker, foigneux de prévenir fes lecteurs de fa fcrupuleufe exactitude, & de mon extrême facilité à me méprendre fur les objets les plus notoires, débute par annoncer que fa *bonne foi exige qu'il m'avertiffe que je me fuis trompé au défavantage du fyftême de contradiction que j'ai élevé contre fon Compte rendu.* J'avois dit, dans mon Difcours aux Notables affemblés, que fes emprunts s'étoient élevés à 440 millions : il veut bien m'apprendre, *qu'ils fe font montés à 90 millions de plus, en y comprenant 40 millions d'accroiffement fur les anticipations.* Il *ne doit pas,* dit-il, *profiter de mes erreurs.*

Je remercie M. Necker de ce généreux avis : je ne conviens cependant pas que je me fois trompé, lorfque donnant l'état des emprunts connus, réguliers, & authentiques, faits pendant fon adminiftration, je n'y ai compris ni les anticipations dont j'avois fait un article féparé, en les confidérant comme un genre particulier de dettes variables & fujettes à renouvellement qu'il eft d'ufage d'infcrire chaque année en recette comme en dépenfe, dans l'état de fituation ; ni les extenfions d'emprunts que j'avois laiffées au rang des reffources indirectes & fecrettes, dont je ne pouvois pas fixer l'étendue. Je ne reconnois pas non plus, que les emprunts fous fon adminiftration aient été de 530 millions ; car cette propofition n'eft vraie dans aucune des hypothèfes admiffibles.

En effet, fi les accroiffemens d'anticipation font réputés être un *véritable emprunt*, ainfi que M. Necker les qualifie, alors ces accroiffemens étant, non de 40 millions feulement, comme il le fuppofe, mais de 80, puifque les anticipations n'étoient que de 70 millions en 1776, & qu'elles ont été portées à 150 millions & demi en 1781 (*), il faudroit ajouter encore 40 à 41 millions à la maffe des emprunts de M. Necker, qui conféquemment, au lieu d'être de 530 millions fuivant fon Compte, feroient de 570 à 571 millions.

Si, au contraire, l'on en fépare, comme j'ai fait, les anticipations, M. Necker les ayant comprifes pour 40 millions dans fon calcul, fa fomme de 530 millions fe trouve réduite d'autant, & n'eft plus que 490 millions.

(*) Les anticipations qui n'étoient que de 130 millions en 1780, fe font élevées à 150 & demi en 1781. Cette augmentation paroît devoir être portée fur le Compte de M. Necker, qui a dirigé les finances jufqu'en Mai 1781, & qui même dès le moment de fon Compte rendu, avoit déjà augmenté les anticipations de cette année, puifque fur la feule partie des recettes générales il avoit tiré 10 millions de trop.

Je m'arrêterai à cette fomme, me réfervant de compter féparément l'intérêt des anticipations. Refte donc à examiner quel doit
être l'intérêt des 490 millions empruntés par M. Necker. C'étoit
felon lui 45 millions, en élevant les emprunts à 530 : c'eft donc
42 millions 600 mille liv., en retranchant 40 millions d'anticipation qu'il faut compter fur le pied de 6 pour cent.

Où eft donc la méprife d'avoir annoncé que cet intérêt s'élevoit
à plus de 40 millions ? Si l'excédent que je n'ai pas fpécifié, fe trouve
être de 2,600,000 liv., c'eft fans doute eu égard aux emprunts indirects
qui ne fe font pas trouvés fur l'état formé dans les bureaux du Contrôle général. M. Necker n'a pas jugé à propos d'en donner la note:
je préfume que ce fupplément confifte d'une part dans l'extenfion de
16 millions donnée à l'emprunt de Février 1781, de l'autre part dans
la multiplication des contrats à 4 pour cent qui ont fervi à payer une
partie des dettes arriérées, & qui étant rentrés au moyen de la faculté
accordée par l'édit de Décembre 1782, ne fe trouvent dans aucun
Compte.

Quoi qu'il en foit, je ne contefterai pas à M. Necker cette addition de 50 millions à la maffe de fes emprunts qu'il doit connoître
mieux que perfonne, & que par excès de précaution j'avois fans
doute trop reftreinte. Mais il faut voir préfentement quelles font
les autres augmentations de charges annuelles qu'il eft jufte de
joindre à celui de l'intérêt de ces mêmes emprunts, montant, comme
il eft dit ci-deffus, à . . . . . 42,600,000 liv.

Il faut y joindre, 1° les frais d'anticipations,
en proportion des 80 millions & demi dont elles
fe font accrues de 1776 à 1781, c'eft à 6 pour
cent, la commiffion comprife . . . 5,100,000

47,700,000

liv.

De l'autre part . .   47,700,000

2°, L'augmentation des rembourfemens annuels
depuis 1776 jufqu'en 1781, non compris ceux rela-
tifs aux Pays d'Etats déjà comptés.   Elle eft de . .   5,133,078

P R E U V E.

On voit par le Compte de M. de Clugny, qu'en 1776
les rembourfemens ont coûté 21,376,827 liv.
Il femble que fuivant le Compte rendu par M. Necker,
  ils ne montoient en 1781 qu'à 17,326,666 liv. ;
  mais j'ai déjà fait obferver qu'il y avoit omis cinq
  articles, dont le premier eft de .   1,500,000
  le fecond de   1,300,000
  le troifième de   300,000
  le quatrième de   633,000
  le cinquième, qui eft celui des loteries
    de 1777 & de 1780, dont j'ai fait
    voir que les rembourfemens coû-
    toient par années 10 millions 2 à 3
    cent mille liv., ci . . .   10,200,000
Ces cinq articles étant rétablis comme
  ils doivent l'être, à la fuite du détail
  incomplet des rembourfemens que
  M. Necker ne fait monter qu'à . .   17,326,000
  leur fomme totale en 1781 fe trouve
  être de   30,959,905
Laquelle fomme comparée à celle de .   21,379,827

  donne en accroiffement . . .   9,583,078

Mais il eft jufte d'en retrancher . .   4,450,000
  pour les rembourfemens égaux à l'intérêt des 89 millions d'emprunts des
  Pays d'Etats ; puifqu'ils ont été en-
  globés dans les 42,600,000 liv. portés
  ci-deffus pour intérêts des emprunts
  de M. Necker.
Refte à compter ici   5,133,078

52,833,078

N° XIII des
Pièces Jufti-
ficatives.

Pages 76 &
77 du préfent.
Mémoire.

liv.

De l'autre part . . 52,833,078

Voyez le N° VII des Pièces.

3°, L'augmentation sur les fonds des affaires étrangères, qui au Compte de M. de Clugny ne sont portés qu'à 9,555,000 liv., & qui en 1781, comme dans les cinq années suivantes, ont été au-dessus de onze millions, ci 1,500,000

4°, L'augmentation sur les dépenses de la Maison du Roi & de la Famille Royale. Suivant le Compte de M. de Clugny elles étoient de 31,663,868 liv.; mais, comme il a été observé, elles étoient dès-lors un peu plus fortes, & devoient être comptées sur le pied de 32 à 33 millions, M. Necker les a évaluées, dans son Compte, à 33,740,000 liv. ; & suivant le Compte effectif de 1781, elles ont monté à 36,357,000 liv. L'accroissement de 1776 à 1781 a donc été d'environ . 2,500,000

Je ne parle pas de l'accroissement sur la dépense de la Marine, parce qu'il remonte à l'époque de M. de Clugny, & que je l'ai ajouté à son Compte.

Total des accroissemens de charges de 1776 à 1781   56,833,078

Ces accroissemens ne sont portés par M. Necker qu'à 45,000,000

Il a donc erreur de 11,833,078

Erreurs

ERREURS dans le Calcul des
AMÉLIORATIONS
*Survenues dans les finances du Roi depuis l'époque du Compte de M. de
CLUGNY en Juillet 1776, jusqu'à l'époque du Compte public rendu
à Sa Majesté par M. NECKER, en Janvier 1781.*

Page 37 de la Brochure.

PAR LES QUATRE PREMIERS ARTICLES de ce chapitre
M. Necker compte comme améliorations, différens remboursemens
qui, étant terminés, ont cessé d'être en dépense : mais je ne m'arrête
pas à la dénomination.

JE ne conteste pas non plus ces articles en eux-mêmes, quoiqu'il
soit bien étrange d'y trouver la suppression du fond destiné à l'amortissement successif des menues rentes sur les tailles. Il avoit paru
infiniment convenable de décharger les états du Roi de cette foule de
petites rentes qui grossissent excessivement les comptes, & embar-
rassent la comptabilité. On avoit commencé par celles de 12 liv.
& au-dessous. On devoit ensuite rembourser pareillement celles de
12 liv. à 15, & puis celles de 15 à 20 liv. On y avoit appliqué le
produit du dixième d'amortissement ; & c'étoit suivre sa destination.
Mais M. Necker avoit déjà critiqué cette sage dépense sous l'administration de M. de Clugny : il l'a interrompue dès qu'il a été chargé
des finances ; & avoir discontinué cet amortissement, quoique juste,
quoique promis, quoique annoncé solemnellement aux rentiers, est
une de ses *bonifications :* l'avoir rétabli, est une de mes *profusions.*

LES quatre articles dont je viens de parler, font ensemble une
somme de . . . . . . 8,600,000 liv.

Q

Je vais rendre à M. Necker son bon procédé ; & je l'avertis à mon tour, *qu'ici il s'est trompé à son désavantage*, de plus de cinq millions.

En effet, voulant porter dans son état d'améliorations, la cessation des remboursemens terminés pendant qu'il étoit chargé des finances, il ne devoit pas se borner à ceux ci-dessus : il auroit dû observer que dans le nombre de ceux dont il a donné le détail à la fin de son Compte rendu, les seuls qui se rapportent à une date antérieure à son administration sont ceux des articles 1, 4, 5, 6, 7, 8, 10, 11, 12, & 13, desquels même il faut déduire les remboursemens annuels des emprunts faits par les Etats depuis 1776 ; ce qui réduit le montant de ce qui reste pour les anciens remboursemens, en y ajoutant 400,000 liv. pour l'article omis de l'emprunt fait à Gênes en 1775, à la somme de . . . . 7,751,000 liv. ⎱

De cette somme à celle de 21,376,827 liv. qui leur étoit destinée suivant le Compte de M. de Clugny, la différence est de . . 13,625,827 ⎰ 21,376,827

C'est donc cette dernière somme, & non celle de 8,600,000 liv. que M. Necker devoit compter pour les remboursemens terminés : il s'est donc mépris de 5,025,827 liv. au désavantage de ce qu'il vouloit prouver.

Mais il a fait en sens contraire un autre mécompte bien plus intéressant, & qui alloit directement à son but, lorsqu'il a compris dans son énumération ces articles de remboursemens éteints qui, à quelque somme qu'ils puissent aller, ne doivent y entrer pour rien. Car si l'on comptoit en amélioration de revenu les remboursemens qui ont cessé depuis 1776, il faudroit compter en augmentation de dépense la totalité de ceux qui sont survenus depuis la même époque : au lieu que je n'ai compté que la somme dont le montant de ces nouveaux rembourſemens a ſurpaſſé le montant des anciens qui étoient finis. Je réſume encore ce calcul, pour qu'il ſoit bien entendu.

J'ai montré que le compte exact des rembourſemens en 1781, étoit de . . . . 30,959,905 liv.

Il en reſtoit d'anciens, comme j'ai fait voir, pour   7,751,000

Il y avoit donc de rembourſemens nouveaux . . 23,208,905

En déduiſant de cet accroiſſement, le décroiſſe-ment des anciens, ... 13,625,827

je n'ai compté en augmentation de charges que . 9,583,078 (*)

De laquelle ſomme j'ai eu ſoin de retrancher pour les rembourſemens des Pays d'Etats, qu'on a joints aux intérêts, celle de 4,450,000

Et c'eſt ainſi que l'augmentation de charges s'eſt trouvée réduite à 5,133,078

Il eſt donc évident que les rembourſemens terminés, dont j'ai même porté la ſomme à 5 millions au-deſſus des calculs de M. Nec-ker, ayant été déduits des rembourſemens ſurvenus, je ne puis plus

---

(*) On doit obſerver comme une confirmation de preuve, que de quelque manière qu'on faſſe le calcul, on trouve toujours le même réſultat. Lorſque j'ai comparé plus haut le montant des rembourſemens en 1781, avec la ſomme qu'ils exigeoient en 1776, l'excédent s'eſt trouvé être de 9,583,078 : lorſque je retranche ici des rembourſemens ſurvenus dans cet intervalle, ce qui s'eſt éteint de ceux antérieurs, je retrouve encore la même ſomme de 9,583,078.

La vérité eſt une, & les différentes routes qui y conduiſent, ramènent toujours au même point.

admettre les premiers au rang des améliorations. A plus forte raifon M. Necker auroit-il dû les en exclure, lui qui n'a pas même fait la balance des uns & des autres, & qui devoit au moins les fuppofer compenfés. S'il s'en étoit tenu à cette fuppofition, l'erreur n'auroit été que de . . . . . . 5,133,078 liv.

Au lieu que ne comptant pas cette fomme dans le chapitre des augmentations de charges, & comptant mal à propos au chapitre des améliorations celle de 8,600,000

Il a fait fur les deux, une erreur de . . 13,733,078

Mais ayant rectifié la première de ces deux erreurs, je ne compterai ici que la feconde de *huit millions fix cent mille livres*.

Les Articles V & VI paroiffent devoir être réduits à un feul : ils font l'un & l'autre relatifs aux opérations vraiment utiles que M. Necker fit, foit en 1777 pour la réunion des diverfes régies, foit en 1780 pour la divifion des trois compagnies de finances entre lefquelles les fermes & régies furent diftribuées. Il en a réfulté, fuivant lui, en amélioration, d'une part 3 millions, & de l'autre 13,700,000 liv. en tout 16,700,000 liv.

Voici le calcul exact.

La ferme générale avoit un prix de bail de . 152,000,000 liv.
Elle étoit chargée de la régie de quelques fols pour livre & droits, évalués à . . . 10,000,000
La régie générale établie en 1777 avoit une fixation de 27,000,000
L'adminiftration des domaines & bois en avoit une de 8,500,000

Total . . 197,500,000

En 1780 la fixation des trois Compagnies entre lefquélles toutes les perceptions ci-deffus mentionnées ont été partagées, a été portée à . 210,000,000

L'augmentation de produit a donc été de . 12,500,000

Il faut y ajouter l'économie réfultante des fup-preffions de plufieurs fermiers-généraux, régif-feurs, &c. & de la réduction du traitement de ceux qui ont été confervés. Le calcul de cette économie, fait avec beaucoup de foin par les départemens refpectifs, monte fans déduction d'aucune indemnité, à 2,595,000

Total de l'amélioration . . 15,095,000

M. Neeker l'eftime à 16,700,000

Différence & Erreur. . . . 1,605,000

L'Article VII rappelle les douze cent mille liv. portés dans le Compte rendu pour la part réfervée au Roi dans les bénéfices des Fermiers-généraux. Le feul reproche qu'on ait fait à cet égard, eft d'avoir compté comme revenu ordinaire, un profit futur qui fe paie en une fois, à la fin du bail, & qui ne peut correfpondre aux dépenfes annuelles. Car d'ailleurs, loin que l'évaluation foit exagérée, elle pourroit paroître modique. Mais quelle qu'elle foit, ce bénéfice cafuel, ordinairement abforbé par les befoins du moment, eft plus que contrebalancé par d'autres dépenfes qui n'entrent pas en compte, & qui ont été la fuite des réformes & des fuppreffions dont on a exalté fi fort les avantages fans jamais parler ni de la perte que l'Etat éprouve fur le rembourfe-ment des charges fupprimées, dont la finance, qui ne coûtoit que cinq pour cent au plus, ne peut être payée qu'avec des

fonds dont l'intérêt eſt beaucoup plus cher, ni de tous les ſecours
ignorés & de toutes les indemnités indirectes que les familles, vic-
times de ces ſuppreſſions, parviennent à obtenir quand elles ſont
protégées. Je crois donc que, par toutes ces conſidérations, la
part réſervée au Roi dans les bénéfices dont on ne compte qu'à
la fin de chaque bail, ne doit pas être regardée comme faiſant
augmentation dans le revenu ordinaire.

L'ARTICLE QUI SUIT mérite plus d'attention. M. Necker y
ſuppoſe que *la ſuppreſſion des receveurs-généraux, la liquidation de
leurs avances, la ſuppreſſion de divers tréſoriers, & la réduction
faite dans le traitement de ceux qui étoient conſervés*, a produit
environ trois millions cinq cent mille livres d'augmentation de revenu :
(car il ne faut pas perdre de vue que dans tout ce chapitre il ne
doit être queſtion que des améliorations de la recette annuelle,
pour les comparer aux accroiſſemens de la dépenſe pareillement
annuelle.)

IL y a trois millions à retrancher de cet article, parce que la
vérité eſt que, de toutes les ſuppreſſions & réductions qui y ſont
mentionnées, à peine eſt-il réſulté pour 500 mille liv. de bonification réelle : il eſt aiſé de s'en convaincre.

IL faut d'abord diſtinguer les deux ſortes d'objets que M. Necker
a jugé à-propos d'accoler ici, quoiqu'ils ſoient diſparates en eux-
mêmes, & plus encore par le ſort qu'ils ont eu. La ſuppreſſion
des tréſoriers n'a ſubſiſté qu'en partie ; les principaux, tels que
ceux de la guerre & de la marine, ont été rétablis. La ſuppreſſion
des receveurs-généraux a été abandonnée preſque auſſitôt qu'adoptée,
& il n'eſt rien reſté de cette opération.

C'EST tout au plus, ſi dans ce qui ſubſiſte de la ſuppreſſion
des tréſoriers, on peut trouver une économie de 500 mille liv.

CELLE des Receveurs-généraux n'a pu produire aucune amélioration, par deux raisons :

LA première, c'est qu'ayant été ordonnée en 1780, elle a été révoquée en 1781.

LA seconde, c'est que cette opération augmentoit plutôt qu'elle ne diminuoit la dépense.

CONÇOIT-ON comment M. Necker faisant l'énumération de tous les moyens qu'il prétend avoir concouru, par l'effet de ses soins, à couvrir le déficit qu'il avoit trouvé & l'intérêt des emprunts qu'il a été obligé de faire, compte parmi ces moyens, & présente comme bonification du revenu ordinaire, ce qu'il fait & ce que tout le monde sait n'avoir eu qu'une existence éphémère ; ce qui n'ayant eu aucune suite, aucun effet permanent, n'a pu produire aucun changement dans l'état des finances ; ce qui enfin a été reconnu insoutenable.

DIRAI-JE, à son exemple, qu'*on auroit peine à se persuader une telle distraction* si la notoriété publique *ne déposoit pas de cette vérité ?*

TOUJOURS plein des regrets, qu'il a vivement exprimés dans son Traité de l'Administration des Finances, sur ce qu'immédiatement après sa retraite, une opération, à laquelle il attachoit autant de mérite & de valeur, avoit été entièrement anéantie, il semble vouloir en embrasser encore l'ombre chérie, & lui élever un trophée idéal de plusieurs millions de profit. Mais si pareilles illusions peuvent orner un ouvrage séduisant, devoient-elles prendre place dans un calcul sérieux & contradictoire ? M. Necker devoit-il oublier qu'il s'agissoit d'améliorations effectuées, & non d'améliorations espérées ?

Au reste, fallût-il sortir des bornes du réel, & se transporter un moment dans l'imaginaire, on n'y trouveroit pas encore de prétexte pour présenter la suppression des Receveurs-généraux, comme une source d'avantages & de profits économiques.

N° XIX des Pièces jointes

Je cite pour preuve, le Tableau qu'on trouvera imprimé à la suite de ce Mémoire, où l'état des frais, en supposant l'existence de la régie que M. Necker avoit établie en 1780 pour la perception des impôts, est mis à côté & en parallèle de l'état des frais qu'occasionne la même perception faite par les Receveurs-généraux que le Roi a rétablis en 1781. On y verra que loin qu'il y eut de l'économie dans leur suppression, ils coûtent moins que ne coûtoit la régie que M. Necker leur avoit substituée. Il sera aisé d'appercevoir, en examinant cet état, avec combien de soin il a été rédigé. Tous les articles ont été relevés sur les registres & journaux de l'administration ; aucun n'est exagéré ; on en a écarté ce qui pouvoit paroître douteux, & on les a réduits au taux le plus incontestable. Leur résultat & les petites notes qui l'accompagnent, pourront étonner beaucoup ceux qui ont lu avec admiration le Chapitre IV du livre de M. Necker sur les finances. S'ils ont été convaincus par ses raisonnemens & par ses calculs, que la suppression des Receveurs-généraux étoit une grande économie ; s'ils ont regretté avec lui qu'on ait *dédaigné* & *sacrifié*, en y renonçant, des millions avec lesquels on eût pu *doubler les fonds destinés aux atteliers de charité, ou augmenter la solde des soldats d'un sol par jour* ; & si à cette occasion ils ont gémi, comme lui, de voir *les Rois exposés au risque inévitable de se tromper toutes les fois qu'ils donnent des décisions majeures sur le rapport isolé d'un chef de département*, que penseront-ils lorsqu'ils seront forcés de reconnoître que cette opération, si vantée par son auteur, si regrettable suivant lui, est entièrement nulle pour l'économie, dangereuse pour la sureté des recouvremens, & pernicieuse pour le

crédit ;

crédit ; qu'ainſi c'eſt par de ſolides raiſons, & non par les inſpira-
tions *des hommes de finances & de leurs affiliés*, que M. de Fleury
ſuccédant à M. Necker s'eſt hâté d'en propoſer la révocation ; &
que Sa Majeſté, qui par caractère n'aime pas le changement, ne
s'eſt déterminé à celui-là qu'après un mûr & ſuffiſant examen ?

Je pourrois donner un grand développement à cette vérité, qu'il
n'eſt pas indifférent d'éclaircir ; je pourrois rapporter ici les obſervations très-impartiales que je fis pour M. de Maurepas, à ſa demande
& ſans aucune envie de nuire, au commencement de l'année 1781.
Mais on diroit peut-être que c'eſt entrer en contradiction ouverte
avec M. Necker ſur un point où je n'y ſuis pas forcé ; & déjà il me
répugne trop de me voir obligé de heurter de front ſes calculs, pour
que je veuille attaquer inutilement ſes principes.

Cependant, d'un autre côté, quand je revois le Chapitre IV
de ſon livre ; quand je conſidère à quel point il a cru important
d'oppoſer ſes dogmes à la déciſion légiſlative de Sa Majeſté, pour
préparer *le retour aux bons principes*, c'eſt-à-dire à ſon opinion per-
ſonnelle ; & comment, pour rendre cette diſcuſſion *plus intéreſſante*,
il a cru devoir la faire ſervir à rendre ſenſible *une vérité digne de
beaucoup d'attention*, ſavoir, *que preſque toutes les propoſitions en
matière de finance ont tant d'aſpects différens qu'on n'eſt jamais à l'abri
d'erreurs, toutes les fois qu'on ſe détermine ſur le rapport d'un petit
nombre de perſonnes guidées par le même intérêt* . . . . &, *tant que la
contradiction n'eſt point entendue*, je me demande alors, ſi je ne dois
pas auſſi au Public des réflexions qui peuvent *répandre du jour ſur les
motifs qui ont été préſentés au Roi* ; ſi je ne dois pas les *dépoſer* à côté
des ſiennes, par le même déſir qu'il a eu de rendre *un véritable ſervice* ; ſi ce n'eſt pas remplir ſon propre vœu que de prémunir contre
les erreurs, en faiſant entendre la *contradiction*.

R

J'ai confervé heureufement, & je trouve fous ma main, un moyen de payer mon tribut à l'utilité publique & à la défenfe de la détermination de Sa Majefté, fans m'engager dans une difcuffion perfonnelle fur ce qui eft étranger à mon adminiftration, & fans furcharger cet Ecrit déjà trop long, d'une controverfe qui n'y eft pas d'abfolue néceffité : ce moyen, c'eft un Mémoire très-bien fait, par une perfonne très-eftimée, que je ne me permets pas de nommer fans fa participation. Je l'ai reçu d'elle en réponfe à des queftions que je lui avois faites peu de tems après la publication du livre de M. Necker ; & je n'en ai fait alors aucun ufage, parce que je me voyois à portée de répondre moi-même à Sa Majefté, fi elle m'avoit témoigné que cet ouvrage lui donnât quelque regret d'avoir rétabli les Receveurs-généraux. Aujourd'hui, que je ne puis parler qu'au Public, je crois devoir lui offrir la faculté de puifer dans ce Mémoire, s'il le juge à propos, de plus amples éclairciffemens fur la queftion que je n'ai fait qu'effleurer ; & dans cette vue je le placerai à la fuite de cet Ecrit, par forme d'Appendix.

JE REPRENDS la pénible & faftidieufe difcuffion de cet étonnant détail d'améliorations, dont jufqu'ici je n'ai pas encore trouvé un feul article qui dût être admis comme exact.

Je fuis à l'Article IX. M. Necker y a raffemblé plufieurs des petites augmentations d'impôts qui ont eu lieu pendant fon adminiftration : il les porte à 3 millions 500 mille liv. Cependant ces augmentations qui ont eu lieu, à compter de 1779, ne montent, fuivant la vérification qui en a été faite dans les bureaux du département, qu'à 2 millions 500 mille liv. C'eft encore une erreur d'un million.

Il y en a une à-peu-près pareille, à l'Article X. L'augmentation du bail des poftes, qui étoit de 7,700,000 liv. fuivant le Compte de

M. de Clugny, & qui eſt porté à 9,620,000 dans celui de M. Necker,
ne ſeroit, ſuivant ſes propres calculs, que de . . 1,920,000 liv.
Et comme, ſuivant le Compte effectif, il y a eu
en moins 468,000
l'amélioration réelle n'eſt que de . . . 1,452,000

Elle eſt portée dans cet article à . . . 2,400,000

L'erreur eſt donc de 948,000

ELLE eſt du total, & même plus, à l'Article XI. M. Necker
y porte en amélioration le non-paiement des 7,200,000 liv. qui
avoient été deſtinés par M. de Clugny à payer annuellement des
à compte ſur l'arriéré ; & pour ſe faire un mérite d'avoir ſupprimé
cette deſtination, il en parle comme d'une dépenſe ſuperflue qui
auroit eu pour principal objet, *des penſions & gratifications annuelles
arréragées.* Mais M. Necker ne devoit pas ſe flatter de faire oublier
qu'en 1776 il y avoit 203 millions de dettes arriérées, & qu'en ſup-
poſant qu'il en eût acquitté pour environ 53 millions, ſoit par les
liquidations faites dans la maiſon du Roi, & les paiemens en contrats à 4 pour cent, ſoit de toute autre manière, il en reſtoit encore,
à l'époque de ſon Compte rendu, 150 millions dont il étoit indiſ-
penſable, comme je l'ai prouvé, que l'intérêt fût compté en dépenſe ;
lequel intérêt calculé, non ſur le pied de ce qu'ont coûté les emprunts qui ont ſervi à l'acquittement de cette dette, mais ſeulement
à 5 pour cent, eu égard aux parties qu'on a pu attermoyer, eſt un
objet de 7,500,000 liv. L'erreur eſt de toute cette ſomme.

LES augmentations ſur les vingtièmes, portées à 2,700,000 liv.
par les Articles XII & XIII, peuvent être exactes : mais je ne ſaurois
paſſer en amélioration aucun retranchement ſur les décharges & modérations que le Roi accorde annuellement aux contribuables, & qui
varient ſuivant les intempéries des ſaiſons & les produits des récoltes.

Loin que ces foulagemens foient ternis, comme on l'infinue, par un mélange altéré de la *faveur* & des *follicitations*, ils doivent plutôt être réputés actes de juftice & de néceffité, à l'égard defquels toute économie feroit odieufe. C'eft pourquoi la prétendue diminution de 800,000 liv. fur cet article fera rejetée parmi les erreurs.

Je ne m'arrête pas aux Articles XVI & XVII, qui font de peu de valeur ; mais je ne puis m'empêcher de relever, à l'Article XVIII, l'oubli d'une déduction de deux millions fur le produit des loteries. M. Necker l'indique lui-même dans fa note fur cet article, où il convient qu'en réuniffant au Tréfor Royal toutes les loteries, il a fallu affurer à l'Ecole Royale Militaire une *indemnité annuelle de deux millions payée en contrats à quatre pour cent fur l'hôtel-de-ville*. Il eft évident que cette rente de deux millions, qui certainement eft une charge pour les finances du Roi, eft à défalquer de l'amélioration produite par l'opération de M. de Clugny fur les loteries. Cette amélioration, au lieu d'être confidérée comme de fept millions, ne doit donc l'être que comme de cinq(*), & l'erreur eft de deux millions.

L'Article XIX a transformé en amélioration de revenu annuel, l'idée qu'a eue M. Necker de répartir fictivement en cinq années, le don-gratuit du Clergé, qui s'eft toujours payé en une feule ; mais cette fiction n'a rien changé ni à la valeur du don-gratuit, ni à l'état du revenu ordinaire. Il faut donc retrancher ici les 3,400,000 liv.

(*) Le produit de la Loterie Royale ayant pris fucceffivement beaucoup d'accroiffemens, je l'ai porté dans mon Compte rendu, les petites loteries comprifes, à 9,600,000 liv., qui eft le montant de l'année commune prife fur les dix dernières. Mais les déductions prélevées, il n'en refte qu'à-peu-près 7,000,000 liv. verfés au Tréfor Royal ; & c'eft fans compter dans les déductions, les deux millions de rentes conftituées au profit de l'Ecole Militaire en contrats à 4 pour cent.

de cet article, comme je les ai retranchés du Compte rendu de M. Necker & du mien.

Je ne contesterai pas l'évaluation portée à l'Article XX, pour les extinctions de viager, & amortissemens d'intérêts. Mais comme le titre même de ce chapitre annonce qu'il n'y est question que des améliorations survenues depuis le mois de Juillet 1776 jusqu'au mois de Mai 1781, & que cet intervalle n'est pas de six ans, mais seulement de cinq, il y a, d'après l'énoncé même de M. Necker, un sixième de trop dans la somme de neuf millions environ, dont il suppose que les charges annuelles étoient diminuées par les extinctions & remboursemens. Ce sixième fait à-peu-près 1,500,000 liv.

L'Article XXII est bien étonnant. Il suppose en réductions sur la dépense de la Maison du Roi, un *bénéfice de deux millions à deux millions cinq cent mille livres.* Or, en comparant ce-qu'étoit cette dépense en 1781, à ce qu'elle étoit en 1776, on trouve une augmentation de pareille somme. Je l'ai comptée au chapitre des accroissemens de charges ; & la différence d'avoir porté en revenu ce qui devoit être porté en dépense, fait une erreur de cinq millions. Mais elle ne doit être comptée ici que pour le retranchement de 2 à 3 millions qui composent très-indûment cet article.

Les petites diminutions mentionnées à l'Article XXII par rapport aux fonds de la mendicité, & à l'Article XXIII à l'égard de ceux de la police, ne méritent aucune considération, n'y ayant eu & ne devant y avoir aucune réduction effective relativement à ces objets.

L'Article XXIV est dans le genre de celui de la Maison du Roi. On compte un million de réduction dans les dépenses des affaires étrangères, tandis qu'il y a eu un million & demi d'accroissement, comme je l'ai fait voir : c'est donc encore un million à retrancher.

Je n'ai rien à dire fur l'Article XXV.

Le XXVIème eft inconcevable. M. Necker y avance, qu'*on avoit porté en dépenfe annuelle, dans le compte de M. de Clugny, 1,500,000 liv. pour acquifitions & échanges ; mais que le Roi, inftruit des inconvéniens de ces opérations, ayant ordonné de ne lui propofer aucune opération femblable, cet objet de dépenfe n'a pu avoir lieu dans le Compte rendu de 1781.*

Cela veut dire que le Rédacteur du Compte préfenté par M. de Clugny, avoit mis au rang des dépenfes ordinaires, un article qui fous ce titre feroit un véritable abus, & que M. Necker a eu foin de le profcrire. Je voudrois qu'on demandât à ce Rédacteur qui eft bien connu, s'il a jamais entendu, dans aucun compte, affigner une fomme fixe & annuelle pour les acquifitions & échanges que le Roi pourroit faire. Certainement il n'eft pas fufpect d'être prévenu pour moi plutôt que pour M. Necker : je m'en rapporte à fa réponfe ; & il me fuffit de lui favoir du bon fens & de l'efprit, pour être sûr qu'il n'a jamais fongé à faire un objet annuel & déterminé d'une dépenfe incertaine, qui ne peut qu'être englobée fous le titre général de dépenfes imprévues.

Aussi ne trouve-t-on pas cet article dans le compte qui a été préfenté par M. de Clugny tel que je l'ai rapporté ; & s'il en a été queftion dans la difcuffion que M. Necker eut avec ce Miniftre au commencement de 1776, l'obfervation qui fut faite alors de la part de ce dernier, explique l'équivoque, & diffipe le louche que préfente fur ce fujet l'écrit auquel je réponds. M. de Clugny, pour faire fentir à M. Necker qu'il n'étoit pas auffi aifé qu'il l'alléguoit d'éviter cette dépenfe, lui faifoit remarquer qu'elle portoit fur des échanges faits, dont il ne reftoit que les évaluations à terminer, & qui obligeoient pendant plufieurs années au paiement de quinze cent mille livres.

C'est donc par erreur que M. Necker a transformé en bonification ces 1,500,000 liv. qui doivent se trouver, soit dans les remboursemens, soit dans les dépenses imprévues.

M. Necker reconnoît, quoique foiblement, par sa Note sur l'Article XXVII, qu'en élevant à 1,500,000 liv. le produit de la ferme des Messageries, il l'a porté *un peu trop haut*. Il se seroit plus rapproché de la vérité, s'il avoit dit *de moitié trop haut*; & plus encore, si se rappelant tout ce que cette malheureuse exploitation des Messageries qui semble avoir été le jouet de toutes les vicissitudes ministérielles, a coûté à l'Etat, il avoit eu la prudence de n'en point parler. Forcé aujourd'hui de tout révéler pour faire voir que je ne hasarde rien, je dirai qu'à force de faire & de défaire, de changer & de rechanger sur cet objet depuis les derniers mois de l'année 1775, jusqu'aux derniers mois de l'année 1781, on entraîna à la charge du Roi tant de dépenses & d'indemnités que les produits de l'exploitation en furent absorbés.

En voici le calcul suivant l'ordre des faits, dont le résumé donnera une idée des variations que cette affaire a subies.

Les privilèges des Coches & Messageries furent réunis aux domaine, & mis en régie par M. Turgot en Août 1775.

Les Régisseurs n'entrèrent pas aussitôt en possession de toutes les parties, & la durée moyenne de leur administration ne fut pas tout-à-fait de neuf mois.

Elle coûta au Roi dans ce foible espace de tems 2,855,471 liv. à cause des dépenses considérables qu'on fut obligé de faire pour monter le service en poste, & de la perte que cette régie éprouva sur la vente qu'elle fit de son mobilier aux Fermiers qui lui succédèrent.

LE prix de leur bail fut d'abord fixé à un million par M. de Clugny en Août 1776.

DIX-NEUF mois après, en 1778, il fut résilié par M. Necker, qui en paſſa un ſecond aux mêmes Fermiers ſur le pied de 1,800,000 liv. par an.

CE nouveau bail, porté à un prix évidemment forcé, ne put ſe ſoutenir ; les Fermiers en obtinrent la réſiliation en Juillet 1780, & le ſervice des Meſſageries fut remis en régie.

CETTE ſeconde régie a ſubſiſté vingt-ſept mois.

PAR arrêt du Conſeil du mois de Novembre 1781, les Fermiers dépoſſédés furent déchargés rétroactivement de l'augmentation de prix qu'avoit exigée M. Necker en 1778 par-deſſus le million auquel le bail avoit été porté en 1776.

IL fut paſſé en 1782 un nouveau bail dont le prix avoit été fixé d'abord à 1,100,000 liv., mais qu'il a fallu enſuite réduire à 900,000 liv.

ENFIN ſur les demandes en indemnités réſervées aux anciens Fermiers, intervinrent différentes déciſions particulières de Sa Majeſté en 1781, en 1782, en 1783 ; & finalement un arrêt fut rendu après mûr examen au Conſeil Royal des finances en Mai 1784, qui, terminant toutes les prétentions antérieures que les Commiſſaires du Conſeil avoient eſtimé devoir être réglées, pour le moins à 2,700,000 liv., adjugea un million ſeulement aux Fermiers, tant pour dédommagement des réſiliations ſucceſſives de leurs baux que pour toutes autres demandes relatives à ce qui s'étoit paſſé depuis 1775 juſqu'en 1781.

CET

[135]

Cet arrêt fut rendu à mon rapport, & je ne crois pas inutile d'en inférer ici un paffage qui fera voir comment, dès 1784, je m'exprimai fur ce fujet dans le Confeil de Sa Majefté, après lui avoir rendu compte de tous les faits, & du réfultat des Com-miffaires.

"Etonné de ce réfultat, je l'ai été bien davantage lorfque,
"récapitulant tous les frais occafionnés par cette régie, les pertes
"qu'elle a fouffertes fur la moins-value des effets achetés par les
"ordres de M. Turgot, ce qu'il en a coûté pour traitemens,
"bureaux, & comptabilité, les penfions confidérables qui ont été
"accordées aux différens Régiffeurs, à mefure qu'on les a privés de
"leur état, & toutes les dépenfes acceffoires, j'ai reconnu que,
"joignant toutes ces fommes à celle qui feroit due fuivant l'avis des
"Commiffaires, le total feroit de plus de cinq millions en pure
"perte pour Votre Majefté, & uniquement pour avoir changé cinq
"fois, en fix ans, de fyftême fur l'exploitation des Meffageries, qui,
"après avoir paffé fucceffivement de ferme en régie, & de régie
"en ferme, fe trouve aujourd'hui, quant au produit, à-peu-près au
"même taux qu'elle étoit avant ces changemens ; en forte que
"Votre Majefté eût réellement épargné cinq millions, fi la forme
"des Meffageries avoit pu échapper pendant ces fix années à la
"follicitude de fes Miniftres. C'eft ainfi, & j'en pourrois citer bien
"d'autres exemples, que des opérations prétendument économiques,
"& des fuppreffions mal combinées qui toujours font préfentées
"comme productives de grands bénéfices pour les finances de Votre
"Majefté, ne laiffent fouvent après elles que le fâcheux effet d'in-
"nover fans utilité, de renverfer les fortunes particulières fans
"augmenter les revenus de l'Etat, de charger le Tréfor Royal de
"rembourfemens, &, ce qui eft pire encore, d'altérer la confiance
"publique par des variations incompatibles avec elle.

S

" Je supplie Votre Majefté de me pardonner cette réflexion, qui
" ne peut paroître étrangère à l'objet dont je lui rends compte, &
" qui fera ma condamnation prononcée par moi-même, fi jamais un
" zèle mal entendu m'entraînoit en pareilles erreurs."

Me blâmera-t-on de me citer ainfi moi-même ? J'efpère que
non, fi l'on veut bien confidérer que ce que je cite eft connu du Roi,
& de tous les membres qui affiftèrent à ce Confeil des finances, ou
furent appelés les Confeillers d'Etat qui avoient été Commiffaires
pour la liquidation des indemnités. N'eft-il pas d'ailleurs naturel
que j'indique les pièces non-fufpectes par leur date, auxquelles j'ai
eu recours pour me rappeler des détails qu'on peut croire que j'avois
perdus de vue ? Je n'avois point ici le rapport d'où j'ai extrait mot
pour mot, ce qu'on vient de lire ; j'ai écrit pour qu'on me l'envoyât ;
on a trouvé parmi les papiers du commis qui étoit alors chargé des
expéditions relatives aux Meffageries, la copie qui en avoit été faite
dans fon bureau, fur les minutes de ma main ; & c'eft à l'aide de
cette copie que je puis, pour terminer le préfent article, attefter
l'exactitude du réfultat, que voici.

liv.

Produit de la première régie établie en 1775 par
M. Turgot, pour l'exploitation des Meffageries . .   néant.

Produit du bail qui fut fubftitué à cette régie en
1776 par M. de Clugny, réfilié enfuite par M. Necker
en 1778, & paffé fous de nouvelles conditions . .   2,702,882.

Produit de la feconde régie qui fut établie par
M. Necker en 1780, & qui dura 27 mois   .   .   2,182,000

4,884,882

liv.

De l'autre part . . 4,884,882

A DÉDUIRE.

La perte réfultante de l'exploitation de la première
régie 2,855,471

Pertes & indemnités relatives à la feconde . . 1,203,831

4,059,302

Refte en produit net depuis la fin de 1775, jufqu'à
la fin de 1782 825,580

Ce qui ne donne par an, pendant 7 ans, que . . 118,820

ET comme je n'ai pas compté dans la fomme des indemnités,
les penfions & les rentes viagères que Sa Majefté a trouvé jufte en
1782 d'accorder à quelques-uns des Fermiers dépoffédés, ou à leurs
co-intéreffés, on peut bien dire que le produit a été abfolument nul.

IL y a donc erreur de toute la fomme de *quinze cent mille livres,*
comptée dans cet article en amélioration de revenu.

L'ARTICLE XXVIII porte fur des changemens relatifs au fervice
des étapes, du même genre que ceux relatifs au fervice des Meffageries, & dont le profit n'eft pas mieux conftaté. En comparant,
autant que faire fe peut, ce que coûtoit le fervice des étapes quand il
étoit en entreprife, avec ce qu'il a coûté depuis qu'il a été mis en
régie, je ne trouve aucune différence fenfible; & le bénéfice que
M. Necker *eftime à environ douze cent mille livres,* n'eft qu'une con-
jecture fans fondement qui ne peut entrer en compte.

L'ARTICLE XXIX, le dernier de cette énumération, femble n'y
avoir été ajouté que pour completter la fomme qu'on vouloit trouver.
Il ne contient qu'une énumération itérative & fort vague, de fup-

S 2

preſſions & de réduĉtions déjà plus d'une fois mentionnées : on y étale
le nouvel ordre qu'on a établi ; la rigidité dans la conceſſion des
grâces ; l'économie apportée dans les plus petites dépenſes, ſoit à Paris,
ſoit dans les provinces ; le refus des paſſeports de faveur, & de toutes
ſortes de franchiſes ; enfin, une grande réſerve relative aux objets
déſignés ſous le titre de dépenſes imprévues : & après avoir joints à
cette tirade d'expreſſions générales, la ſeule particularité de la réunion
des revenus de Dombes au Tréſor Royal qui n'a rien ajouté à leur
produit, on finit ainſi : *Je crois être modéré en, évaluant le tout*
enſemble à une épargne d'environ ſix millions. Moi, je crois être juſte
en ne comptant ici pour rien cette prétendue épargne qui, dans ce
qu'elle peut avoir de réel, ſe retrouve dans les articles que j'ai précédemment paſſés en compte, & pour tout le reſte, a pour baſe un
panégyrique, plutôt qu'un calcul.

La réunion des XXIX Articles qui compoſent le chapitre des améliorations que je viens de diſcuter, ſeroit de quatre-vingt-trois millions ſept cent mille livres : M. Necker en déduit quinze millions,
tant pour les objets *portés trop bas dans le compte de M. de Clugny, que*
pour quelques nouveaux établiſſemens, tels que la Maiſon de MADAME
& celle de M. le Duc de Berry, pour l'accroiſſement dans le traitement
fixe de MM. les Intendans, les fonds deſtinés aux carrières, diverſes
fondations de bienfaiſance, &c. J'ai rétabli dans le compte de M. de
Clugny les articles qui y étoient portés trop bas : mais comme d'un
autre côté, en admettant pour améliorations de revenu pluſieurs ceſ-
ſations de charges qui ſont arrivées d'elles-mêmes ſucceſſivement, &
tout l'accroiſſement de produits que le progrès des conſommations &
du prix des denrées a naturellement amené, je n'ai compté ni pu calculer exaĉtement toutes les augmentations de dépenſe que les mêmes
cauſes d'un renchériſſement général ont occaſionnées, non plus que
l'augmentation qui a ſurement eu lieu ſur la maſſe des penſions, ſpécialement des penſions militaires, dans l'eſpace de 1776 à 1781, je

crois qu'on ne trouvera pas injufte que tout compenfé, je laiffe fubfifter la déduction de quinze millions dans fa totalité, & telle que
M. Necker l'a lui-même jugée équitable.

		liv.
Ainsi la fomme de	. . . . .	83,700,000
moins	. . . .	15,000,000
fe trouve n'être que de	. . . . .	68,700,000

C'est fur cette fomme qu'il faut reprendre les autres déductions
que je viens de motiver. Le Tableau que je vais tracer, fera
appercevoir d'un coup-d'œil les objets à retrancher, les objets à
compter, & le réfultat définitif.

TABLEAU DES AMÉLIORATIONS.

OBJETS A RETRANCHER.		OBJETS A COMPTER.	
Articles	liv.	Articles	liv.
I, II, III & IV	8,600,000	V & VI	15,095,000
V & VI	1,605,000	VIII	500,000
VII	1,200,000	IX	2,500,000
VIII	3,000,000	X	1,452,000
IX	1,000,000	XII & XIII	2,700,000
X	948,000	XV	650,000
XI	7,200,000	XVI	800,000
XIV	800,000	XVII	500,000
XVIII	2,000,000	XVIII	5,000,000
XIX	3,400,000	XX	8,000,000
XX	1,500,000	XXV	1,200,000
XXI	2,250,000		
XXII & XXIII	600,000		38,397,000
XXIV	1,000,000		
XXVI	1,500,000	A déduire, fuivant l'Ecrit	
XXVII	1,500,000	de M. Necker,	15,000,000
XXVIII	1,200,000		
XXIX	6,000,000	Refte à compter	23,397,000
Total	45,303,000		

Erreurs	. . . . .	45,303,000 liv.
Améliorations réelles	.	23,397,000
Première fomme	. .	68,700,000

Voila donc les améliorations furvenues dans les finances du Roi pendant l'adminiftration de M. Necker, réduites à la fomme de 23,397,000 liv. On lui a dit, que dans le Comité des Notables tenu chez Monsieur, je les avois évaluées de 16 à 17 millions; & cette eftimation, qu'il eft très-poffible que j'aie donnée verbalement en réponfe à une des queftions dont je fus alors invefti, il la relève dans fon Ecrit comme fi c'étoit un calcul précis que j'euffe publié. Mais je ne la défavoue d'aucune manière; car c'eft effectivement l'idée que j'ai toujours eue du montant des bonifications procurées par fes opérations. Je n'ai pas entendu qu'on dût regarder comme telles ni les extinctions de rentes & d'intérêts qui fe font opérées d'elles-mêmes & naturellement, pour huit millions, ni les augmentations d'impôts qui fe font élevées à 5,850,000, & que je n'ai eu garde de mettre au rang des œuvres de M. Necker qui a toujours prétendu n'en avoir fait aucunes, ni les 8 à 9 millions produits par les opérations de M. de Clugny, quoique non portés dans fon Compte, parce que la jouiffance n'en étoit pas encore effective.

Article XX des objets à compter.

Art. IX, XII, XIII & XV.

Art. X, XVI, XVIII & XXV.

Abstraction faite de ces trois genres d'objets, il ne refte de ceux qui appartiennent à l'adminiftration de M. Necker, & dont le mérite lui eft dû, que précifément *feize millions quatre-vingt quinze mille livres.*

Art. V, VI, VIII & XVII

J'ai donc été très-exact lorfque j'ai répondu que les améliorations de M. Necker étoient de 16 à 17 millions, quoique aujourd'hui, y ajoutant celles qui font étrangères à fes opérations, & déduifant ce qu'il en déduit lui-même, je trouve pour dernier réfultat de calcul, *vingt-trois millions trois cent quatre-vingt dix-fept mille livres.*

M. Necker a-t-il été auffi correct lorfqu'il a porté ces améliorations d'abord à quatre-vingt-quatre millions, & enfuite à foixante-neuf, parce qu'il en a déduit quinze?

J'abandonne ici le Lecteur à ses propres réflexions ; & j'espère qu'on ne trouvera pas que je me défende avec aigreur, lorsque pour toute réponse à la dureté des expressions que M. Necker s'est permises contre moi, je demande qu'à présent on veuille bien relire dans sa brochure, ce qu'il a écrit à ce sujet, depuis l'endroit commençant ainsi : *N'en est-ce pas assez pour faire voir qu'il s'est aventuré d'une* Page 53. *étrange manière, en voulant conclure de ces fausses vraisemblances qu'il y avoit un déficit de 56 millions en Mai 1781, époque de ma retraite du ministère ? N'en est-ce pas assez pour faire voir que son calcul de 16 à 17 millions d'améliorations, comparé au tableau que je viens de donner d'environ 84 millions, est une des plus grandes légèretés qu'on ait jamais commises* .... jusqu'à l'endroit finissant par ces mots : *C'est au centre* Page 56. *de toutes les connoissances, c'est, à la tête des affaires, qu'un homme, en parlant d'un tems fort rapproché de son administration, estime à 16 ou 17 millions des améliorations qui se sont élevées à 84, &c.*

Je n'ai pas besoin de dire que je suis cet homme ; cet homme si peu instruit, avec tant de moyens de l'être, ou si infidelle dans ses estimations ; cet homme qui est désigné aussi par *une succession de* Page 55. *fautes & d'erreurs, qui semble annoncer un grand bouleversement, tandis qu'un peu de tems, un peu de patience, ou un changement de principes dans l'administration, réparent tout, raccommodent tout, & ramènent la prospérité.*

Il est également facile d'appercevoir que *le Ministre sage, parmi les grands services duquel il faut compter tout ce qui ne peut être repré- senté par des chiffres, tout ce qu'on ne peut exprimer que par une néga- tion,* c'est M. Necker ; que c'est lui qui a su observer la *règle* des *ne point — ne point —* laquelle *seule peut accroître journellement la fortune d'un royaume ;* que c'est lui qui a bonifié *insensiblement* l'Etat de la France par *des améliorations,* dont *on s'apperçoit à peine ;* lui enfin dont les Tableaux sont *d'une grande instruction.*

Présentement que le Public est en état de juger, il fera telles applications de reproches, & telles appréciations de services qu'il trouvera justes. Je reviens à mes calculs.

	liv.
Les accroissemens de charges depuis M. de Clugny jusqu'à la retraite de M. Necker, vont à	56,833,078
Les améliorations de revenu dans le même intervalle ne vont qu'à	23,397,000
La différence de ces deux sommes qui fait l'augmentation du déficit, est de	33,436,078
Or, au moment que M. Necker a été chargé des Finances, le déficit étoit de	37,000,000
Donc à sa retraite il étoit de	70,436,078

Donc la méthode même de M. Necker, redressée comme elle doit l'être, & purgée de quarante-cinq millions d'erreurs, fournit une nouvelle preuve de la vérité de mon assertion.

Mais M. Necker ne s'en est pas tenu à cette seule manière de compter ; il avoit annoncé qu'il y en avoit plusieurs de prouver combien j'avois à acquérir en matière de calculs. Pour le faire voir & achever *de montrer les méprises & les contradictions dont les résultats attaquent immédiatement la foi due au Compte rendu*, il a voulu par un second calcul *répandre un nouveau jour sur les argumens*, dont il prétend que je me suis servi *pour attaquer son honneur & détruire sa réputation*.

J'ai fait voir, dit-il, *la liaison qui existoit entre les Etats de M. de Clugny, formés en Juillet 1776, & le résultat du Compte rendu de 1781* (on sait à présent ce qu'on doit penser de cette liaison). *Que seroit-ce ?*

feroit-ce ? Si je pouvois auffi montrer le rapport qui exifte entre ce même Page 71.
*réfultat & l'état préfent des finances, tel qu'il eft annoncé par M. de
Calonne, ne donnerois-je pas alors une feconde preuve authentique de
l'exaЄtitude vraifemblable du Compte rendu ?*

CETTE preuve *authentique* d'une exaЄtitude *vraifemblable* confifte
dans deux tableaux, dont l'un eft annoncé comme réuniffant *à l'excédent de recette réfultant du Compte public de 1781, toutes les augmentations de revenu annuel, & toutes les diminutions de dépenfes annuelles* Page 72.
poftérieures à cette époque : l'autre eft fuppofé indiquer *les divers
accroiffemens de dépenfes & de charges annuelles furvenues depuis la date
du Compte de 1781, jufqu'à ce jour.*

ON en conclut que le déficit aЄtuel eft égal au réfultat de tous les
changemens qui ont eu lieu depuis le mois de Mai 1781.

Réfigné à répondre à tout, & ne craignant que de laffer la patience
de ceux qui voudront bien prendre la peine de me lire, je vais encore
démontrer le plus rapidement qu'il me fera poffible, que ces deux
Tableaux, dans lefquels M. Necker a raffemblé fes derniers efforts,
loin de préfenter aucune preuve d'*exaЄtitude*, ou même aucune préfomption de *vraifemblance* en faveur de fon Compte rendu, fervent
au contraire à corroborer de plus en plus ce que j'en ai dit, ce qui eft
clairement conftaté, n'étant eux-mêmes que de nouveaux amas
d'erreurs chiffrées.

ERREURS DU *PREMIER TABLEAU.*

Page 73 de la Brochure.

ARTICLE I.—Rien de plus chimérique que la recette d'un excédent qui n'a jamais exifté que dans le Compte rendu de M. Necker.
Cependant il faut bien l'admettre ici, puifque dans l'autre Tableau,
qui eft pour les dépenfes relatives aux miniftères de fes fucceffeurs, il

T

a porté l'intérêt de fes propres emprunts de Février & Mars 1781,
auquel il avoit appliqué ce prétendu excédent. Il eût été mieux de
fupprimer dans chaque Tableau, chacun de ces deux articles ; mais
comme ils fe contre-balancent, ils ne font rien au réfultat.

ARTICLE II.—Les 25 millions du produit des nouveaux fols pour
livre, établis pendant le miniftère de M. de Fleury, & les 13 millions 300 mille livres d'augmentation fur les fermes & régies qu'a
procurés pendant le mien, le renouvellement des baux(*), (ainfi que
je l'ai prouvé ci-deffus, page 99) faifant enfemble trente-huit millions
trois cent mille livres, font ici réduits à trente-cinq millions fept cent
mille livres. L'erreur eft de . . . 2,600,000 liv.

M. NECKER fait appercevoir lui-même en quoi elle confifte, en
expliquant dans fa Note, page 74, comment il a fait ce compte.

IL y a porté le domaine d'Occident à 4,100,000 liv. c'eft 600,000
liv. de trop ; il n'entre dans le bail que pour 3,500,000 liv. Le
mécompte eft de . . . . . . 600,000 liv.

Il a joint au prix du bail ancien, la part du Roi
dans les bénéfices, fur le pied de 1,200,000 liv. & il
n'en a tenu aucun compte dans le nouveau, quoique
cette part exifte comme autrefois : ci, erreur de . 1,200,000

Il a omis de joindre au produit de la régie générale
les 800 mille livres des droits de la Flandre Maritime,
qui en ayant été féparés fe perçoivent en fus des 50
millions de fa fixation : ci, omiffion de . . 800,000

Total . . 2,600,000

C'EST précifément la différence de fon calcul au mien.

(*) Ce qui a été le fruit des foins & du travail employés au renouvellement du dernier bail, M. Necker l'appelle ici *augmentation naturelle fur le produit
de la ferme générale & des régies*. Ce n'eft pas ainfi qu'il s'exprime lorfqu'il parle
du renouvellement de bail qu'il a fait lui-même : c'eft alors *la grande opération* . . . . *l'amélioration procurée par l'effet de fes foins, &c.*

ARTICLE III.—Je le crois affez jufte.

ARTICLE IV.—Il y a ici une forte erreur. M. Necker ayant jugé
à propos de porter en accroiffement fictif de recette, les rembourfemens dont les finances étoient chargées en 1781, pour pouvoir mettre
en accroiffement de dépenfe dans le Second Tableau la fomme entière
des rembourfemens actuels (*), a reftreint ces premiers rembourfemens aux 17,300,000 liv. mentionnés au Compte rendu de 1781,
tandis qu'il eft prouvé (page 117 ci-deffus) qu'ils montoient dès-lors
à 30,959,905 liv. ce qui fait une différence & erreur de 13,659,905.

ARTICLE V.—Je dois par équité relever l'erreur qui feroit au défavantage de M. Necker, fi je laiffois fubfifter cet article qui fe référant
à une énonciation fautive du Compte rendu, met ici en augmentation
de recette les trois millions qui y étoient portés pour l'intérêt fictif
du capital des deux loteries de 1777 & de 1780. Comme j'ai rétabli
au Compte rendu, ainfi que dans l'article ci-deffus, les rembourfemens
annuels de ces loteries tels qu'ils avoient lieu, & que j'ai fupprimé
en conféquence les 3 millions d'intérêt fictif, il ne feroit pas jufte de
reprendre encore ici le bénéfice de leur fuppreffion. On ne doit
compter en ceffation de dépenfe que l'intérêt annuel des billets de la
loterie de 1777 qui s'eft éteinte en 1784, & ce n'eft qu'un objet
d'environ un million. Je tiendrai compte des deux autres, en
déduction de la fomme des erreurs, lorfque j'en ferai la récapitulation.

(*) Cette manière de trop employer en recette pour couvrir équivalemment
ce qu'on emploie de trop en dépenfe, ne fait rien pour la jufteffe des calculs, vis-à-vis de ceux qui les entendent ; mais elle induit en erreur ceux qui n'y
font pas fort attentifs. Par exemple, en comptant 50 millions de rembourfemens
nouveaux, quand déduction faite des anciens, l'accroiffement n'eft que de 20, on
laiffe croire que la maffe des augmentations depuis la retraite de M. Necker
eft plus confidérable qu'elle n'eft en effet.

T 2

Article VI.—Dans le calcul des extinctions de viagers, M. Necker ne compte que cinq années. Il en doit compter six. Celles du courant de l'année 1781, qu'il a portées mal à propos dans son Compte rendu, doivent se joindre à ce qui est postérieur à sa retraite. C'est donc un sixième à ajouter aux 7,500,000 liv. de cet article, par conséquent erreur de . . . 1,250,000 liv.

L'Article VII ne parle que de l'intérêt des rescriptions remboursés. Il falloit y joindre la cessation des remboursemens annuels, qui étoit de 3,000,000 liv. par an. Les Etats du Roi en ont été déchargés au moyen de ce que j'ai acquitté les 29 millions qui restoient dus. C'est donc une omission de . . 3,000,000 liv.

M. Necker observe, dans la note qui se trouve au bas de sa Récapitulation, qu'il *n'a pas mis en compte dans ce tableau, les extinctions survenues par les remboursemens des Pays d'Etats, parce que les nouveaux emprunts de ces mêmes Pays d'Etats ont excédé la somme amortie.* Il est juste en effet qu'il y ait compensation à concurrence : mais ce qui ne l'est pas, c'est d'avoir porté dans le Second Tableau l'intérêt des nouveaux emprunts à un taux qui surpasse des trois quarts leur excédent au-dessus de la somme des amortissemens.

M. Necker observe, dans la même note, qu'on *n'a pas non plus compris dans ce tableau le troisième vingtième, puisqu'il est éteint, qu'il ne fait plus partie des revenus du Roi, & qu'il faut considérer les fonds procurés par cet impôt comme un secours extraordinaire de quatre-vingt-cinq millions.* Mais ce secours important qui n'a coûté aucun intérêt, peut-il être compté absolument pour rien dans le chapitre des améliorations postérieures à la retraite de M. Necker? Ne peut-on pas dire qu'il a éteint une dette quelconque égale au capital de 85 millions, dont l'intérêt a cessé d'être à la charge de l'Etat? Ne doit-on pas en conféquence compter ici cet intérêt, qui eft un objet de 4,250,000 liv., en diminution de dépenfe ?

C'est ainfi que je l'ai confidéré dans l'état des bonifications antérieures à mon adminiftration (page 88 de cet écrit) : mais peut-être ai-je eu tort ; peut-être eus-je mieux fait de m'en tenir au motif allégué ici par M. Necker, pour faire comme lui abftraction totale de cet objet dont il ne refte rien. J'avouerai fans peine que c'eft par excès de fcrupule qu'en faifant l'énumération des bonifications furvenues pendant le miniftère de M. de Fleury, qui ont diminué d'autant l'accroiffement du déficit à cette époque, j'ai cru devoir y comprendre l'intérêt du fonds extraordinaire que le troifième vingtième a procuré : mais en ce moment, où il s'agit de le compter en omiffion dans un tableau formé par M. Necker, & par conféquent de le contredire, je me fais le fcrupule contraire, j'adopte fes motifs, & je laiffe cet article à l'écart. S'il paroît en réfulter une forte de difcordance entre ce que je fais ici & ce que j'ai fait précédemment, le principe qui m'y détermine doit en être l'excufe.

Récapitulation des Erreurs du Premier Tableau.

	liv.
Erreur en moins, à l'Article II	2,600,000
Item, à l'Article IV	13,659,000
Item, à l'Article VI	1,250,000
Item, à l'Article VII	3,000,000
	20,509,000
Sur quoi il faut déduire pour erreur en plus, à l'Article V	2,000,000
Refte à ajouter au total du Tableau de M. Necker	18,509,000
Ce total eft de	80,200,000
Il doit donc être de	98,709,000

ERREURS DU *SECOND TABLEAU*,

*Contenant les Augmentations de Charges depuis le Compte rendu
en 1781.*

Page 78 de la Brochure.

J'AI déjà obfervé que dans les premiers articles de ce tableau,
M. Necker avoit fait un oubli de 121,242,000 liv. au préjudice de
fon propre fyftême, en ce que, donnant les détails des emprunts faits
en 1781, après fa retraite, il avoit omis—

Celui des Etats de Bourgogne, de	5,000,000 liv.
Celui des Etats de Languedoc, de	15,000,000
Celui des Etats de Maconnois, de	1,282,000
L'extenfion des emprunts de 1770, allant à	70,000,000
Le prêt des Fermiers-généraux, de	30,000,000
Total	121,282,000

MAIS comme les rembourfemens du prêt fait en 1781 par les
Fermiers-généraux viennent d'en éteindre l'intérêt, il ne peut plus
être compté en dépenfe annuelle ; celui des 70 millions de contrats
à 4 pour cent eft diminué de tout ce qui a été retiré par l'effet de
de l'emprunt de Décembre 1782 : ce qui fait qu'au total, l'intérêt
à déduire dans le réfultat final, n'eft que d'environ trois millions.
J'en tiendrai compte.

L'ARTICLE IV doit être retranché. Il eft relatif à l'emprunt de
Hollande de dix millions, dont l'intérêt payé par les Etats-Unis de
l'Amérique ne devoit pas être compté parmi les charges de l'Etat.
Ce retranchement eft de . . . . . . 450,000 liv.

L'ARTICLE XII eft celui où j'ai annoncé qu'on trouveroit une exagération d'environ les trois quarts. *Les emprunts des Pays d'Etats depuis le Compte rendu, y font fuppofés avoir paffé les capitaux rem-bourfés d'environ quarante millions, ce qui fait en intérêts deux millions.*

MAIS dans le fait ils ne les ont paffés que de dix millions neuf cent quarante-neuf mille livres. En effet les emprunts antérieurs à la retraite de M. Necker, étoient, comme on peut s'en convaincre par un coup-d'œil fur la Table générale des emprunts, rapportée fous le N° XVIII, de 95 millions : leurs remboursemens annuels ont monté pendant fix ans, fur le pied de 4,750,000 liv. par an, à . . . . 27,800,000 liv.

Les emprunts de ces mêmes Pays d'Etats depuis le mois de Mai 1781, n'ont été, comme l'indique encore la fusdite Table cotée XVIII, qu'à . . 38,749,000

Leur excédent fur la précédente fomme des capitaux amortis, n'eft donc pas de 40 millions ; il eft feulement de 10,949,000

& l'intérêt de cet excédent n'eft pas de deux millions ; il eft feulement de 549,930

Donc il y a erreur de 1,453,950

L'EXAGÉRATION eft bien plus forte encore, aux Articles XIV, XV, & XXII, qui doivent être réunis pour éviter les doubles emplois d'où l'erreur provient vraifemblablement. Il eft queftion dans ces trois Articles de l'intérêt des charges créées ou rétablies, des fonds nouveaux fournis par les titulaires foit anciens, foit nouveaux ; du furcroît de taxation occafionné par le rétabliffement de quelques-unes des charges qui avoient été fupprimées ; & enfin de l'addition faite au traitement fixe des Fermiers-généraux & des Régiffeurs. De tout

cela M. Necker a compofé une augmentation, qui par l'addition des
Articles XIV . .   300,000 ⎫
      XV . . 2,500,000 ⎬ feroit de 7,300,000
  & XVI . . 4,500,000 ⎭

ce qui fuppoferoit, en comptant même l'intérêt à 5 pour cent, quoiqu'il y ait de ces finances qui ne font qu'à 4 & $\frac{1}{2}$, un capital de cent
quarante-fix millions : or, ce capital n'eft que de 33 millions. En
voici le détail. On a créé 204 charges de Receveurs de tailles : je
ne fais pas précifément quel a pu être le montant de la finance qu'on
a exigée inégalement de chacun d'eux ; je la fuppofe pour prix
commun, de trente mille livres ; c'eft pour les deux cent quatre
charges . . . . 6,120,000 liv.

Le rétabliffement des Receveurs-généraux n'a
rien coûté, ni pour les charges nouvelles dont les
capitaux ont remplacé ceux des anciens, qui
n'avoient pas été rembourfés, & dont le Roi
payoit l'intérêt, ni pour les taxations, traitemens & frais quelconques dont le total a été
inférieur plutôt que fupérieur à ce que coûtoit
la régie précédente, ainfi que le démontre l'Etat
de Comparaifon, N° XIX.

J'ai compté dans l'état joint à ma Requête au
Roi, N° 9, pour les autres charges qui ont été
créées pendant mon adminiftration, y compris
celle des agens de change 10,000,000
& pour les cautionnemens, ou nouveaux fonds
des Fermiers-généraux & Régiffeurs . . . 14,600,000

Je fuppofe en outre pour quelques créations de
Tréforiers ou autres faites antérieurement, & non
comprifes dans le détail ci-deffus, . . . 2,280,000

             Total . . 33,000,000

[151]

liv.

L'intérêt de cette fomme à 5 pour cent, n'eft
que de   1,650,000

Ainfi M. Necker, qui a fuppofé un capital de .   146,000,000

puifqu'il en a compté l'intérêt à   .   .   .   7,300,000

s'eft trompé fur le capital, de   .   .   .   113,000,000

& fur l'intérêt, l'erreur eft de   .   .   .   5,650,000

Sur l'Article XVII il y a une erreur très-remarquable. L'accroiffement des anticipations depuis 1781, y eft évalué à cent quatre-
vingt millions. Il n'eft cependant que de cent cinq. En effet les
anticipations étoient de cent cinquante millions en 1781, comme je
l'ai déjà dit & prouvé ; elles vont aujourd'hui à deux cent cinquante-
cinq millions : c'eft donc une augmentation de cent cinq millions ;
& c'eft bien affez. Comment fe permet-on une exagération de
foixante-quinze millions fur pareil article, & lorfqu'il ne faut que
jeter les yeux fur les comptes pour la reconnoître ? Il s'enfuit qu'au
lieu de compter l'augmentation de charges annuelles pour cet objet
fur le pied de   .   .   .   .   .   .   9,900,000 liv.

on ne doit le compter que fur le pied de   .   .   6,300,000

favoir, pour l'intérêt de 105 millions

à 5 pour cent   5,250,000

& un pour cent de commiffion   .   .   1,050,000

Total   .   .   6,300,000

L'erreur fur l'intérêt eft donc de   .   .   .   3,600,000

L'Article XX eft abfolument illufoire. M. Necker y compare les vingt-neuf millions deux cent mille livres auxquels, dans fon

U

[152]

Compte rendu, il avoit rabaiſſé la dépenſe de la Marine, avec les
quarante-cinq millions auxquels il lui plaît de l'élever aujourd'hui ;
& il en conclut, que depuis ſa retraite il y a eu ſur cet article une
augmentation de dépenſe de quinze millions huit cent mille livres.
Aucune de ces trois propoſitions n'eſt vraie.

La dépenſe ordinaire de la Marine n'étoit pas bornée à vingt-neuf
millions en 1781 ; elle étoit, comme je l'ai fait voir, & comme le
prouve le Compte effectif, de . . . . 36,000,000 liv.
Elle n'eſt pas de quarante-cinq millions aujour-
d'hui ; elle a été réduite, par la déciſion que le Roi
a rendue en 1784, à 34,000,000

[J'ai déjà obſervé que s'il a été accordé juſqu'à préſent
ſix millions de ſupplément chaque année, ce n'eſt point
une dépenſe ordinaire, & qu'elle eſt rejetée dans l'article
des dépenſes imprévues. Il y auroit double emploi à en
parler ici.]

Ainſi au lieu d'une augmentation de dépenſe de . 15,800,000

il y a eu diminution de 2,000,000

& l'erreur eſt de 17,800,000

L'Article XXI ſuppoſe que les fonds des ponts & chauſſées eſt
augmenté de neuf millions ; & l'erreur vient de ce qu'on y a confondu
l'extraordinaire avec l'annuel. Le vrai eſt que cet article, qui ſur
l'état actuel eſt de . . . . . . 6,520,000 liv.
étoit en 1781, de 5,310,000

L'excédent n'eſt donc que de 1,210,000
M. Necker le porte à 9,000,000

L'erreur eſt de 7,790,000

[153]

L'Article XXIII préfente un mélange d'objets divers, très-hétérogènes, qui tous enfemble font portés à 15 millions, & dont néanmoins le réfidu, dégagé de tout ce qui n'a aucune confiftence, n'eft que de   .   .   .   .   .   .   864,000 liv.
en forte que l'erreur eft de   14,136,000

Il ne faut, pour s'en convaincre, qu'analyfer le bifarre affemblage de cet article.

On y cite d'abord, en termes généraux, *les indemnités, les échanges, les achats de domaine*. Or rien de tout cela n'eft dépenfe ordinaire, & ne peut être confidéré ici comme l'ayant augmentée ; puifque en fuppofant même qu'on ait employé au paiement de quelques objets de ce genre, une partie des fonds extraordinaires qu'on s'eft procurés par emprunts directs, par emprunts indirects, par anticipation, ou par toute autre reffource quelconque, comme les intérêts en ont été comptés ci-deffus très-exactement, il ne leur eft plus permis de reparoître ici fous une autre face ; quelque mafque qu'on veuille leur donner, on les reconnoît pour articles déjà employés.

On en peut dire autant de *l'accroiffement dans les frais d'adminif-tration* qu'on fait venir enfuite, & qui, foit comme expreffion vague & fans objet, foit comme ne pouvant avoir rapport qu'à des objets déjà compris en d'autres articles, ne peut-être ici d'aucune valeur.

Arrivent après cela *la Maifon de M. le Dauphin, les fupplémens à celle de M. le Duc de Berry, peut-être quelques autres objets tenant à la Maifon du Roi, & les bâtimens*. Mais comme tout cela fait partie des articles dont la réunion, que j'appelle en un feul mot *la Maifon du Roi*, monte actuellement à 35,922,000 liv., comme on le voit dans mon Compte rendu, & que cette même dépenfe, com-pofée des mêmes objets, a monté en 1781 à 36,157,000 liv., loin

U 2

que la balance entreprife par M. Necker panche du côté de l'augmentation de dépenfe, elle eft de 235,000 liv. en diminution.

ENFIN, pour terminer toute cette bigarrure, M. Necker y a introduit l'article des dépenfes imprévues; & c'eft le feul qui y figure pour quelque réalité.

	liv.
SUIVANT le Compte effectif de 1781, il étoit de .	9,881,000
Je l'ai porté dans mon Compte à	11,000,000
L'augmentation eft donc de	1,119,000
Mais il en faut déduire, pour le réfultat de l'article entier, la diminution ci-deffus obfervée fur la dépenfe de la Maifon du Roi	255,000
Refte donc en produit, ne dois-je pas dire en avortement de cet article de quinze millions, la fomme de .	864,000
Et l'erreur eft de	14,136,000

Récapitulation des Erreurs du Second Tableau.

Article IV	450,000
Article XII	1,453,950
Articles XIV, XV, & XXII	5,650,000
Article XVII	3,600,000
Article XX	17,800,000
Article XXI	7,790,000
Article XXIII	14,136,000
Total des Erreurs fur ce Tableau . .	50,879,950
J'en ai fait voir fur le Premier, pour . .	18,509,000
C'eft en tout	69,388,950

On voit déjà que M. Necker ayant entrepris un calcul qui, en préfentant le déficit actuel comme furvenu entièrement depuis fa retraite, lui donnât lieu de conclure qu'il n'avoit pas laiffé un déficit d'environ 70 millions, y a employé pour environ 70 millions d'erreurs.

Mais afin d'appercevoir encore mieux où conduifent les réfultats de fon calcul ramené à l'exactitude, il faut fuivre l'ordre des conféquences qu'il en tire lui-même, & rectifier feulement les fommes.

M. Necker porte le total des augmentations de dépenfes annuelles depuis fa retraite, à . . . . .   *liv.* 191,900,000

Il faut en déduire, pour trop compté, .   50,879,950

Refte . . 141,020,050.

Mais il faut y ajouter, en trop peu compté, l'intérêt des emprunts par lui omis, ci   3,000,000

                                  liv.

Le Total vrai eft donc de . . .   144,020,050

M. Necker porte le total des augmentations de revenu pendant le même intervalle, à   80,000,000

Il faut y ajouter pour omiffion . .   18,709,000

Le Total vrai eft de . . .   98,709,000

La différence de ces fommes, qui forme l'accroiffement du déficit depuis la retraite de M. Necker, eft donc de . . .   45,311,050

Ce qui s'accorde parfaitement avec ce que j'ai dit; que le déficit, qui
à la fin de l'adminiſtration de M. Necker étoit de . 70,000,000 liv.
s'eſt accru pendant celle de M. de Fleury, de . 10,000,000
pendant la mienne, de 35,000,000

en ſorte qu'il eſt aujourd'hui de . . . 115,000,000

Voila donc encore une nouvelle confirmation de preuves tirée
des calculs même de M. Necker, après leur redreſſement.

Si l'on veut doubler en quelque ſorte cette confirmation de preuves,
en comparant au réſultat des calculs de M. Necker ſur les accroiſſemens des revenus & des dépenſes depuis ſa retraite, les réſultats des
calculs que j'en ai faits moi-même dans le cours de cet Ecrit, on verra
que j'ai montré, page 87, que depuis le mois de Mai 1781 juſqu'au
mois de Novembre 1783, les augmentations de revenus ou diminutions de dépenſes avoient été de . . . 36,250,000 liv.
que j'ai fait voir, page 101, que depuis le mois
de Novembre 1783 juſqu'au mois d'Avril 1787,
elles avoient été de 36,334,000

       Total des améliorations . . 72,584,000

Que d'un autre côté, j'ai reconnu, page 90, que
pendant le premier intervalle les augmentations
avoient été à 46,546,000
&, page 98, que pendant le ſecond intervalle
elles avoient monté à 70,949,000

      Total des accroiſſemens de dépenſe . . 117,495,000
      Déduiſant les améliorations, . . . 72,584,000

      Reſte en augmentation de déficit . . 44,911,000

On voit qu'on retrouve toujours les 45 millions de déficit depuis la retraite de M. Necker, lesquels joints aux 70 qu'il a laissés, font les 115 millions du déficit actuel.

J'ai enfin coulé à fonds tous les calculs de M. Necker sur les progrès du déficit ; & j'ai détruit, je pense, complettement les conséquences qu'on pouvoit en tirer contre les miens. Il ne me reste plus qu'à défabuser le Public sur l'impreffion qu'a pu causer la note très-étendue qu'il a placée à la page 87 de son Ecrit, à côté du total de 191 millions, dont je viens de montrer l'inexactitude.

M. Necker n'a voulu sans doute par cette note que se donner la satisfaction de m'imputer une erreur de 316 millions sur le montant des emprunts qui ont eu lieu depuis la fin de 1776 jusqu'à la fin de 1786 ; desquels j'avois dit, à l'Affemblée des Notables, que le total étoit de 1250 millions. Il est bien évident que je n'avois ni intérêt à vouloir déguiser l'étendue des emprunts, ni poffibilité de tromper sur une chofe auffi notoire. Pourquoi donc s'attacher à m'en contefter le calcul, fait avec foin dans mes bureaux d'après les actes publics ? J'étois encore à la tête des finances quand M. Necker a compofé fon Ecrit ; il étoit de la plus grande importance que je confervaffe la confiance publique, fur-tout dans la circonftance de l'Affemblée des Notables ; & c'est le moment qu'on a pris pour m'attribuer une méprife auffi énorme ! Il n'y a plus aujourd'hui les mêmes raifons ni pour l'accréditer, ni pour m'en difculper : mais il y a toujours de l'inconvénient à laiffer fubfifter des exagérations de dépenfe & des calculs erronés, qu'on cite fouvent à tort, à travers. La dernière guerre a été fort difpendieufe pour la France ; elle l'a été encore plus pour fes ennemis : ils font vrais quand ils en évaluent les frais ; foyons-le auffi, mais sans rien outrer.

Pour parvenir à faire croire que j'avois omis 316 millions dans le compte dont j'avois annoncé le réfultat, M. Necker a fait entrer

dans fon énumération d'emprunts, 1°, les anticipations qui, quoi qu'il
en dife, n'en font pas, & dont il favoit d'ailleurs que j'avois fait une
mention diftinéte & féparée ; 2°, les emprunts du Clergé, qui étant
repréfentatifs de fa contribution, & employés à l'acquitter, ne fauroient être confondus avec les dettes de l'Etat ; 3°, d'autres emprunts
pour lefquels la France n'a fait que prêter fon crédit, & dont l'intérêt n'eft pas à fa charge ; 4°, d'autres qu'il prétend avoir faits pardeffus ceux qui font connus, & dont il ne donne aucun renfeigne-
ment ; 5° enfin, plufieurs objets tellement exagérées qu'à peine les
objets font-ils reconnoiffables. Il eft vrai qu'en même tems il a fait en
omiffions, des erreurs également furprenantes, & qui vont à 100 millions. De tout cela il réfulte un embrouillement indéchiffrable pour
la plus grande partie du public, & qui prouve que marchant à
tâtons, tantôt il a dépaffé fon but, tantôt il lui a tourné le dos. Je
vais encore me livrer, parce que je le crois utile, à la trifte &
faftidieufe corvée de relever toutes ces erreurs, l'une après l'autre ; &
j'abrégerai, en citant les endroits de mon Ecrit où elles fe trouvent
d'avance réfutées.

ARTICLE I de l'énumération.—M. Necker compte fes emprunts
fur le pied de 530 millions. L'Etat du Contrôle-général, qui fera
ci-joint, ne monte qu'à 439,759,464 liv. M. Necker auroit dû
expliquer en quoi confifte les 90 millions qu'il compte de plus ; il
n'en déclare que quarante pour l'accroiffement des anticipations qui
ont été au-delà, mais qui n'étant qu'une confommation prématurée
des revenus qui n'a rien de fixe ni de conftitué, n'ont pas été mifes
jufqu'à préfent dans la claffe des emprunts, & ne doivent pas y être.
Je ne répéterai pas ce que j'ai dit à ce fujet pages 115 & 116. Pour le
furplus, j'ignore de quels objets les autres cinquante millions peuvent
être compofés ; & quoique j'aie lieu de préfumer que ce font des
extenfions d'emprunts dont M. Necker n'a pas voulu convenir,
comme je ne les connois pas, je n'ai pas dû & je ne puis pas encore
les porter en compte. Je m'en tiens donc à l'état de 439,759,464 liv.

qui

Nº II des
Pièces.

qui eſt le ſeul dont les élémens ſoient authentiques; & je retranche, en conféquence, ſur les 530 millions de ce premier
article .   .   .   .   90,249,536 liv.

L'Article III eſt l'emprunt de Hollande
pour les Etats-Unis de l'Amérique, pareillement à retrancher: il eſt de dix millions; mais
M. Necker ne l'a compté que pour neuf, ci   .   9,000,000

L'Article IV porte 75 millions en argent
ſur l'emprunt de 200 millions. Comme il a été
réduit à 100 ſous mon miniſtère, dont moitié
ſeulement en argent, c'eſt en trop compté .   .   25,000,000

L'Article V ſuppoſe que l'emprunt viager de 1782, avec ſes ſupplémens, eſt monté
à .   .   .   .   .   185,000,000 ⎤
Il ne l'eſt qu'à   .   .   181,848,000 ⎬   3,152,000
                                          ⎟
C'eſt en différence.   .   .   3,152,000 ⎦

L'Article VI mêle mal à propos aux dettes
du Roi, celles contraćtées par le Clergé en 1782
& 1785, ci   33,000,000

L'Article XI porte à 30 millions l'emprunt
de la ville, du mois de Septembre dernier; il n'eſt
que de 24 : les ſix millions de primes une fois
payées ne font point partie de la conſtitution de
cet emprunt, & il faut les en retrancher: ci   .   6,000,000

Par les Articles XIII & XIV les créations
de charges de finances ſont portées à 56 millions.
Il n'y en a pas eu pour plus de dix-huit à dix-
neuf millions, comme je l'ai obſervé page 150;
& en y joignant même les augmentations de cautionnemens, qui vont de quatorze à quinze mil-

X

                                    166,401,536

De l'autre part   .   .   166,401,536   liv.

lions, ce ne feroit en tout que 33 millions. Ainſi
l'erreur eſt de   23,000,000

A L'Article XV il y a ſur l'extenſion qu'on
ſuppoſe avoir été donnée à l'emprunt de Mars
1781, une erreur de   5,000,000

[Voyez l'Etat général, N° XVIII.]

Enfin le dernier Article relatif aux accroiſſemens d'anticipations, qu'on ſuppoſe être de 180
millions, n'eſt ni vrai en lui-même, ni admiſſible
dans la liſte des emprunts : en lui-même il contient une erreur de 75 millions, ainſi que je l'ai
fait voir, page 151 ; & comme inadmiſſible parmi
les emprunts, il doit être rejeté de leur liſte :
ci   180,000,000

Total des ſommes à retrancher   .   .   374,401,536

Ainsi M. Necker voulant prouver que j'avois fait une erreur de
316 millions en moins dans le Compte des Emprunts, en a fait une
de 374 millions en plus, dans le détail qu'il en a donné. Mais je ne
dois pas taire les erreurs qu'il a faites en ſens contraire, c'eſt-à-dire
en omiſſions dans ce même détail.

On a vu, page 85, celle de 121 millions ſur les emprunts faits en
1781. Je ne démêle pas, ſi M. Necker en obſervant lui-même à la
fin de ſa note, qu'il n'a pas fait mention des contrats à quatre pour
cent, veut parler de ceux qu'il a donnés en paiement, comme il
ſemble le faire entendre, ou s'il a voulu par-là prévenir l'objection
relative aux 70 millions de contrats de cette eſpèce qui font partie
de ces 121 millions d'emprunts omis. Dans le doute je laiſſe cet
objet à l'écart. Je ne compterai pas non plus ceux des emprunts des
Pays d'Etats, qui font renfermés dans la même ſomme de 121 mil-

lions, mais qui fe retrouvent auffi dans ce que je vais dire fur
l'Article XII de l'énumération de M. Necker, où donnant le Compte
des Emprunts faits par les Pays d'Etats depuis 1776 jufqu'en 1786,
il ne les porte qu'à 40 millions, tandis que dans le fait ils ont
monté, comme on peut le vérifier fur l'Etat Nº XVIII, jufqu'à
147 millions, fur lefquels les rembourfemens fucceffifs n'en ont pas
éteint plus de 47 : c'eft donc au moins 100 millions à compter, au
lieu de 40 ; par conféquent omiffion de 60 millions, laquelle jointe à
ce qui doit refter, toute déduction faite de celle de 121 millions ci-
deffus rappelée, fait au défavantage du calcul de M. Necker, une
erreur de . . . . 100,000,000 liv.

AINSI le montant de fon énumération, qui
eft de 1,576,000,000

fe réduit d'abord, par le retranchement de . 374,400,000

à la fomme de 1,201,600,000

& enfuite, par l'addition de . . . 100,000,000

il devient de 1,301,600,000

MAIS fans s'arrêter davantage à la difcuffion de tous ces mécomptes
les uns en plus, les autres en moins, qui fi on les réunit, compofent
une maffe de 474 millions d'erreurs en dix Articles, on peut compter
fur l'exactitude de l'Etat général des Emprunts que j'ai rapporté ici
fous le Nº XVIII, & qui s'accorde avec ce que j'ai avancé dans mon
Difcours à l'Affemblée des Notables.

IL eft bien tems de finir cette guerre de chiffres à laquelle on m'a
forcé, & qui malgré tout l'avantage que j'y ai, m'eft auffi défagréable
qu'elle étoit néceffaire. Je la termine par une récapitulation des
réfultats de toutes les diverfes manières de calculer qui concourent à
prouver qu'il y avoit 70 millions de déficit à l'époque du Compte
rendu de M. Necker.

X 2

RÉSUMÉ GÉNÉRAL

DES

DIFFÉRENS CALCULS CI-DESSUS DÉVELOPPÉS.

RÉSULTAT de la comparaifon du Compte rendu de
M. Necker avec le Compte effectif de 1781, addition
faite des objets qui n'y font pas mentionnés, & qui
néanmoins doivent être pris en confidération pour
former la balance d'une année ordinaire   .   .   .   70,404,500
liv.
(Page 78 du préfent Mémoire).

RÉSULTAT combiné, d'une part, du bilan de 1783,
qui fait voir qu'il y avoit alors 79,993,000 liv. de
déficit ; & d'autre part, du calcul des changemens furvenus dans la recette & dans la dépenfe de 1781 à
1783 ; lefquels prouvent que le déficit ne s'eft accru
que de 10,296,000 liv. dans cet intervalle : d'où il
fuit qu'il étoit antérieurement de   69,696,000
(Page 94).

RÉSULTAT pareillement combiné, d'un côté, du bilan de 1787, qui prouve un déficit de 115,137,000 liv. ;
de l'autre côté, du calcul des augmentations furvenues
tant en recette qu'en dépenfe depuis la fin de 1783,
qui prouve que l'accroiffement du déficit n'a été, à
compter de cette époque, que de 34,615,000 liv. ;
lefquels réunis aux 10,296,000 liv. d'accroiffement
de 1781 à 1783, font 44,911,000 liv. d'augmentation
de déficit depuis la retraite de M. Necker : d'où il fuit

que dans les 115 millions du déficit actuel, la portion
relative à l'adminiftration eft de   70,226,000

(Page 101).

RÉSULTAT des calculs qui font appercevoir que
j'aurois pu, en fuivant exactement la méthode de
M. Necker, faire difparoître 76 à 77 millions de
déficit dans le Compte que j'ai rendu; ce qui rend
très-croyable qu'il a pu faire difparoître du fien le
déficit de 70,000,000

(Page 101).

RÉSULTAT de la vérification du premier argument
que M. Necker prétend tirer des améliorations de
revenu pendant fon adminiftration, comparées à l'accroiffement des charges annuelles dans le même efpace
de tems.   La différence en moins eft de 33,436,000
liv.; lefquels ajoutés aux 36 millions du déficit exiftant
avant l'adminiftration de M. Necker, ont porté ce
déficit à   70,436,000

(Page 142).

RÉSULTAT de la vérification du fecond argument
que M. Necker a voulu établir fur deux tableaux,
l'un, des augmentations de revenu, l'autre, des augmentations de dépenfe, furvenues les unes & les autres
depuis fon Compte rendu, pour prouver que tout le
déficit actuel eft né poftérieurement; lefquels tableaux,
ramenés au vrai, prouvent au contraire que depuis fon
Compte rendu, le déficit n'eft augmenté que de
44,911,000 liv., qui, déduits des 115,117,000 liv.
du déficit actuel, laiffent pour déficit antérieur   .   . 70,206,000
(Page 154).

L'accord de tant de réfultats, la réunion de tant de routes qui, procédant de points de départ fort différens, arrivent au même but, à travers des monceaux de calculs hériffés de contradictions, doit, ce me femble, produire une conviction irréfiftible. Comment douter d'une vérité arithmétique prouvée par fix vérifications différentes ?

D'un autre côté, quelle que foit l'eftime pour la perfonne, quelle foi peut-on avoir dans fes affertions lorfqu'on les voit couvertes d'une infinité d'erreurs de la plus grande importance ?

Erreur d'avoir compté, en 1781, dix millions d'excédent de recette quand il y avoit foixante & dix millions de déficit : cette première erreur eft la fource de toutes les autres.

Erreur d'avoir évalué le déficit de 1776 à vingt-quatre millions quand il étoit de trente-fept.

Erreur de prétendre avoir laiffé en fe retirant, au mois de Mai 1781, de quoi fuffire & au-delà, à toutes les dépenfes de l'année, tandis qu'il a fallu y ajouter, dans les fept derniers mois, cent quarante & un millions.

Erreurs fur l'évaluation de l'accroiffement des charges annuelles de 1776 à 1781, laquelle a été portée à onze millions huit cent mille liv. au-deffous de la réalité.

Erreurs dans le calcul des améliorations furvenues pendant le même intervalle, lequel eft exagéré de plus de quarante-cinq millions.

Erreurs dans le tableau des augmentations de revenus depuis 1781 jufqu'en 1787, où il y a une omiffion de vingt à vingt & un millions.

Erreurs dans le tableau des augmentations de dépenfe annuelle depuis la même époque, où il y a exagération de cinquante millions.

Erreurs dans l'énumération des emprunts qui ont eu lieu de 1776 à 1787; en plus trois cent foixante & quatorze millions, & en moins cent fix millions.

Quelle maffe d'erreurs (*) !—Pourquoi M. Necker m'a-t-il forcé à cette fâcheufe révélation ? A quoi l'on s'expofe quand avec la fragile armure de l'illufion, on vient fe heurter rudement contre l'inébranlable vérité !

Grande leçon pour les Adminiftrateurs, grand avertiffement pour les engager à regarder la morale & la vérité comme le feul appui qui ne foiblit jamais ! Page 90 de l'écrit de M. Necker.

(*) Quelques foins que j'ai pris pour m'affurer de l'exactitude de tous mes calculs, quelque attention que j'aie eue à les vérifier fur les pièces qui font reftées en ma poffeffion, & à rejeter tout ce qui m'a paru fufceptible de doute ; je ne puis répondre qu'ayant eu à traiter une immenfité d'objets dont plufieurs femblent rentrer l'un dans l'autre, & fe reproduire fous des afpects différens, ayant d'ailleurs à démêler des fils qu'on avoit fort embrouillés, je ne fois tombé moi-même dans quelques inexactitudes, du genre de celles qui peuvent échapper à la plus fcrupuleufe correction, fur-tout dans la partie des détails réfutatifs. Mais je fuis bien fûr que l'on n'en trouvera aucune qui puiffe paroître effentielle, aucune capable de changer l'opinion que mes preuves doivent fixer.

J'efpère, au furplus, que le Public voudra bien confidérer la pofition où je me trouve ; fans fecours, fans moyens d'emprunter aucunes lumières, n'ayant ni facilité de les demander d'auffi loin, ni efpoir de les obtenir au moment actuel.

Il eft poffible auffi qu'il y ait quelques fautes d'impreffion dans la quantité de chiffres dont mon Ouvrage & les Pièces que j'y ai jointes font chargés, quoique je les ai revus avec beaucoup de foin, & qu'en cela j'aie été fecondé par un imprimeur auffi exact qu'intelligent.

Les fautes les moins importantes peuvent fervir de prétextes à ceux qui en cherchent : mais il y a une telle furabondance de preuves de mon côté, une telle furabondance d'erreurs du côté oppofé, que des inexactitudes légères, s'il s'en trouve, ce que même je ne crois pas, ne fauroient être d'aucune conféquence.

[166]

Après avoir démontré clairement & par tous les genres de preuves, la vérité de mes affertions fur le déficit ; après avoir réfuté les calculs contraires d'une manière qui ne me paroît fufceptible d'aucune réplique ; après que la production rapprochée des Comptes rendus aux cinq époques de 1774, 1776, 1781, 1783, & 1787, a mis le Roi en état de juger, & la Nation à portée de connoître ; j'ai recherché encore quelles réflexions pourroient venir dans l'efprit des perfonnes qui ne voulant ou ne pouvant pas prononcer fur des difcuffions de calculs, quelque décifives qu'elles foient quand il s'agit de réfultats de comptes, font plus touchés des objections de raifonnement qui préfentent d'ailleurs un champ moins aride & des conceptions plus faciles à faifir. Je me fuis demandé quelles pourroient être les objections de ce genre. Je vais parcourir toutes celles que j'ai pu prévoir, & peut-être cette dernière partie de mon ouvrage, loin de paroître l'allonger exceffivement, dédommagera-t-elle un peu de la féchereffe du furplus.

R E P O N S E

A U X

OBJECTIONS DE RAISÓNNEMENT QU'ON PEUT PRÉVOIR.

Je dois d'abord m'attendre que pour éluder ou affoiblir les conféquences que j'ai tirées de la comparaifon du Compte effectif de 1781, avec le Compte rendu par M. Necker, on ne manquera pas de dire que le compte d'une année ordinaire ne peut pas fe comparer au compte de telle ou telle année ; que le but de celui dont il s'agit n'a pas été de donner l'état de ce qui feroit reçu ou dépenfé en 1781 ; mais qu'on a voulu feulement y préfenter une jufte eftimation

des

des recettes & dépenses qu'on devoit considérer comme annuelles ; & que par conséquent, les résultats du Compte effectif de 1781, quels qu'ils puissent être, ne peuvent servir de mesure pour vérifier ceux du Compte de M. Necker.

J'ai déjà fait pressentir la réponse à cette objection dans plusieurs endroits de cet écrit (pages 40, 43, 44, 72), en observant que j'avois eu soin de distraire du Compte effectif de 1781, tout ce qui ne pouvoit être réputé annuel, & d'en faire par ce moyen, l'équivalent d'un compte d'année ordinaire : mais j'ai annoncé en même tems, que je donnerois plus de développement à cette réponse, & je vais m'en acquitter.

PERSONNE ne peut mieux expliquer l'intention du Compte rendu publiquement en 1781, que M. Necker lui-même ; pour juger de ce qu'il a voulu faire, on doit s'en rapporter à ce qu'il en a dit.

OR, voici ses propres paroles :

AYANT dévoué tout mon tems & toutes mes forces au service de Votre Majesté, depuis qu'elle m'a appelé à la place que j'occupe, il est sans doute précieux pour moi d'avoir un compte public à lui rendre du succès de mes travaux, & de l'état actuel de ses finances.

Page 1
du Compte
rendu.

JE me hâte dans ce moment d'annoncer à Votre Majesté, que tant par l'effet de mes soins & des diverses réformes qu'elle a permises, que par l'amélioration de ses revenus, ou par leur augmentation naturelle, & enfin par l'extinction de quelques rentes & de quelques remboursemens, l'état actuel de ses finances est tel que, malgré le déficit en 1776, malgré les dépenses immenses de la guerre, & malgré les emprunts faits pour y subvenir, les revenus ordinaires de Votre Majesté excèdent dans ce moment, ses dépenses ordinaires de 10,200,000 liv.

Page 9
du Compte
rendu.

Y

Page 10
du Compte
rendu.

Plus un tel réfultat peut furprendre, plus il eft important de le juftifier, & d'en rendre les élémens fenfibles ; & c'eft ce que j'ai tâché de faire par le Tableau que je préfente à Votre Majefté, & par les Pièces juftificatives qui y font jointes.

Pages 58 &
59 de la Bro-
chure.

M. Necker rappelle encore d'une manière plus précife dans fon dernier écrit, *le but & le motif du Compte rendu. L'on ne s'y pro-pofoit point,* dit-il, *de donner au Roi un tableau fpéculatif des diverfes dépenfes extraordinaires, qui pourroient être le réfultat de la continua-tion de la guerre ; on avoit deffein feulement de préfenter à Sa Majefté l'état pofitif de fes revenus & de fes dépenfes ordinaires . . . . il parut convenable de faire connoître, que par les rapports exiftans entre les revenus & les dépenfes ordinaires, il y avoit un fuperflu propre à fervir de gage aux emprunts néceffaires pour la campagne de* 1781.

C'étoit donc ce qui formoit *l'état actuel,* & ce qu'avoit produit *le fuccès de fes travaux,* que M. Necker entendoit préfenter au Roi en 1781 ; c'étoit l'excédent des revenus ordinaires, non tel qu'ils pouvoient être, mais tels qu'ils étoient *dans ce moment, & malgré toutes les dépenfes précédentes ;* c'étoit un *réfultat,* dont il prétendoit *rendre les élémens fenfibles,* par *pièces juftificatives ;* c'étoit *l'état pofitif ;* c'étoit *le rapport exiftant* entre les revenus & les dépenfes ordinaires ; c'étoit la preuve d'un *fuperflu, propre à fervir de gage aux emprunts néceffaires pour la campagne de* 1781.

Certainement il n'y a rien dans tout cela qui annonce un compte idéal, un compte éventuel, un compte inapplicable au moment. Ce qui devoit fervir de gage en 1781, devoit être réel dans l'année même ; & les élémens que M. Necker fe croyoit en état de rendre fenfibles par pièces juftificatives, ne pouvoient être autres que les élémens du Compte effectif dégagés comme ils le font dans mes citations de toutes les dépenfes extraordinaires. Ils font abfolument les mêmes de part & d'autre ; & puifqu'il n'y a point de difparité dans les Pièces de comparaifon, il ne peut y avoir de doute fur la juftefle des conféquences.

Il faut bien qu'un tableau de fituation deftiné à faire connoître l'état des finances d'un royaume, pour affermir la confiance des créanciers, puiffe quadrer avec la réalité, à une époque déterminée. Car une chofe ne peut pas fe donner pour vraie, quand on ne peut citer aucun tems où elle le foit. Or je demande quelle eft l'époque, quelle eft l'année où le Tableau du Compte rendu foit d'accord avec la réalité ?   Il ne l'eft pas en 1781 ; je l'ai prouvé : l'eft-il plus dans les années qui ont précédé, ou dans celles qui ont fuivi ? Bien au contraire. Que M. Necker lui-même en choififfe une, à laquelle fes calculs puiffent fe rapporter. S'il la prenoit dans celles antérieures, il y auroit beaucoup plus de mécompte, puifqu'alors les bonifications de revenu & les diminutions de dépenfe réfultantes de fes dernières opérations, ne pourroient pas être comptées, & que toute leur valeur qu'il a portée fi haut, feroit de plus en déficit : s'il préféroit de prendre pour bafe de comparaifon une des années poftérieures, il y trouveroit encore plus de défavantage ; puifque depuis 1781 l'intérêt des nouveaux emprunts, les paiemens inévitables de l'arriéré, la maffe des anticipations, & celle des rembourfemens à époque qui s'eft élevée par une progreffion rapide, ont augmenté infiniment la dépenfe. Ainfi le réfultat du Compte rendu qui ne s'eft pas trouvé vrai en 1781, ne l'étoit pas plus en 1780 ; il l'étoit encore moins en 1779 & auparavant ; beaucoup moins encore en 1782 & depuis ; il ne l'a été dans aucun tems ; il n'eft applicable à aucune année.

Ce n'étoit qu'en m'arrêtant à des époques fixes, & en faifant le dépouillement des Comptes effectifs, que je pouvois fuivre la vérification dont j'étois chargé. L'année 1781 étoit naturellement indiquée par la date même du Compte rendu : c'étoit en cette année, c'étoit pour elle & non pour aucune autre que l'on avoit préfenté comme gage des fonds qu'on vouloit emprunter, un excédent de recette de dix millions, lequel étant abforbé par les nouveaux intérêts à payer, ne devoit plus fe trouver l'année d'enfuite. Je n'avois donc pas un autre inftant à faifir ; & d'ailleurs c'étoit le feul où les opérations de M. Necker puffent avoir une application complette, le feul où il fut, pour ainfi dire, en plein fruit ; & certainement on ne fauroit prendre un point de vue plus favorable, pour mefurer les réfultats du Compte rendu, que de fe placer entre les améliorations de recette qui l'avoient précédé, & les augmentations de dépenfe qui l'ont fuivi, puifque c'eft le faire profiter des unes, fans le charger des autres.

Le Compte effectif de 1781 confronté au Compte rendu, eft donc un témoin irréprochable, & même le feul contre lequel M. Necker n'ait aucun motif de récufation.

Prétendroit-on que le Compte rendu ne peut être comparé à rien d'effectif, qu'il n'eft relatif à aucune année, & qu'il faut le confidérer non par rapport à ce qui a été, mais par rapport à ce qui devoit être ?

Ce feroit perdre de vue l'idée que M. Necker a donnée lui-même de ce Compte, lorfqu'il l'a dénommé *état actuel, état pofitif, rapport exiftant*, lorfqu'il l'a préfenté pour fureté aux créanciers de l'Etat.

Mais fallût-il même fe livrer entièrement à l'imaginaire pour apprécier les calculs du Compte de M. Necker, ils ne pourroient encore paroître ni juftes, ni cohérens avec eux-mêmes, ni propres à former, même par fuppofition, un réfultat annuel ; parce qu'il s'en trouve qui ne peuvent être admis en aucun cas, comme celui

qui confiste à subftituer un intérêt perpétuel à un rembourfement
exigible, & parce que tous ont des applications fort difcordantes ;
que les uns fe rapportent au tems de paix, les autres au tems de
guerre, ceux-ci à une année, ceux-là à une autre ; qu'enfin c'eft
un compofé défuni d'objets qui ne correfpondent ni à un même tout,
ni à une même époque, qui ne font ni homogènes, ni contempo-
rains : ce qui a fait dire, dans le tems, que M. Necker préfentoit
un tableau verfatile, roulant fur des pivots variables, & relatifs,
fuivant le befoin, tantôt à une hypothèfe, tantôt à une autre.

J'ai répondu à ce qu'on pourroit dire pour M. Necker : il me
refte à examiner ce qu'on pourroit dire contre moi.

Peut-être, aux yeux même des gens les mieux intentionnés,
ai-je à me juftifier d'avoir découvert une plaie ancienne qu'il étoit
encore poffible de cacher ; peut-être me reprochent-ils d'en avoir
outré la profondeur, en mettant au rang des charges ordinaires une
maffe de rembourfemens qui décroîtra tous les ans, & qui doit
s'éteindre en dix.—N'étoit-ce pas groffir le mal, quand il eût mieux
valu le rendre moins effrayant ?—Falloit-il enhardir l'étranger en lui
dévoilant notre détreffe ? Falloit-il alarmer la Nation fans néceffité ?

Sans néceffité, fans doute il ne le falloit pas : mais quelle
néceffité plus réelle & plus preffante, que celle d'empêcher qu'on
ne continuât d'être réduit, même en tems de paix, à fuppléer chaque
année, par d'énormes emprunts, à l'infuffifance du revenu, & que
par l'épuifement de cette reffource défaftreufe, on ne parvînt bientôt
à la funefte extrémité de manquer aux engagemens ? Depuis trop
long-tems le mal s'empiroit par l'ufage des palliatifs : l'exagérer,
c'eût été une vraie démence : en diffimuler une partie, c'étoit renoncer à l'extirper en totalité : le montrer tel qu'il étoit, compter même
pour annuels des paiemens qui doivent durer encore dix ans, pré-

fenter en même tems le moyen de rétablir le niveau, & mettre la Nation dans le cas d'en défirer fortement l'exécution, c'étoit, je crois, la marche la plus franche, la plus fure, la plus falutaire, la feule même qui conduisît au bon ordre.

Je l'ai fuivie cette marche. Qu'en devoit-il réfulter ?—D'abord nul inconvénient. Ce que je déclarois ouvertement, on le préfumoit déjà. On ne favoit pas précifément la hauteur du déficit ; mais tout le monde favoit qu'il devoit être très-confidérable : on n'ignoroit pas que la dernière guerre avoit fait emprunter douze à treize cent millions ; & naturellement l'intérêt de cette fomme donnoit à-peu-près la mefure de ce qui manquoit au revenu, ou de ce qui excédoit dans la dépenfe. Or certainement il y avoit bien plus de danger à laiffer fubfifter fur ce point une opinion vague & fufceptible d'exagération, qu'à découvrir la réalité, en préfentant le remède.

Mais difons plus : c'étoit le vrai, c'étoit l'unique moyen de procurer à la France des avantages ineftimables, & d'élever fa puif-fance au plus haut degré de folidité.

En effet, les rentes viagères qui s'éteignent fucceffivement, & les rembourfemens à époque qui doivent être prefque entièrement terminés dans un efpace de dix ans, fe trouvant compris dans la dépenfe annuelle, & les mefures pour fuppléer au déficit étant prifes, comme fi ces charges extinguibles étoient permanentes, il en fortoit deux fources d'une amélioration certaine ; dont l'une, confacrée par l'Edit du mois d'Août 1784 à l'amortiffement de la dette conftituée, libéroit l'Etat dans un période déterminé ; l'autre devenoit, fuivant le plan qui devoit être developpé dans la quatrième divifion du projet, une reffource extraordinaire, croiffante d'année à autre, & qui deftinée pendant la paix aux rembourfemens les plus utiles, auroit préparé pour le tems de guerre un moyen de la foutenir fans recourir à de nouveaux impôts.

L'ordre des finances étant ainfi rendu inébranlable en toute hypothèfe, & conftitué de manière à fe bonifier de plus en plus par lui-même, quelle confiftance, quelle confidération, quel fonds de profpérité le Royaume n'auroit-il pas acquis ! C'étoit-là mon objet, c'étoit mon vœu, c'étoit le principe & le but du plan que Sa Majefté avoit adopté. Quel que foit l'événement, doit-on m'en faire un reproche, & peut-on regretter qu'à la néceffité de pourvoir à la fureté de l'avenir, je n'aie pas préféré la fatisfaction d'adoucir l'amertume du préfent ? Je le pouvois fans doute ; j'ai fait voir ci-deffus que je n'en ignorois pas la méthode : mais j'en ai fait voir auffi les vices & le danger ; & dût-on refufer éternellement de rendre juftice à mes vues, je ne faurois me repentir d'avoir confidéré le falut de l'Etat plutôt que mon intérêt, en découvrant fans aucune diffimulation la fituation des finances.

Mais, dira-t-on, plus vous prouvez la néceffité, moins vous pouvez juftifier le retard ; s'il étoit indifpenfable de révéler au Public la fituation des finances, ne l'étoit-il pas à plus forte raifon de la faire connoître au Roi dès les premiers momens de votre miniftère ? Pourquoi, en lui cachant le véritable état de fes affaires, avoir laiffé Sa Majefté dans la perfuafion qu'elle pouvoit faire telles dépenfes & accorder telles grâces, que furement elle fe feroit interdites fi elle avoit connu l'excès du dérangement ? Pourquoi avoir vous-même propofé des embelliffemens fuperflus qu'un état de befoin ne permettoit pas, ou même des objets d'utilité réelle qui pouvoient fe remettre à des tems plus favorables ? Pourquoi avoir acquitté des rembourfemens qui n'étoient pas exigibles, avoir fait ceffer à grands frais, dans l'ordre des paiemens, des retards dont on ne fe plaignoit pas, avoir doublé les fonds d'une entreprise qu'une marche plus lente auroit rendu moins onéreuse ? Pourquoi enfin, *en 1784 & 1785, avoir voulu faire paroître la situation de l'Etat comme touchant à une libération prochaine, quand dans ce moment même l'Etat étoit plus obéré que jamais ?* [Remontrances du Parlement de Paris du 24 Juillet 1785.]

On ne m'accusera pas, je pense, d'énerver les objections. Celle-ci semble demander beaucoup de détails : mais comme on a déjà pu appercevoir dans mon Discours à l'Assemblée des Notables, dans ma Requête au Roi, & dans le cours de cet Ecrit, le principe des raisons qui justifient & ce que j'ai fait, & le tems que j'ai pris pour le faire, je n'ajouterai que les explications qui peuvent paroître nécessaires pour répondre aux questions de ceux qui les font de bonne foi, & qui ne refusent pas de voir & d'entendre.

Il me semble qu'il n'y auroit aucun reproche à me faire quand je me contenterois de dire, que dans la première & la seconde année de mon ministère, je n'ai pas mieux connu que mes prédécesseurs la véritable situation des finances ; qu'il m'a fallu tout ce tems-là pour en discuter les immenses détails ; qu'il n'est pas étonnant que ce qui avoit trompé les regards attentifs de M. Necker pendant toute son administration, ce qui avoit échappé à la vigilance de ses successeurs pendant les années suivantes, ne se soit pas dévoilé d'abord à mes yeux ; que mes premiers calculs n'ont pu être que les conséquences des résultats précédens ; qu'il falloit bien que je les prisse pour base quand je n'en avois aucune autre ; que je devois même les croire vrais ; qu'ils l'étoient en effet dans leur contenu, & suivant la forme de leur construction ; mais qu'ils étoient insuffisans pour faire appercevoir la situation ordinaire, à cause de la réunion inévitable alors, & nécessairement un peu confuse, des ressources momentanées & des revenus fixes, des frais de la guerre & des dépenses annuelles,

de

de l'arriéré & du courant, de quelques paiemens fufpendus & de
quelques recettes inactives, d'anticipations & de retards ; qu'à travers tout ce mélange, & lorfqu'il y avoit encore une grande quantité
d'objets inconnus & non fufceptibles d'être liquidés, tel que le montant de plufieurs dépenfes de la Marine dont le compte ne pouvoit
fe faire qu'après le retour des efcadres, il étoit vraiment impoffible
d'affeoir une connoiffance certaine de l'état permanent, à plus forte
raifon de démêler les anciennes erreurs qui l'avoient fort embrouillé ;
que fi en pareilles circonftances j'avois voulu former le compte de la
fituation ordinaire, fixer le montant du déficit, & préfenter au Roi
le fruit d'un travail qui ne pouvoit qu'être incomplet, j'aurois rifqué
de ne donner à Sa Majefté qu'un réfultat inexact, qui en faifant
prendre de fauffes mefures, auroit pu égarer de plus en plus le Gouvernement ; & que c'eft alors qu'on auroit eu raifon de me faire le
reproche de *légèreté*, ou, pour mieux dire, de la plus haute impru-
dence. Quel eft donc celui qu'on peut me faire parce qu'en matière
auffi importante j'ai douté avant de croire, parce que j'ai approfondi
tout avant de rien affirmer, parce que je me fuis affuré de la vérité
avant de la dire ?

Adoptera-t-on l'opinion préfomptueufe des gens à demi-
inftruits, qui, fans avoir pu pénétrer dans l'intérieur de cette vafte
machine que ceux même qui en font mouvoir les refforts, ne connoiffent
qu'après une longue étude, & dont aucun autre ne peut avoir une idée
jufte, fe perfuadent qu'un court efpace & un travail médiocre fuffifent
pour en découvrir toutes les parties, pour en eftimer les forces, pour
en calculer les réfultats ? Faut-il même s'en rapporter à la manière
dont M. Necker s'eft exprimé à ce fujet dans un moment où l'intérêt
de me contredire entraînoit fa plume ? Il eft trop éclairé pour ne pas
reconnoître pour très-réelle, la difficulté de fixer une balance exacte de
la fituation des finances d'un grand Empire. Les erreurs dans lefquelles j'ai fait voir qu'il eft tombé lui-même quand il l'a entrepris,
donnent la preuve la plus convaincante de cette difficulté : elles feroient

[176]

feules une apologie complette des foins & du tems que j'ai employés
pour me garantir de l'écueil dont fes lumières ne l'ont pas préfervé.

Je pourrois fans doute borner là ma réponfe ; & dans ces premières obfervations attentivement pefées, fe trouveroit la folution de
toutes les parties de l'objection : mais je vais plus loin, & je me
flatte de faire reconnoître que dans tous les cas, & quelque opinion
que je puffe avoir antérieurement de la fituation des finances, je n'ai
pas dû la découvrir plus tôt ; que le moment où je l'ai fait étoit le
feul convenable ; qu'il n'y avoit aucun inconvénient à l'attendre ;
qu'il y auroit eu beaucoup de rifque à le devancer ; & que la France,
fi j'ofe enfin le dire, m'a quelque obligation de ne l'avoir pas pré-
cipité.

Faut-il retracer encore l'état où fe trouvoient les finances au
moment où le Roi jugea à propos de me charger de leur adminiftration ? Je l'ai dit aux Notables, je l'ai dit dans ma Requête au Roi,
& c'eft un fait connu de tout le monde, qu'il n'y avoit alors ni argent
ni crédit ; que les dettes exigibles étoient immenfes, la négociation
des effets publics nulle, les paiemens retardés, les revenus fort infé-
rieurs à la dépenfe, la circulation du numéraire interrompue, la
Caiffe d'Efcompte à-peu-près en banqueroute, la ferme générale
anéantie, & la confiance entièrement détruite.

Il eft bien évident que dans un danger auffi preffant, le feul moyen
d'éviter l'extrémité cruelle dont on étoit menacé, réfidoit entièrement dans le crédit : qu'en conféquence le revivifier, l'affermir, lui
donner la plus grande étendue, étoit alors tellement effentiel que
tout ce qui pouvoit y contribuer devoit être le premier de mes foins,
& que tout qui pouvoit y nuire m'étoit rigoureufement interdit. Il eft
également clair que rien n'étoit moins propre à rétablir la confiance
que la révélation d'un déficit énorme avant que les dettes fuffent

payées, & lorfqu'elles ne pouvoient l'être que par de grands emprunts. Enfin, il paroît hors de doute que fi, en différant cette
révélation, en cachant avec foin l'excès de la détreffe, en acquittant
tout l'arriéré, en tenant ponctuellement tous les engagemens, en
payant tout avec une exactitude plus grande qu'elle n'avoit encore
été, en faifant même au-delà du ftricte néceffaire quand cela s'eft
trouvé poffible par des expédiens nullement onéreux, je fuis parvenu
à remonter le crédit à un tel point, & à redonner à tout ce qui étoit
en ftagnation, un tel mouvement que jamais les effets n'ont eu plus
de cours, jamais l'argent n'a circulé avec plus d'abondance, jamais
les emprunts ne fe font faits plus rapidement, avec plus de facilité,
ni à de meilleures conditions,—il eft, dis-je, hors de doute, quoi
qu'on puiffe dire, que j'ai rempli mon objet capital, & rendu fervice
à l'Etat.

Que feroit-il arrivé fi j'avois fait autrement ? Croit-on que l'on
eût entrepris & qu'il eût été poffible de payer 400 millions de dettes
dans l'efpace de trois ans, fi l'on avoit commencé par annoncer
que la dépenfe ordinaire excédoit dès-lors de quatre-vingt millions
le revenu ordinaire ? Croit-on qu'on eût obtenu au milieu des
alarmes, ce qui n'a pu être l'effet que de la plus parfaite fécurité ?
Croit-on enfin qu'on eût évité . . . . . je m'arrête.—Puiffe ma Patrie,
puiffent ceux qui veillent fur fes intérêts, ne meconnoître jamais le
prix du crédit, ne pas oublier fes bienfaits, pour ne fonger qu'aux
abus dont il eft fufceptible ! Puiffent être profcrits par l'opinion
publique, comme ils le font par toute perfonne éclairée en adminiftration, les perfides principes que vient d'hafarder un écrivain ano-
nyme, qui au milieu du dangereux étalage d'une politique incendiaire,
s'ingère, quoiqu'il fe donne pour un militaire, de dogmatifer auffi
fur les finances ; & mettant tout en fyftême, en fait un du crédit,
un autre de l'économie, les oppofe entr'eux pour avoir occafion de
louer le préfent aux dépens du paffé, ne voit qu'illufion dans ce qui

eſt le ſoutien des plus grandes Puiſſances, & finit par donner ſur cela des leçons à la Nation même qui a le plus de droit d'en donner à toutes les autres en cette matière !

Je reprends l'objection, pour achever de ſatisfaire ceux à qui elle laiſſeroit encore des doutes. Si vous ne pouviez pas, me diront-ils peut-être, conſtater exactement le déficit, avant la liquidation des dettes, & s'il y avoit trop de danger à le dévoiler au Public, avant de pouvoir en annoncer le remède, vous deviez du moins ne pas laiſſer le Roi dans une fauſſe tranquillité ſur l'état de ſes finances, vous deviez ſur-tout éviter de lui faire tenir dans le préambule de ſes loix, un langage peu conforme à la réalité.

Je n'ai jamais rien déguiſé à Sa Majeſté ; je ne lui ai jamais laiſſé ignorer ce que le bien de ſon ſervice me preſcrivoit de lui dire ; jamais je ne lui ai propoſé de déclarer ſes intentions dans des termes qui ne s'accordaſſent pas avec la dignité du Trône, & avec ſon amour perſonnel pour la vérité. On ne ſauroit préſumer que Sa Majeſté ne connût pas la criſe où étoit ſes finances lorſqu'elle m'en a chargé ; on ne peut ſuppoſer que j'euſſe alors intérêt à lui diſſi-muler les difficultés que j'avois à vaincre ; & il eſt encore moins permis de penſer que Sa Majeſté, combinant l'effet naturel des em-prunts qu'elle reconnoiſſoit néceſſaires chaque année, avec le déficit préexiſtant dont on ne croira pas que j'euſſe négligé de l'inſtruire, n'en ait pas tiré la conſéquence de l'accroiſſement ſucceſſif de ce déficit : & d'ailleurs, l'amour du Roi pour ſes peuples, le vif déſir qui n'a jamais ceſſé d'exiſter dans ſon cœur, d'alléger par tous les moyens poſſibles, le poids de leurs charges, ne ſont-ce donc pas des raiſons plus que ſuffiſantes, pour faire rejeter la penſée que Sa Majeſté ſe feroit laiſſée aller à des dépenſes dont la ſituation de ſes affaires devoit la détourner ?

Quelles ſont enfin les dépenſes dont on veut parler ?

L'ACQUISITION de l'Orient ?—Les motifs en ont été difcutés au Comité des finances avant mon miniftère : il n'y a de moi, que d'en avoir confidérablement bonifié les conditions, en même tems que j'ai rendu le paiement moins à charge, en le convertiffant en viager.

RAMBOUILLET ?—Même obfervation fur l'époque : mais, au furplus, cette acquifition eft telle que tout particulier économe l'auroit regardée comme avantageufe à fes affaires. L'acquittement du prix a été réglé de la manière la moins onéreufe au Tréfor Royal ; & la dépenfe des bâtimens acceffoires qui ont été jugés néceffaires, eft prife en entier fur le revenu de cette propriété parti‑ culière de Sa Majefté.

L'ACQUISITION de St. Cloud ?—Elle a été compenfée par la vente du Château Trompette, qui s'eft faite prefque en même tems, & qui a procuré l'équivalent du prix.

LES différens ouvrages que Sa Majefté a fait entreprendre depuis quelques années pour l'utilité beaucoup plus encore que pour l'embelliffement, de fon Royaume, ont pu frapper les efprits de l'idée d'une grande dépenfe qu'on auroit dû éviter ou retarder : mais il eft conftant, qu'excepté les travaux de Cherbourg, de la Rochelle, du Havre, & de Dunkerque trop importans pour avoir befoin d'apo‑ logie, & dont il eft économique d'avoir preffé l'exécution ; tous les autres s'effectuent par des moyens qui, étant pris fur la chofe même, ne font aucunement onereux au Tréfor Royal, & dont quelques‑ uns lui font profitables.

C'EST ainfi que la fuperbe place qui s'élève à Bourdeaux, loin de rien coûter au Roi, produit à Sa Majefté un bénéfice de fept millions.

C'est ainfi qu'à Marfeille, la vente de l'emplacement de l'Arfenal fert à conftruire de nouveaux quais depuis long-tems défirés par le commerce.

C'est ainfi que la dépenfe des travaux commencés à Lyon, fera balancée avec avantage, par les droits feigneuriaux acquis au domaine fur feize cent mille pieds de fuperficie, qui étant deffechés augmenteront la grandeur de cette ville, & la rendront plus falubre.

C'est ainfi que les ouvrages ordonnés à Nîmes, à Aix, à Touloufe, & la démolition des maifons des ponts, dans la Capitale, s'exécuteront fur des fonds fournis, pour la plus grande partie, par les villes qui y font intéreffées ; & que de même, le Trefor Royal ne contribue que pour la moindre portion, à la conftruction des canaux entrepris par les Etats de Bretagne & de Bourgogne.

Pourroit-on d'ailleurs regretter que l'inégalité fubfiftante de tout tems entre la recette & la dépenfe, n'ait pas fait perdre entièrement de vue des objets que leur utilité doit faire mettre au rang des améliorations ; qu'elle n'ait pas empêché de donner au commerce, tous les encouragemens néceffaires pour ranimer fon activité ? N'eft-ce pas le cas de dire qu'il faut *femer pour recueillir ?*

Quant aux dons & penfions, dont j'avois foin de remettre à Sa Majefté un état détaillé, à la fin de chaque mois, on ne peut pas dire qu'il y ait eu profufion, ni même relâchement pendant mon adminiftration ; puifque la maffe de ces libéralités, qui étoit portée à 28 millions dans le Compte rendu en 1781, ne l'eft plus qu'à 27 dans celui de 1787, malgré la plus grande quantité de penfions qui s'accorde toujours après la fin d'une guerre. D'ailleurs le règlement du 8 Mai 1785, fuivant lequel Sa Majefté a réfolu de n'accorder de nouvelles penfions qu'à la concurrence feulement des deux tiers de

celles qui s'éteignent chaque année, affure pour toujours la diminution fucceffive que j'ai tâché de procurer fur ce genre de dépenfe.

Quelques perfonnes ont critiqué jufqu'au rembourfement des refcriptions qui avoient été fufpendues durant le dernier règne, ignorant,
fans doute, que ce rembourfement s'eft opéré par un arrangement qui
ne coûte pas plus annuellement que ce qu'il en coûtoit chaque année,
& ce qu'il en auroit coûté encore pendant dix ans, pour le rembourfement de ces mêmes refcriptions dont on a épargné l'intérêt. Ainfi
c'eft fans aucun furcroît de dépenfe qu'on eft parvenu à effacer tout
veftige d'un événement dont il convenoit que le fouvenir même fut
anéanti.

Reste à parler du facrifice d'environ 40 millions qui a fervi à
mettre au courant, le paiement des rentes. Si une opération auffi
évidemment utile à la France, par le nouveau reffort qu'elle à donné
à fon crédit chez l'étranger, & auffi jufte envers la claffe nombreufe
& peu aifée des fujets du Roi qui en ont profité, doit auffi être tournée
en reproche contre mon adminiftration, tout ce que je puis répondre,
c'eft que je m'en fais gloire ; & que le feul cas où l'on pourroit
avoir un jufte regret, ce feroit celui où l'effet de cette excellente
opération ne feroit pas maintenu, & où une interverfion de principes
qu'on ne doit pas prévoir, en feroit perdre le fruit.

Il n'y a donc pas le moindre fujet de fe recrièr fur aucune fuper-
fluité dans ce qu'on a fait. Il n'y a pas plus de fondement à fuppofer
aucune contradiction, ni aucune inconféquence dans ce qu'on a dit.

Le Plan, fuivant lequel je devois commencer par affurer la libération de la dette publique, avoit eu l'approbation de Sa Majefté ;
l'établiffement de la caiffe d'amortiffement en étoit un premier pas ;
le préambule de l'édit qui l'a ordonné au mois d'Août 1784, en

annonçoit l'intention ; celui de l'édit de Décembre de la même année, la confirmoit ; celui de l'édit pour l'emprunt de 1785, en déclaroit l'exécution presque consommée : il n'y a pas un seul mot dans l'une ou l'autre de ces loix qui ait rapport au déficit, ni qu'on puisse opposer à ce que Sa Majesté a communiqué depuis, aux Notables. Il n'y est question que d'acquittement & d'ordre : l'acquittement étoit réel ; l'ordre étoit déterminé. Ce qui a devancé, préparoit ce qui a suivi ; tout étoit lié ; tout étoit conséquent ; rien n'a dû paroître contradictoire ; & l'équivoque adoptée par quelques Parlemens, est levée par la distinction que j'ai expliquée, page 19 de ma Requête au Roi.

PENDANT les deux années qui ont précédé le développement de ce Plan général que j'avois conçu depuis long-tems, & qui ont été employées à en assurer les bases, à en effectuer les préliminaires, je n'ai pas dû inspirer à Sa Majesté d'inutiles alarmes. Je ne lui ai pas dépeint la situation de ses finances avec des couleurs sinistres, parce que moi-même je ne les voyois pas ainsi, & qu'il n'y avoit aucun sujet d'avoir de l'effroi, encore moins d'en montrer. On étoit sorti heureusement de la crise la plus embarrassante ; le crédit étoit remis en pleine vigueur ; son secours facilitoit toutes les opérations préparatoires ; l'argent abondoit ; le peuple, loin d'éprouver aucune surcharge, recevoit successivement tous les petits soulagemens que le moment pouvoit permettre, ou que les calamités accidentelles sollicitoient pour lui ; l'extrême exactitude des paiemens satisfaisoit le citoyen, autant qu'elle étonnoit l'étranger ; la tranquillité intérieure s'affermissoit par la considération au dehors ; le commerce se ranimoit dans toutes les parties du royaume ; les sources de la richesse publique se régénéroient ; & un air de prospérité générale, que je me serois bien gardé de changer en inquiétude par une révélation prématurée, faisoit cheminer paisiblement vers leur but les vues que Sa Majesté avoit agréées, & dont le succès paroissoit certain. Si les

tems font bien changés, eft-ce ma faute ? Doit-on me l'imputer ?
C'eft le dernier point d'examen.

PRÉTENDRA-T-ON aujourd'hui que mon projet étoit trop vafte,
que j'aurois dû prévoir qu'il rencontreroit des difficultés infurmonta-
bles ; que d'ailleurs il n'exigeoit pas l'appareil infolite d'une Affemblée de Notables ; que je n'aurois pas dû en faire revivre l'ufage ;
qu'il ne falloit pas accoutumer la Nation à prendre connoiffance des
affaires de l'Etat ; & que la commotion que j'ai excitée a été le
germe de tous les troubles qui font furvenus, la fource de tout
l'embarras qu'on éprouve ?

IL eft plus aifé d'appercevoir que d'expliquer combien de confidérations délicates rendent la réponfe à cette objection extrêmement
épineufe. Je ne dois pas préconifer ce que j'ai fait ; je n'ai pas
intention de critiquer ce qui s'eft fait depuis ; je ne veux que me
difculper ; & jamais je ne m'écarterai du refpect dû à ce qui paroît
émané de l'autorité fouveraine. Je dirai feulement mes motifs &
mes vues. Du refte, les faits parlent affez d'eux-mêmes : je n'ai
à me défendre que de leur altération ; je n'ai à montrer que l'ordre
qui les enchaîne, depuis le principe qui les a produits, jufqu'aux
conféquences qu'ils ont fait naître ; mon feul objet eft d'en féparer
celles qu'il feroit injufte de leur attribuer.

IL eft fi ordinaire de croire que ce qui fuit eft l'effet de ce qui
précède, qu'on en a fait une efpèce de proverbe. On ne voit que
trop fouvent les hiftoriens fuivre aveuglément ce faux adage, chercher les caufes des événemens dans leurs époques, & lier entre eux
ceux qui fe rapprochent, fans obferver les circonftances intermédiaires qui les défuniffent.

JE demande en ce moment pour toute grâce, qu'on veuille bien
confidérer fans prévention, l'enfemble du Plan que j'avois propofé,

*Z

la nature des moyens que j'avois fait adopter, ce qui devoit en réſul-
ter, & ce qui reſte encore de ſes débris. Je n'irai pas plus loin ; &
je laiſſerai au jugement du Public à diſcerner dans ce qui a ſuivi, ce
qui m'appartient, & ce qui ne doit pas m'être imputé.

Sur l'enſemble de mon Plan je pourrois me référer à l'apperçu
que j'en avois tracé dans le Diſcours que je prononçai le 27 Février
dernier, en préſence du Roi, à l'Aſſemblée des Notables : mais
comme il eſt très-poſſible qu'on l'ait perdu de vue, je crois devoir
rapporter ici une autre Pièce qui contient les mêmes détails, & qui,
par ſa date, autant que par ſa deſtination, pourra paroître moins ſuſ-
peĉte qu'une expoſition oratoire. C'eſt le Précis de mon projet, tel
que je le remis au Roi vers le milieu du mois d'Août 1786, lorſque
Sa Majeſté, à qui j'avois déjà eu l'honneur d'en parler plus d'une
fois, m'ordonna de lui laiſſer par écrit le réſumé de toutes mes propoſitions, pour qu'elle pût l'examiner elle-même, & le méditer à
loiſir avant de ſe déterminer. Je le ferai imprimer à la ſuite de cette
Réponſe, comme un acceſſoire qui n'y eſt pas étranger(*). C'eſt après
l'avoir lu avec l'attention que j'oſe dire qu'il mérite, qu'on ſera en
état de juger ſi mes eſpérances étoient fondées, & mes moyens con-
venables.

Ce Précis fait connoître l'eſprit & les objets eſſentiels du Plan
développé plus particulièrement dans vingt-quatre Mémoires dif-

---

(*) Quoique j'aie rejeté ce Précis à la ſuite de l'Ouvrage, il me ſemble néanmoins que c'eſt ici qu'il faut le lire, pour mieux entendre ce qui ſuit. Je le crois
parfaitement conforme à celui que j'ai remis au Roi. Cependant, comme j'en
ai trouvé dans mes papiers deux copies qui diffèrent un peu dans les correĉtions
écrites de ma main, & que je ne puis me ſouvenir laquelle eſt exaĉtement le
double de celle qui eſt reſtée entre les mains de Sa Majeſté, il ſe pourroit qu'il
s'y trouvât quelques phraſes énoncées en d'autres termes : mais le ſens ſeroit le
même, & il n'y a ſurement aucune différence eſſentielle.

férens, dont seize ont formé la matière des trois premières divisions du travail de l'Assemblée des Notables, & ont été rendus publics par la voie de l'impression (*). J'ai remis à M. de Fourqueux,

---

(*) Le 1er de ces Mémoires est sur les Assemblées Provinciales.

Le 2e sur l'imposition territoriale.

Le 3e sur la dette du Clergé.

Le 4e sur la taille, & les moyens d'en alléger le fardeau.

Le 5e sur la liberté du commerce des grains.

Le 6e sur l'abolition de la Corvée.

Le 7e sur la réformation des droits de traite, la suppression des barrières intérieures, & l'établissement d'un tarif uniforme.

Le 8e sur les droits relatifs aux marchandises coloniales.

Le 9e sur les privilèges relatifs au tabac.

Le 10e sur la suppression du droit de marque des fers.

Le 11e sur la suppression de plusieurs droits d'aide.

Le 12e sur la suppression des droits des huiles & savons.

Le 13e sur la suppression des droits

d'ancrage, & autres droits onéreux au commerce maritime & à la pêche nationale.

Le 14e sur la Gabelle, & les moyens de l'adoucir.

Le 15e sur l'inféodation des domaines.

Le 16e sur les forêts domaniales.

Le 17e sur le droit de timbre.

Le 18e sur les retranchemens économiques.

Le 19e sur l'amortissement de la dette constituée, & sur les remboursemens à époque.

Le 20e sur la caisse d'escompte & le crédit public.

Le 21e sur l'agiotage.

Le 22e sur la comptabilité.

Le 23e sur toute la situation des finances.

Le 24e contient une double récapitulation des moyens qui devoient produire le niveau, & des soulagemens que le peuple recevroit.

J'avois rédigé des projets de loix sur chaque objet ; & les principaux avoient été vus par le Roi, discutés même en sa présence.—Lorsque je considère le volume de ce travail écrit de ma main, & tout ce qui y étoit joint pour en expliquer & justifier les détails, le nombre des états que j'avois dressés moi-même, des matériaux que j'avois rassemblés, des renseignemens que j'avois préparés ; & lorsqu'à côté de cet énorme amas de papiers, je rapproche ce qui m'est resté des autres travaux importans dont j'ai été chargé, avant même que je fusse appelé au Ministère ; je ne puis m'empêcher d'être étonné qu'il ait pu venir dans l'esprit de

au moment de ma retraite, les huit autres qui devoient être les objets
de la quatrième divifion. De ce nombre étoit l'expofé de l'état où

---

m'accufer d'inapplication. Que faut-il donc pour fixer l'opinion des hommes ?
Ce n'eft pas pour m'en plaindre que j'en fais ici la remarque ; c'eft plutôt pour
faire obferver à cette occafion combien le jugement qu'on porte fur les perfonnes,
tient plus aux dehors qu'à la réalité. Mon exemple peut fervir de leçon à ceux qui
auroient à cœur de paffer pour ftudieux, appliqués, & fort inftruits. Qu'ils fe
gardent bien de cacher le poids de leurs occupations fous l'extérieur de la gaieté &
de la liberté d'efprit : ils réuffiront mieux par l'air affairé que par des befognes
importantes.—Je ne connois réellement perfonne dont on puiffe citer autant de
travaux, & dont la vie ait été plus occupée que la mienne dans toutes fes époques.
J'ai pour témoins, d'abord, à dater du plus loin, l'Univerfité de Paris, de qui je me
glorifie d'être élève & qui veut bien me mettre au rang de ceux dont elle garde le
fouvenir ; enfuite les Jurisconfultes célèbres avec qui j'ai eu l'honneur d'exercer
la profeffion d'Avocat ; le Confeil Provincial, où j'ai commencé ma carrière de
magiftrature dans la place d'Avocat-général ; le Parlement, où j'ai rempli fix
ans celle de Procureur-général ; ceux des Membres du Confeil encore exiftans,
avec qui je me fuis trouvé chargé des commiffions les plus importantes, lorfqu'à
l'âge de 31 ans je fus appelé par le feu Roi pour rapporter en fon Confeil des
Dépêches, les plus grandes affaires, telles que celles des Parlemens, du Clergé,
des Etats, des Collèges. Ils peuvent fe fouvenir que jamais peut-être tant d'objets
majeurs ne furent agités tout à la fois : deux, entre autres qui ont fait époque par
la manière très-remarquable dont ils fe font terminés, fuffiroient feuls pour prouver
par quel travail je devois fuppléer à l'infuffifance de mes lumières ; & je ne puis
me refufer de dire aujourd'hui, pour la première fois, que le célèbre Arrêt du
Confeil qui, par un fage règlement fur les limites des deux Puiffances, fit ceffer,
en 1765, les difputes élevées depuis fi long-tems entre le Trône & l'Autel, dont
les Dagueffeau & les Fleury avoient redouté la difcuffion, fut rendu à mon
rapport, après un long examen où les héritiers de ces illuftres noms, & le favant
Gilbert de Voifins, me fervoient de guide ; que prefque en même tems je fus
pareillement chargé de la rédaction de cette mémorable Réponfe du 3 Mars 1766,
qui mit fin aux difficultés traitées dans trente-deux remontrances de Parlemens
dont j'avois rendu compte au Roi dans fon Confeil. Les dix-fept années pendant
lefquelles j'ai été enfuite chargé de l'adminiftration de deux grandes provinces
fucceffivement, n'ont pas été plus oifives ; & je n'y ai pas laiffé l'opinion de ne
pas faire ma befogne par moi-même. C'eft par ces pénibles degrés que je fuis

je laiſſois les finances, & des reſſources au moyen deſquelles je croyois poſſible de pourvoir à tout, ſans recourir encore à de grands emprunts. Je déſirois fort que ce dernier Mémoire ſur-tout, fût communiqué aux Notables ; & en l'envoyant à mon ſucceſſeur, je m'exprimai ainſi :

" S'IL vous paroît convenir à la circonſtance, je vous prie de le
" mettre ſous les yeux de Sa Majeſté, non-ſeulement comme un
" nouvel hommage de mon zèle, mais auſſi comme une juſtification
" de prévoyance pour le cas où ma conduite dans l'adminiſtration
" qu'elle avoit daigné me confier, pourroit être attaquée directement
" ou indirectement. Je regarderai comme une grande marque de
" bonté de ſa part, de permettre que vous lui faſſiez une lecture
" entière de ce Mémoire dont elle connoît déjà toutes les baſes,
" mais où j'ai pris ſoin, en les lui retraçant, de prévenir toutes les
" difficultés qu'on voudroit faire naître. Je crois auſſi qu'après que
" vous y aurez corrigé, comme je vous en prie, tout ce qui peut
" s'y trouver de déplacé ou d'incompatible avec les circonſtances
" que j'ignore, il n'y auroit pas d'inconvéniens, que même il pour-
" roit y avoir une utilité réelle, à le communiquer aux Notables,
" ou à une partie des Notables, ſuivant la forme qui aura été
" adoptée. Je le déſire pour mon propre compte, afin qu'il ne reſte
" aucun louche ſur mon adminiſtration, & que je puiſſe du moins
" me flatter qu'on rend quelque juſtice à mes efforts & à mes inten-

---

parvenu à la place plus pénible encore, où, ſi je n'ai pas fait tout ce qu'elle exige, j'ai du moins montré aſſez de zèle pour avoir droit de repouſſer les reproches. Que tant de travaux, tant de fatigues, & peut-être pourrois-je dire auſſi, comme bien d'autres, tant de ſervices ſoient comptés pour rien ; qu'ils ſoient effacés en un inſtant, comme l'ombre qui diſparoît avec le ſoleil : mais qu'au moins il me ſoit permis de trouver dans ma nullité, les conſolations de la vie philoſophique & retirée à laquelle je conſacre le reſte de mes jours.

" tions ; je le défire encore plus pour le bien du fervice du Roi,
" me perfuadant que ce foin de faire parvenir aux Notables,
" quelque rigoureux qu'ils aient été pour moi, l'explication de
" mes calculs & de mes opérations depuis trois ans, ne pourroit pas
" leur déplaire, & remédieroit à la défiance qu'ils ont montrée."

J'ai donc toujours eu en vue, même après ma retraite, de donner
aux Notables une connoiffance exacte de l'état des finances, & de
rendre public le Compte de mon adminiftration. Il ne s'agit plus
aujourd'hui d'examiner s'il convient ou non de mettre fous les yeux
de la Nation, les détails qu'un voile politique déroboit autrefois à
fes regards, & qui néanmoins l'intéreffent infiniment. Cette queftion a été décidée par la publication du Compte rendu de M. Necker;
& ce premier pas a entraîné tous les autres, parce qu'en pareille
matière, dès qu'on inftruit, il faut inftruire complettement. Le
Public en favoit trop pour qu'on pût éviter de lui apprendre tout, &
il n'en favoit pas affez pour qu'il ne fût pas néceffaire de lui en
apprendre davantage. On auroit pu, par attachement aux anciens
principes, douter s'il étoit à propos que l'intérieur de l'adminiftration
fût connu : mais devant l'être, il eft indubitablement à fouhaiter
qu'il le foit bien, plutôt que mal. Ce qui auroit un inconvénient
très-réel, feroit de faire prendre, ou de laiffer fubfifter, une fauffe
opinion de l'état des finances. Rien de plus dangereux, en fait d'adminiftration, que les demi-connoiffances : chacun parle, chacun écrit,
chacun calcule & raifonne : fi c'eft d'après des bafes incorrectes,
les conféquences deviennent abfurdes ; une erreur en engendre mille ;
toutes les idées fe confondent ; & tout ce qui eft obfcur, s'interprète
au défavantage du Gouvernement. On eft toujours porté à trouver
du blâme, où l'on croit voir de la réticence ; & la diffimulation fur
un point, fait naître la défiance fur tous.

La France n'a point à craindre de se montrer telle qu'elle est. En avouant ses abus, elle fait appercevoir ses ressources ; & ce qu'il y a de plus capable d'inquiéter ses rivaux, c'est qu'on ne fasse plus mystère de sa situation ; c'est qu'en dévoilant ce qui minoit sourdement ses forces, on ait pris le vrai chemin de les rétablir ; c'est qu'en instruisant la Nation de ses maux invétérés, on l'ait mis dans le cas de s'occuper elle-même du remède, & de se pénétrer de la nécessité de le rendre efficace.

Tel a été un des motifs de la convocation d'une Assemblée de Notables ; & il a été fort bien senti chez l'étranger. Mais ce motif n'a pas été le seul ; j'en ai envisagé plusieurs autres également décisifs. J'ai toujours pensé que le remède devoit être présenté au même instant que la plaie seroit découverte ; j'ai cru pareillement essentiel que l'application s'en fît immédiatement & sans aucun délai. Or une délibération solemnelle de Notables pris dans tous les ordres du royaume, m'a paru non-seulement le meilleur, mais même le seul moyen de remplir ce double objet ; & je crois que ceux qui ont pu penser autrement vont en être convaincus, s'ils veulent bien me suivre attentivement dans l'examen de ce qu'exigeoit chaque partie de mon Plan.

1°, J'avois à faire connoître le déficit existant ; & je ne pouvois séparer cette connoissance de celle du déficit antérieur. Si je m'étois contenté d'annoncer l'un par la publication de mon Compte, sans prouver l'autre par la discussion des Comptes précédens, je n'aurois pas produit la conviction nécessaire. Il falloit que cette discussion fût authentique, pour détruire l'effet de ce qui l'avoit été ; il falloit qu'elle se fît devant une Assemblée nationale, pour qu'elle servît à détromper la Nation.

2°, Ce que je proposois pour combler le déficit, consistoit principalement dans la réformation des abus, d'abus qui intéressoient les
premiers ordres de l'Etat. J'avois à combattre une foule d'exemptions sans fondement, de tolérances sans motif, d'abonnemens sans
proportion : ces diverses infractions à la loi immuable, *que la contribution territoriale doit être répartie sur toutes les terres, nulle
exceptée, & dans l'exacte proportion de leurs produits,* étoient appuyées
les unes sur une fausse application des privilèges du Clergé, d'autres
sur des faveurs accordées plutôt que dues aux Pays d'Etats, d'autres
enfin sur les rangs, sur les dignités, sur le crédit. Je n'avois à leur
opposer que la justice réclamée par l'intérêt général : or cette réclamation, où pouvoit-elle se faire entendre ailleurs avec plus de force &
de prépondérance, où le bien public devoit-il remporter plus surement
la victoire sur tous les intérêts particuliers, que dans cette auguste
Assemblée présidée par l'honneur, & composée des Princes du Sang
Royal, de Personnages choisis dans l'Eglise & dans la Noblesse, de
Magistrats éclairés, de Citoyens distingués de tous les Etats ?

3°, Il s'agissoit en même tems, comme on le voit par le Précis
du Plan, de corriger plusieurs vices constitutionnels ; de faire cesser
des discordances nuisibles à l'harmonie de l'Etat ; de revoir quelques-
uns des objets déjà traités dans des Assemblées nationales ; de déterminer les changemens que les accroissemens du Royaume & la
succession des tems ont rendu nécessaires ; de donner enfin à toute
l'organisation de la Monarchie, la consistance uniforme & régulière
que le vœu des siècles antérieures avoit vainement provoquée. Si
la solemnité du mode doit être proportionnée à l'importance de
l'objet, y eut-il jamais plus de raisons pour rassembler autour du
Trône *les représentans ou l'élite de l'Empire ?* La grandeur même
de l'entreprise ne sembloit-elle pas solliciter le retour à ces antiques
institutions,

inftitutions fi chères aux François, & toujours employées dans les cas femblables ?

4°, Enfin je ne pouvois efpérer la promptitude d'exécution que je regardois comme une condition effentielle du fuccès de mon Plan, qu'en faifant précéder l'émiffion des loix par un examen tel qu'il pût obvier aux longueurs des délibérations fubféquentes, qu'il prévînt la diverfité des opinions, qu'il en rendît les débats inutiles, qu'il mît l'ufage de la pleine puiffance hors de tout foupçon de furprife. Or rien ne conduifoit plus directement à ce but que de faire con-courir la volonté légiflative avec le vœu national, de préparer les actes du Pouvoir Souverain dans une Affemblée où tous les ordres de l'Etat auroient des organes, & de mettre les chefs des Cours dans le cas de reporter à leurs corps les fruits d'une difcuffion approfondie avec eux, dans le plus majeftueux des Confeils, convoqué par la bienfaifance, éclairé par tous les genres de lumières, & dont les arrêtés dictés par le patriotifme, feroient, comme le Chef de la Juftice les a qualifiés, *le réfultat folemnel de l'opinion publique.*

Difcours de M. de Lamoignon.

Ainsi tout amenoit, tout motivoit la convocation d'une Affem-blée de Notables, & rien n'en devoit faire appréhender les effets. Qu'un Defpote Afiatique foit obligé de rendre fes deffeins & fa perfonne invifibles pour les rendre plus redoutables ; que fes com-mandemens lancés du fonds d'un férail impénétrable, foient toujours formés dans le myftère, & exécutés dans le filence ; qu'il n'ait aucune communication avec un peuple efclave qui ne doit connoître que fon autorité abfolue ; je le conçois. Qui ne veut que fe faire craindre, ne doit pas employer ce qui ne fert qu'à faire aimer. Mais le Roi des François peut-il perdre à fe rapprocher d'eux ? Eft-il jamais plus grand que quand il les raffemble autour de lui, pour les con-fulter fur le bien qu'il veut leur faire ? Ses loix, lorfqu'il daigne les

concerter au milieu d'eux, en deviendroient-elles moins refpectables ?
Eft-ce donc relâcher les nœuds de l'obéiffance, que d'y ajouter ceux
de la gratitude ? Et ce mouvement du Souverain vers fa Nation qui
fut trouvé fi noble, fi touchant, fi propre à refferrer les liens qui les
uniffent, pourroit-il être aujourd'hui travefti en principe de défordre
& de confufion ? Oh ! non : ce qui fortifie l'amour filial, ne fauroit
affoiblir l'autorité paternelle.

J'ai expliqué mon projet ; j'ai juftifié fa marche : examinons
préfentement fes effets ; voyons ce qu'ils devoient être, & ce qu'ils
ont été.

Le réfultat général du Plan dont le Précis que j'ai produit, fait
connoître l'efprit, & indique toutes les parties effentielles, devoit
être de mettre dans l'efpace d'un an, le niveau entre les revenus &
les dépenfes, fans aggraver les charges du peuple, & en leur procu-
rant même plufieurs foulagemens. J'en avois remis au Roi les
calculs. Ils faifoient voir, d'un côté, que les opérations propofées
produiroient par an cent quinze millions, ce qui fuffifoit pour couvrir le déficit ; d'un autre côté, que les foulagemens qui en réful-
teroient pour le peuple, feroient de trente millions, non compris
l'effet de la fuppreffion du troifième vingtième.

Pour que ni l'un ni l'autre de ces réfultats ne puiffe paroître
incroyable, je vais préfenter en un feul Tableau, le réfumé des
calculs fur lefquels je les établiffois.

OPÉRATIONS

Qui devoient mettre la Recette au niveau de la Dépenſe.

La converſion des vingtièmes en une ſubvention territoriale répartie exaĉtement & ſans exception quelconque, devoit produire, déduĉtion faite des remiſes qui auroient été accordées ſur la taille & ſur la capitation, une augmentation de revenu   *liv.*
de 35,000,000

L'extenſion du droit de timbre, telle que je la propoſois, auroit rendu 20,000,000

Les retranchemens économiques ſur le Département de la Guerre & ſur la Maiſon de Sa Majeſté, étoient comptés ſur le pied de 20,000,000

Les bonifications de pluſieurs droits, par la diminution des frais de recouvremens . . 5,000,000

L'inféodation des domaines, & l'emploi du prix à l'amortiſſement des dettes les plus onéreuſes ; l'amélioration du revenu des forêts par le nouvel arrangement ; la diminution des frais d'anticipations par l'établiſſement d'un crédit national ; & l'ordre projeté pour la comptabilité ; enſemble . 10,000,000

L'opération qui, ſans retarder les rembourſemens à époque, en faiſoit porter l'acquittement ſur vingt ans au lieu de dix, réduiſoit à environ moitié ce que cet objet coûte annuellement ; ci 25,000,000

Total . . 115,000,000

SOULAGEMENS

Que le Peuple devoit recevoir par l'effet du Plan propoſé.

Les réduĉtions expliquées dans le Mémoire imprimé ſur la taille, & la remiſe d'un dixième ſur ſon principal, ſoulageoient le peuple d'environ   *liv.*
10,000,000

La remiſe des capitations en deſſous de trois liv. en faveur des gens de la campagne & des journaliers, procuroit à huit millions d'hommes un ſoulagement évalué à . . . 5,000,000

La réformation des traites, la ſuppreſſion de pluſieurs droits d'aides, & les adouciſſemens en faveur des pays de grande gabelle, devoient produire enſemble, ſuivant la récapitulation annexée à la ſuite du Mémoire imprimé ſur les traites, un ſoulagement de vingt millions : mais relativement aux obſervations faites en ce qui concerne la vente du ſel, on ne compte ici que . . . 15,000,000

Total . . 30,000,000

DANS ce calcul, j'avois compté le produit de la fubvention territoriale comme perçue en nature, pour tout ce qui en étoit fufceptible; l'apperçu que j'en avois fait en claffant les terres fuivant leurs diverfes qualités, & les taxant graduellement depuis un feul vingtième fur les meilleures terres, jufqu'à un quarantième fur les plus mauvaifes, donnoit cinquante millions, réduits dans le Tableau ci-deffus à trente-cinq par la fouftraction des remifes de dix millions fur la taille & de cinq millions fur la capitation. Mais même en abandonnant cette forme de percevoir, dont peut-être on a plus confidéré les difficultés que les avantages, & en fe bornant à rendre la répartition des deux vingtièmes tels qu'ils exiftent actuellement, auffi exacte qu'on a droit de la faire, & qu'il eft jufte qu'elle foit, par le retranchement de toute exception, de tout abonnement, & en y affujettiffant également les terres du domaine, celles du Clergé, & toutes les autres généralement quelconques, il eft prouvé qu'on auroit encore trente-huit & même quarante millions de bonification fur le produit de cet impôt. Il n'y auroit donc eu que dix millions de différence fur le total; & comme cette différence pouvoit être compenfée par une augmentation fur la fomme des retranchemens économiques, portés feulement à vingt millions, le niveau fe retrouvoit également.

AINSI le déficit difparoiffoit, & le peuple étoit foulagé. Il ne l'étoit pas feulement par les remifes & fuppreffions dont je viens de donner le compte, il l'étoit encore par plufieurs autres effets du plan qui, pour n'être pas calculables en argent, n'auroient pas été moins réels.

IL l'étoit, en ce que l'affujettiffement des eccléfiaftiques & des grands propriétaires à l'impôt territorial dans la proportion du produit de leurs terres, devoit néceffairement alléger le fardeau des autres contribuables autant que les exemptions & les privilèges pécuniaires en aggravent le poids. Tout ce qui augmente le revenu public, fans furcharger le peuple, eft évidemment à fa décharge.

Il l'étoit, en ce que les Affemblées Parroiffiales & Provinciales devoient auffi, en rectifiant la diftribution des charges publiques, les rendre moins pénibles, & devenir pour la Nation une fource d'adouciffemens fucceffifs de divers genres, en même tems que le principe d'une confolation permanente.

Il l'étoit, par la fuppreffion des Maîtrifes des Eaux & Forêts qui auroit épargné aux habitans des campagnes des frais énormes fur l'exploitation de leurs bois communaux, & fur-tout cette funefte multitude d'amendes, de pourfuites judiciaires, & de contraintes qui les accablent.

Il l'étoit, par la liberté du commerce des grains, qui, en facilitant la vente des denrées, augmente la richeffe du colon & celle de tout le Royaume.

Il l'étoit, par la fuppreffion de la corvée en nature, les malheureux qui en fouffroient le plus ne devant être taxés pour la preftation pécuniaire fubftituée à ce terrible fardeau, qu'à raifon du fixième de leur taille; ce qui ne fait pour la plupart, que cinq à fix fols par an, au lieu de dix à douze jours de travail fans falaires qu'on exigeoit d'eux.

Il l'étoit enfin, par la fimplification de tous les tarifs, par l'abolition de toutes les gênes inquiétantes, par la fuppreffion de tout ce qui pouvoit donner lieu aux vexations de l'arbitraire.

Ce font tous ces foulagemens réunis à des moyens efficaces de faire ceffer le déficit, & à l'amélioration du régime de la Monarchie,

qui avoient déterminé Sa Majefté en faveur de mon plan, & qui lui
en avoient fait prendre à cœur l'exécution. Les difficultés que fon
étendue pouvoit faire naître, n'avoient point échappé à fon attention ;
mais en même tems elle avoit obfervé qu'aucune des vues que cette
étendue embraffoit, n'avoit le caractère de l'innovation, qu'aucune
n'entraînoit la moindre décompofition dans la machine, qu'aucune
n'étoit de nature à caufer de violentes fecouffes ; que chacune d'elles
tendoit au contraire au rétabliffement de l'ordre dans toutes les parties,
& à l'affermiffement de la conftitution par le redreffement des défec-
tuofités qui s'y étoient introduites ; enfin que pour fatisfaire à l'indifpenfable néceffité de remplir un vuide de cent quinze millions, il
n'étoit pas poffible d'employer un moyen plus doux, plus fage, plus
conforme aux principes d'une bonne adminiftration, que celui qui
confiftoit uniquement à faire percevoir avec plus d'exactitude & à
répartir avec plus de juftice, l'impofition principale, à fupprimer
toutes les exemptions illégitimes, à faire fur la dépenfe tous les
retranchemens dont elle feroit fufceptible, à tirer un meilleur parti
des domaines, & à donner à un droit déjà exiftant une extenfion
qui, fans être trop onéreufe aux gens aifés fur lefquels feuls elle
tomboit, donnoit moyen d'adoucir le fort de la portion la plus fouf-
frante.

Les mêmes vues d'amélioration pour le bien public & de foulagement pour le peuple avoient également touché le cœur bienfaifant de
la Reine, lorfqu'il me fut permis de lui préfenter une idée générale
de mon Plan ; & tout m'autorifoit à en efpérer le fuccès.

C'étoit l'unique objet de mes défirs ; & fon exécution, je l'ai
dit plus d'une fois à Sa Majefté, étoit le terme jufques auquel feulement j'ambitionnois de pouvoir prolonger mes efforts & mes fervices.
Ceux qui m'ont connu favent fi jamais on fut plus fincèrement paf-
fionné pour la gloire du Roi ; & le Public même peut juger fi j'ai

préféré le foin de la confervation de ma place, ou celui de mon agran-
diffement quelconque, ou même celui d'une célébrité perfonnelle
plus capable de me tenter, au devoir de rapporter toutes mes penfées
à l'illuftration du règne de Sa Majefté & à la profpérité publique.
Monarques qui gouvernez les hommes, voulez-vous connoître ceux
qui vous fervent, ceux fur-tout à qui vous confiez votre gloire en
leur confiant votre autorité ? Ne regardez comme vous étant attachés
pour vous-mêmes, que ceux qui font leur objet principal de vous
concilier l'amour de vos fujets & l'eftime des nations : défiez-vous
de ceux qui plus occupés de leur nom que du vôtre, plus attentifs à
leur intérêt propre qu'à celui de vos peuples, plus jaloux de donner
une grande idée de leur pouvoir que d'en faire refpecter la fource,
établiffent leur grandeur fur les ruines de votre confidération : prenez
garde à ces trop ambitieux Miniftres qui annullent leur Souverain
dans l'opinion, lorfque dans le particulier ils rampent à fes pieds, qui
s'approprient fon autorité en paroiffant la défendre, qui l'aviliffent en
la faifant fervir à leurs paffions.

Je ne me fuis compté pour rien dans mon projet : hafardeux pour
moi feul, autant que fûr pour l'objet public, il n'a pu être infpiré
que par l'amour du bien ; il n'a eu évidemment pour objet que la
gloire du Trône inféparable du bonheur des peuples ; & ma confiance
en l'entreprenant, n'a eu pour principe que l'approbation qui lui
avoit été donnée par Sa Majefté elle-même après un long examen.
Ce projet eft refté fix mois entre fes mains avant d'être définitivement
adopté ; elle l'a vu & revu plufieurs fois ; elle s'en eft occupée principalement ; elle a confulté fes Miniftres les plus expérimentés ; elle
y a fait elle-même plufieurs changemens ; fa détermination ne s'eft
enracinée qu'après avoir germé dans une profonde méditation.

Ce n'eft point par changement d'opinion fur l'utilité dont ce projet devoit être, que furvint au dernier période de fon exécution, l'ordre

qui m'a privé de la satisfaction d'y mettre la dernière main. Ce que Sa Majesté déclara pour lors, & ce qui suivit immédiatement, prouvent le contraire.

A quoi serviroit de vouloir percer l'obscurité des causes qui occasionnent la chûte subite des Ministres? Qui ne sait tous les écueils dont ils sont entourés, ainsi que tous les pièges qui environnent le Trône? Le plus occupé de sa besogne, le plus entraîné par son zèle, le moins susceptible par caractère, de cette soupçonneuse défiance qui sert si bien l'intrigue, mais que dédaigne la franche droiture, est celui que la calomnie immole le plus facilement; ce qui semble fonder sa sécurité, est ce qui rend l'envie de lui nuire plus active; l'artifice veille pendant que sa bonne foi s'endort; & le moment où ses occupations s'accroissent, au point de l'absorber entièrement, est celui que la malveillance choisit pour redoubler ses efforts & porter ses plus grands coups. Alors les fausses suppositions se multiplient à son insu; des alarmes excessivement exagérées s'accréditent par l'aveu d'une précaution nécessaire; les allégations insidieuses dont les Princes les plus sages ont peine à se défendre, changent sans qu'il s'en apperçoive, les dispositions sur lesquelles il comptoit; & l'orage qui s'est formé sur sa tête dans un nuage épais, éclate & le frappe au moment qu'il s'y attendoit le moins.

Mais l'opération que j'étois chargé de suivre, & qui m'étoit plus chère que mon existence ministérielle, ne s'est pas écroulée avec moi: le Roi a fait connoître qu'il vouloit qu'elle fût suivie d'après les mêmes erremens; & elle l'a été en effet, sauf quelques objets dont je n'avois pas eu le tems de donner l'entier développement. La manière dont s'est terminée l'Assemblée des Notables, & ce qui est consigné dans les discours prononcés le jour de sa clôture, le 25 Mai 1787, constatent & ont consacré à jamais, les véritables résultats de mon plan modifié suivant les observations des Notables.

Le

Le recueil de ces difcours eft dans les mains de tout le monde. Il commence par celui du Roi, où Sa Majefté témoigne qu'elle a été contente de l'Affemblée des Notables, & qu'elle envifage avec fatisfaction les changemens qui en feront la fuite. Monsieur frère du Roi, parlant au nom de la Nobleffe, comme *le premier des Gentilshommes convoqués* (c'eft ainfi que cet augufte Prince s'eft qualifié lui-même), & après lui, les Chefs ou Repréfentans des différens corps qui avoient affifté aux délibérations, ont réuni leurs acclamations fur l'utilité de cette Affemblée, que tous ont regardée comme devant être *une époque à jamais mémorable dans les annales de la Monarchie.* Mais c'eft fur-tout dans les difcours que M. le Garde des Sceaux & M. l'Archevêque de Touloufe prononcèrent alors au nom & par ordre du Roi, que la poftérité trouvera ce qu'on doit penfer des effets du Plan que j'ai eu l'honneur de propofer, & des réfultats de l'Affemblée des Notables.

C'est-là qu'on lit qu'*admis à la noble fonction d'éclairer leur Souverain fur les plus grands objets de la profpérité publique, ils ont trouvé toutes les avenues du Trône ouvertes à la vérité . . . . que tout leur a été révélé fans déguifement . . . . que l'incertitude auroit aggravé le mal, en livrant aux inquiétudes de l'imagination, des befoins qui femblent diminuer dès qu'ils font rigoureufement déterminés par la précifion du calcul . . . . que la réforme arrêtée ou projetée de plufieurs abus, & le bien permanent que préparoient de nouvelles loix concertées* dans l'Affemblée, devoient *concourir avec fuccès au foulagement actuel des peuples.*

> Difcours de M. de Lamoignon.

C'est avec M. l'Archevêque de Touloufe que je répondrai à ceux qui demanderoient *ce qu'a donc produit cette longue & célèbre Affemblée,* & que je leur dirai *avec confiance,* que *la Nation y a reçu de fon Souverain une nouvelle vie & une nouvelle exiftence dans les Assemble'es Provinciales* ; que *l'e'galite' de la contribu- tion, la suppression de la Corve'e en nature, la liberte'*

> Difcours de M. l'Arche- vêque de Touloufe.

*** Z

DU COMMERCE DES GRAINS, y ont été établies par le vœu national....
que *LES TRAITES, LES GABELLES, PLUSIEURS DROITS ONE'REUX,*
seront détruits, ou considérablement adoucis .... que *les observations*
faites *sur les mémoires communiqués* relativement au *RE'GIME DES*
FORETS ET DES DOMAINES, produiront d'utiles améliorations ....
que *LA DETTE PUBLIQUE EST SOLIDEMENT ASSURE'E ....* que les
retranchemens de dépense indiqués par les Notables, & les *E'CONO-*
MIES sur lesquelles *Sa Majesté* les avoit *prévenus,* en *leur faisant*
connoître celles qu'elle avoit déjà ordonnées, seront réalisés *.....* que
le fardeau des *REMBOURSEMENS A E'POQUE* sera diminué *par des*
emprunts successifs qui reculeront un peu la libération, mais pas assez
pour nuire au crédit public; & que par la réunion de tous ces
moyens, *LA BALANCE SERA POSE'E ENTRE LA RECETTE ET LA*
DE'PENSE .... que s'il en coûte quelques sacrifices, *ces sacrifices*
seront ménagés avec soin, & qu'ils porteront principalement sur les
plus aisés (Droit de Timbre) *....* que *le plus grand service* qu'on
ait *pu rendre à l'Etat,* a été de faire *connoître au juste la situation des*
finances ..... que *dès que le mal est connu, la nécessité du remède assure*
son efficacité ..... enfin que *si les vues du Roi sont fidellement remplies,*
la situation du Royaume sera plus assurée & plus imposante qu'elle ne l'a
jamais été.

Je n'ajouterai rien à ce tableau: rapproché du Précis que j'avois
remis au Roi en Août 1786, & qui est rapporté à la suite de ce
Mémoire, il me paroît présenter l'apologie la plus complette, & des
idées que j'avois conçues, & des vues que j'avois proposées, & de la
forme que j'avois cru convenable pour leur succès.

Je n'ai point à examiner pourquoi, après que Sa Majesté, *pour*
rendre à jamais durables les utiles résultats des travaux de l'Assemblée,
eut *imprimé à tous ses bienfaits le sceau des loix,* quelques-unes de ces
loix livrées d'abord pendant plus de deux mois aux délibérations du
Parlement, enregistrées ensuite dans le plus grand appareil, ont été
tout d'un coup révoquées; ni pourquoi l'indispensable augmentation

de revenu qu'elles devoient produire, a été remplacée par l'augmentation de dépenfe réfultante d'une furabondance d'emprunts qui furpaffent prodigieufement la mefure de ceux qui ne devoient fervir qu'à rendre les rembourfemens à époque moins onéreux; ni enfin pourquoi cet établiffement fi fage & fi applaudi dans toute l'Europe, qui affuroit la libération de la dette publique par l'effet prefque infenfible d'un amortiffement graduel dont la continuation fembloit affurée d'une manière inébranlable, fe trouve facrifié au paiement des intérêts de ces nouveaux emprunts; en même tems qu'un autre établiffement non moins utile ni moins précieux pour le crédit, celui du paiement ponctuel des rentes par l'ordre affigné à chaque lettre de femeftre en femeftre, femble abandonné.—Le cœur me faigne quand ma penfée s'arrête à ces deux derniers objets.—Je me tais.—Mais du moins, quel que foit le principe, quels que foient les effets de cette nouvelle marche, on ne fauroit m'en rien imputer.

JE CROIS avoir répondu à toutes les objections. Je crois n'avoir CONCLUSION. laiffé de doutes, ni fur ce que j'ai dit par rapport au déficit, ni fur la néceffité où j'ai été de le dire, ni fur les motifs de ce que j'ai propofé pour y remédier, ni fur la part que j'ai eue dans ce qui en eft réfulté. Je n'ai rien négligé pour conftater l'exactitude de mes calculs; j'ai fait tous mes efforts pour éclaircir, autant que le bien de l'Etat m'a paru l'exiger, des queftions qu'on avoit remplies d'obfcurités; enfin je n'ai épargné ni foins, ni peine, ni tems pour inftruire complettement le Public des faits qu'il lui importoit d'approfondir, & pour le mettre à portée de juger en pleine connoiffance de caufe. Il n'eft pas commun que le moment d'une retraite, qui femble être celui du repos, foit occupé par autant de travaux & tourmenté par autant d'agitations.—Ne puis-je pas à préfent efpérer un peu de tranquillité? J'ai mené depuis trente ans une vie toujours laborieufe, quoique jamais trifte; j'ai pouffé ma carrière auffi loin qu'elle pouvoit aller; je l'ai remplie le plus honorablement qu'il m'a été poffible: elle eft finie; & déjà j'en per-

dois de vue l'eſpace, déjà mes regards s'éloignant des grands objets qui
ne devoient plus m'occuper, enviſageoient paiſiblement l'oubli qui
ſembloit m'attendre & m'offrir ſon aſile, lorſqu'une pourſuite imprévue
dont je ne conçois pas encore l'intérêt, m'a forcé de rentrer malgré
moi dans la lice, & de me couvrir des armes de la vérité. J'ai dû
repouſſer d'injuſtes reproches ; & ſans m'inquiéter de cette grêle de
traits mépriſables que le malheur attire, mais qui ne l'augmentent
pas, j'ai dû rendre compte de ma conduite au Roi, dont la juſtice
fondera toujours ma confiance ; j'ai dû prouver à mes Concitoyens
que je ne les avois pas trompés ; j'ai dû éclairer le Public qu'on
ſéduit, qu'on entraîne, mais qui tôt ou tard revient au vrai.
Acquitté de ce devoir, je n'aſpire plus qu'à pouvoir garder un éternel
ſilence ; & certainement je ne le romperai ni pour les clameurs de
l'inépuiſable méchanceté, ni pour la criaillerie des libelliſtes payés,
ou qui eſpèrent de l'être, ni pour les inepties calomnieuſes que
pourront inventer encore les haines & les reſſentimens que j'ai
encourus. Mes oreilles ſeront fermées pour ce genre d'attaque ;
& ma plume, qui ſera toujours dévouée à ce que l'intérêt public
pourroit en exiger ultérieurement, ne s'abaiſſera pas a réfuter les
frivoles abſurdités qu'on ſe plaît à répandre juſque ſur les détails
de ma vie actuelle, qu'on voudroit faire paroître auſſi extravagante
qu'elle eſt ſimple & modeſte (*). Préſentement que j'ai dit tout
çe que je devois dire, la tête enveloppée du manteau de mon
innocence, j'attendrai tranquillement & avec réſignation les événemens que le ſort me deſtine. Quels qu'ils ſoient, ils ne ſauroient
troubler la ſérénité de mon ame. Redevenu libre dans le choix de
mes occupations, je vais reprendre avec avidité mes goûts innés pour

---

(*) Après avoir d'abord eſſayé d'affoiblir l'effet de ma Requête, en ameutant
tous ceux qu'on a crus avoir à ſe plaindre, & faiſant parler tantôt un prête-nom
de calomnie, tantôt quelques habitans d'une petite ville déſavoués par d'autres,
tantôt un commis mécontent & mal-inſtruit, & même juſqu'à des ombres injuſte-
ment vindicatives, il paroît qu'on ſe rabat aujourd'hui à de plus petits moyens
encore. C'eſt à préſent l'arme du ridicule qu'on voudroit employer ; chaque
jour on fait courir quelque nouvelle anecdote ſur mon prétendu luxe à Londres,

les fciences qui ont été ma première paffion, pour les lettres qui m'ont quelquefois fait jouir des délices qu'elles procurent à ceux qui les cultivent, pour les arts que ma fenfibilité peut-être trop générale, voudroit embraffer tous.——Du refte, jamais le fouvenir de la confiance dont le Roi m'a honoré, ne s'effacera de mon cœur; jamais je ne cefferai de faire des vœux pour fa profpérité. Puiffe-t-il reconnoître qu'on peut lui refter fidelle, même en fuyant la perfécution qui abufe de fon nom ! Puiffe-t-il pardonner à une ame ferme qui a pris le parti que l'honneur lui prefcrivoit, d'y demeurer attaché jufqu'à ce que l'honneur lui en permette un autre !——Si le retour aux lieux qui m'ont vû naître m'eft interdit, j'en conferverai tous les regrets que naturellement on doit me croire. Mais me feroit-on un crime de jouir en même tems, de la confolation que je trouve dans l'accueil d'une Nation dont chaque jour me fait éprouver les bontés & connoître les vertus; d'une Nation libre & réfléchie, où les penfées s'élèvent au-deffus des pofitions, où la difgrace n'eft point une tache, où l'honnêteté des fentimens a plus de crédit que l'air de la faveur ? J'y fuis vu avec indulgence, j'y fuis prévenu avec affabilité, traité même avec plus de diftinction que je n'en défire. J'y trouve des hommes inftruits en tous genres; j'y peux faire fur les arts, fur l'induftrie, fur le commerce, des obfervations utilement tranfmiffibles fans violer les droits facrés de l'hofpitalité; j'y puis efpérer des amis vrais.——Que cet éloge auffi franc que le pays ou je l'écris, n'étonne

---

qu'on dit être pouffé au point de m'attirer des huées publiques. Une épée que la manufacture des criftaux de Sève a faite pour me donner un échantillon de fes premiers effais, & dont on peut dire que *comme elle a l'éclat du verre*, elle en a auffi le bas prix, eft transformée en épée de diamant; ma voiture, mes chevaux, mes habits, ma table, tout eft de la plus grande magnificence. Ce n'eft point une fée bienfaifante qui opère ces métamorphofes : mais du moins elles ne me coûtent rien : & je crois auffi qu'elles ne produiront rien à mes ennemis, parce qu'il n'y a pas affez loin de Paris à Londres, pour qu'on puiffe croire long-tems dans la première de ces deux villes, ce qui eft une fable rifible dans l'autre. Au furplus, il me femble que je dois m'applaudir de cette dégénération de méchanceté qui fait fuccéder de puériles menfonges, à d'atroces accufations.

ni n'offenſe. N'ayant jamais rien diſſimulé, tairois-je aujourd'hui une vérité qui ſe trouve jointe à un ſentiment de reconnoiſſance? Il exiſte ce ſentiment, il exiſtera toujours dans mon cœur, ſans déplacer ceux que la naiſſance, que le devoir, que l'amour indélébile de la Patrie, y ont gravés.—Pourquoi ne ſympathiſeroient-ils pas? —Ah! que leur accord deviendroit facile par la plus déſirable des combinaiſons, s'il pouvoit un jour s'accomplir ce vœu que formoit jadis, ſuivant quelques hiſtoriens, le Monarque le plus chéri des François, ce vœu que dicte l'humanité, & que la politique la mieux entendue ſembleroit devoir inſpirer également aux deux Nations les plus dignes de s'aimer, & les moins intéreſſées à ſe nuire! Faut-il qu'une funeſte rivalité déſuniſſe toujours, & trop ſouvent arme l'un contre l'autre, deux peuples à qui leur poſition naturelle n'offre rien à diſputer, & qui par leurs avantages réciproques, n'ont rien à s'envier? Leur diviſion eſt l'aliment de toutes les hoſtilités : leur alliance ſeroit le ſceau de la paix univerſelle. Eux ſeuls ſont en état de fournir aux frais d'une longue guerre ; & quand elle s'allume pour les querelles des autres Puiſſances, eux ſeuls, s'ils ſont aſſez dupes pour y prendre part, y ſacrifient leur commerce, leurs tréſors, leur proſpérité.——O Nations qui êtes ſans contredit, les plus eclairées de toutes celles qui couvrent la ſurface du globe, connoiſſez enfin vos véritables intérêts : ennemies, vous ne pourriez qu'épuiſer mutuellement vos forces, & vainement enſanglanter la terre ; amies, vous pourrez impoſer à l'univers la douce loi d'une tranquillité générale. Eh! quand y aura-t-il une conjoncture plus favorable pour fonder l'eſpoir de vous voir partager, ou plutôt exercer enſemble, cette fonction vraiment céleſte, que lorſque vous avez l'une & l'autre le bonheur d'être gouvernée par un Roi modéré, pacifique, & vertueux ?

F I N.

PIÈCES

JUSTIFICATIVES ou ACCESSOIRES.

TABLEAU DE COMPARAISON

Du Compte rendu par M. NECKER en 1781, & du Compte effectif de la même année.

RECETTES.

REVENUS portés au TRÉSOR ROYAL, Suivant le Compte rendu de M. NECKER.	MÊMES ARTICLES, suiv. le Compte effectif de la même année.	DIFFÉRENCE en moins.	DIFFÉRENCE en plus.
	liv.	liv.	liv.	liv.
1. Recettes générales des Séances des Pays d'Élection	119,540,000	108,763,000	10,777,000	
2. Fermes générales unies	48,427,000	43,506,000	4,921,000	
3. Droit de Domaine d'Occident régi par la Ferme générale	4,100,000	néant	4,100,000	
4. Régie générale	8,903,000	8,825,000	78,000	
5. Domaines & Bois	38,100,000	37,872,000	228,000	
6. Postes & Messageries	9,012,000	8,544,000	468,000	
7. Imposition de la ville de Paris	5,745,000	5,450,000	295,000	
8. Poudres & Salpêtres	800,000	712,000	88,000	
9. Dixième d'amortissement, & ancien dixième retenu pour les Trésoriers	1,182,000	1,182,000	. . .	
10. Revenus casuels, compris les jurandes	3,928,000	2,713,000	1,215,000	
PAYS D'ÉTATS, *Déduction faite des intérêts d'emprunts, & des capitaux employés en remboursemens, &c.*			
11. BRETAGNE. { Trésorier des États 4,573,000 / Recette générale 66,000 } 4,639,000		4,644,000	. . .	5,000
12. LANGUEDOC. { Trésorier des États 946,000 / Recette générale 386,000 } 1,332,000		1,853,000	. . .	521,000
13. BOURGOGNE. Trésorier des États 48,000		97,000		49,000
14. BRESSE, BUGEY, & GEX. Recette générale 458,000	8,215,000	468,000		10,000
15. PROVENCE. Trésorier des États 574,000		625,000		51,000
16. Terres adjacentes de PROVENCE. Recette générale 747,000		800,000		59,000
17. NAVARRE & BÉARN. Recette générale 323,000		326,000		3,000
18. Pays de Foix. Recette générale 100,000		100,000		
19. Recette des finances de ROUSSILLON	338,000	338,000		
20. Don gratuit du Clergé, supposé de 16 à 18 millions tous les cinq ans	3,400,000	néant	3,400,000	
21. Monnoie du Royaume	500,000	650,000		150,000
22. Ferme des Sceaux & de Poilly	350,000	330,000	20,000	
23. Part du Roi dans les produits qui excéderont les sommes fixées pour la Ferme, la Régie, & les Domaines	1,200,000	néant	1,200,000	
24. Augmentation sur les vingtièmes abonnés	990,000	990,000		
25. Loterie Royale de France, & petites loteries	7,000,000	6,046,000	954,000	
26. Extinction dans l'année 1781, s'entend des rentes viagères & d'intérêts de capitaux éteints par des remboursemens	1,850,000	1,850,000		
27. Contribution de la ville de Paris dans les dépenses des cavaliers, de la garde, de la police, &c.	804,000	néant	804,000	
28. Capitation de l'Ordre de Malthe	40,000	39,600		400
29. Petites recettes particulières, affinages, âneries des provinces, &c.	40,000	129,400		89,400
30. Intérêts d'environ 6 millions d'effets publics, rentrés au Trésor Royal en différens tems, & non encore rétablis	290,000	néant	290,000	
31. Rentrées de débets ou de vieilles créances, & autres recettes imprévues	mémoire	mémoire		
TOTAUX	264,154,000	236,833,000	28,238,400	917,400

Déduction faite de la Différence en plus de 917,400

La Différence en moins sur la Recette est de 27,321,000

DÉPENSES.

DÉPENSES payées au TRÉSOR ROYAL, Suivant le Compte rendu de M. NECKER.	MÊMES ARTICLES, suiv. le Compte effectif de la même année, & y compris les Dépenses extraordinaires.	DIFFÉRENCE en plus.	DIFFÉRENCE en moins.
	liv.	liv.	liv.	liv.
1. Extraordinaire des Guerres, non compris les annuités du Trésorier & les pensions portées au Trésor Royal	65,200,000	65,077,000	. . .	123,000
2. Maison Militaire du Roi, idem	7,681,000	7,693,000	12,000	
3. Artillerie & Génie, idem	9,200,000	12,805,000	3,605,000	
4. Maréchaussée	5,575,000	5,575,000		
5. Marine & Colonies	29,200,000	36,000,000	6,800,000	
6. Affaires étrangères & Ligues Suisses	8,525,000	12,525,000	4,000,000	
7. Dépenses totales de toutes les parties de la Maison du Roi, de la Maison de la Reine, de Madame fille du Roi, de Madame Élisabeth, de Mesdames tantes du Roi, gages des charges, &c.	25,700,000	27,313,000	1,613,000	
8. Sommes accordées par le Roi pour les Maisons de Monsieur & de Madame, de Monseigneur Comte & de Madame Comtesse d'Artois	8,040,000	8,840,000	800,000	
9. Caisse des Arrérages	20,820,000	20,370,000		450,000
10. Pensions	28,000,000	26,078,000		1,922,000
11. Ponts & Chaussées, indépendamment des objets compris dans les charges assignées sur divers revenus	5,000,000	5,310,000	310,000	
12. Fonds du Trésor Royal pour la mendicité	900,000	900,000		
13. Compagnie des Indes	4,600,000	4,753,000	153,000	
14. Remboursement annuel des rescriptions	5,000,000	3,000,000		
15. Intérêts des rescriptions restantes à rembourser	2,084,000	2,084,000		
16. Intérêts des anticipations	5,500,000	7,011,000	1,511,000	
17. Intérêts d'un emprunt de 6 millions fait à Gênes	300,000	300,000		
18. Intérêts d'un autre emprunt fait également à Gênes pour les messageries	70,000	70,000		
19. Intérêts de l'emprunt fait par la ville de Paris en 1757	600,000	600,000		
20. Intérêts & charges sur l'Ordre du Saint Esprit, au-delà des produits du marc d'or	470,000	470,000		
21. Intérêts à payer à divers propriétaires d'offices supprimés	2,367,000	2,367,000		
22. Intérêts de 60 millions empruntés sur les loteries de 1777 & de 1780, portés à 3 millions, quoiqu'il y ait déjà des remboursemens faits sur celles de 1777	3,000,000	7,623,000	4,623,000	
23. Remboursement des lettres de change des Isles de France & de Bourbon jusqu'en 1784	1,000,000	1,000,000		
24. Remboursement à faire à M. le Prince de Conti jusqu'en 1784	553,000	553,000		
25. Remboursement d'offices sur les papiers & cartons jusqu'en 1787	68,000	68,000		
26. Gages des offices du point d'honneur	275,000	275,000		
27. Appointemens compris dans l'état des gages du Conseil	1,379,000	1,379,000		
28. Appointemens & traitemens par ordonnances particulières	664,000	1,575,000	911,000	
29. Intérêts annuels pour soulte d'engagemens des domaines, dettes à différens fournisseurs, & autres arrangemens	1,272,000	1,272,000		
30. Supplément à fournir pour completter le payement des offices des Pays d'États	993,000	1,183,000	190,000	
31. Supplément à fournir pour les dépenses civiles & la Corse	250,000	250,000		
32. Dépenses des diverses académies, traitement à des gens de lettres, &c.	269,000	269,000		
33. Bibliothèque du Roi	89,000	76,000		13,000
34. Imprimerie Royale, année commune, environ	100,000	98,000		2,000
35. Jardin des plantes, & cabinet d'histoire naturelle	72,000	110,000	38,000	
36. Illumination de Paris, enlèvement des boues, pompiers, & autres dépenses de la Police	1,400,000	1,437,000	37,000	
37. Guet & garde de Paris	660,000	660,000		
38. Maréchaussée de l'Isle de France	195,000	197,000	2,000	
39. Gages, intérêts de finances, taxations, épice de la Chambre des Comptes, frais généraux quelconques, tant à Paris qu'en province, gardes du Trésor Royal, Trésoriers, nouvelle administration des recettes générales, Commissaires de la Maison du Roi	2,990,000	2,990,000		
40. Prisonniers dans les Châteaux	82,000	81,000		
41. Secours à des Jésuites, à des hôpitaux, & à des maisons religieuses	800,000	800,000		
42. Secours aux familles mendiantes	113,000	115,000		
43. Indemnités & dépenses diverses ordinaires	1,412,000	1,640,000	228,000	
44. Dépenses des écoles vétérinaires	50,000	50,000		
45. Dépenses des mines & agriculture	16,000	16,000		
46. Dépenses ci-devant payées sur les revenus de la principauté de Dombes	74,000	74,000		
47. Appointemens & gages des Gouverneurs & Lieutenans de Roi, & autres compris dans les états des garnisons ordinaires	1,517,000	1,517,000		
48. Remises aux Pays d'États, année commune	800,000	800,000		
49. Fonds pour les dépenses au-delà des revenus du même genre passées pour mémoire	3,000,000	9,881,000	6,881,000	
TOTAUX	253,956,000	283,161,000	31,718,000	2,510,000

Déduction faite de la Différence en moins de 1,510,000

La Différence en plus sur la Dépense est de 29,108,000

RÉSULTAT

Suivant le Compte rendu en 1781.	Suivant le Compte effectif de la même année.
liv.	liv.
Recette . . . 264,154,000	Recette . . 236,833,000
Dépense . . 253,954,000	Dépense . . 283,161,000
Excédent de Recette 10,200,000	Déficit . . 46,329,000

DIFFÉRENCE 56,529,000 liv.

Savoir, 27,321,000 liv. d'erreur sur la Recette

Et 29,108,000 liv. d'erreur sur la Dépense

Total 56,529,000 liv.

A 2

[Nº II.]

RELEVÉ GÉNÉRAL

Recettes Générales
des Finances.

Année 1781.

Du montant des Soumiſſions, des Sommes à déduire pour les différens Services, & de ce qui reſte net à diſpoſer ſur les Impoſitions ordinaires & Vingtièmes, dans chacun des douze mois de l'année 1781 ; ainſi que du montant tiré par anticipation, & de ce qui reſte à tirer dans chacun des mois de la dite année 1781.

| Mois. | Montant des Impoſitions. | PONTS ET CHAUSSÉES. | | | | Total des Diſtributions pour les Services. | Treſor Royal à diſtribuer. | Sommes tirées au premier Janvier 1781. | Reſte à tirer au dit jour. |
		Ponts & Chauſſées. 1779.	Turcies & Levées. 1779.	Canaux de *Picardie & Bourgogne.* 1778.	Ports Maritimes. 1779.				
Janvier	7,126,980	275,000	41,000	33,000	66,000	415,000	6,711,980	6,134,500	577,480
Février	6,974,400	275,000	41,000	33,000	66,000	415,000	6,559,400	6,014,500	544,900
Mars	9,034,000	275,000	41,000	33,000	66,000	415,000	8,619,000	7,884,000	735,000
Avril	8,654,000	275,000	41,000	33,000	66,000	415,000	8,239,000	7,990,000	249,000
Mai	9,903,000	275,000	41,000	33,000	66,000	415,000	9,488,000	9,250,000	238,000
Juin	9,736,000	275,000	41,000	33,000	66,000	415,000	9,321,000	8,770,000	551,000
Juillet	10,426,000	275,000	41,000	33,000	66,000	415,000	10,011,000	9,400,000	611,000
Août	10,651,190	275,000	41,000	33,000	66,000	415,000	10,236,190	9,740,000	496,190
Septembre	8,677,630	275,000	41,000	33,000	66,000	415,000	8,262,630	7,800,000	462,630
Octobre	9,428,570	275,000	41,000	33,000	66,000	415,000	9,013,570	8,845,000	168,570
Novembre	9,158,870	275,000	41,000	33,000	66,000	415,000	8,743,870	8,545,000	198,870
Decembre	8,992,610	275,000	49,000	37,000	74,000	435,000	8,557,610	8,379,000	178,610
	108,763,250	3,300,000	500,000	400,000	800,000	5,000,000	103,763,250	98,752,000	5,011,250

[N° III.]

ÉTAT DES RESCRIPTIONS

Qui ont été tirées de trop en 1781 sur le produit des Recettes générales de 1782, & dont il a fallu faire le remplacement des fonds du Tréfor Royal.

Année 1782.

En Janvier	1781, trop tiré	fur Janvier	1782	. .	1,203,520 liv.
En Février	1781, idem	fur Février	1782	. .	1,081,860
En Mars	1781, idem	fur Mars	1782	. .	1,393,460
En Avril	1781, idem	fur Avril	1782	. .	1,139,330
En Mai	1781, idem	fur Mai	1782	. .	1,421,310
En Juin	1781, idem	fur Juin	1782	. .	1,447,910
En Juillet	1781, idem	fur Juillet	1782	. .	300,810
En Août	1781, idem	fur Août	1782	. .	145,070
En Septembre	1781, idem	fur Septembre	1782	. .	32,510

8,165,780

[Nº IV.]

FERME GÉNÉRALE.

Année
1781.

	liv.
Produit du bail	122,900,000
Premier & fecond dixièmes des 903,000 liv. d'anciens cautionnemens	180,000
Sous pour livre du bail de Tariot, régis . . .	20,000
	123,100,000

DÉPENSES.

	liv.	
Rentes de la Ville . . .	53,000,000	
Remboursement de billets des fermes . .	3,600,000	
Le premier des 14 millions à rembourser au Clergé	1,000,000	
Charges de l'état du Roi . . .	9,718,000	
Autres charges payées en vertu d'arrêts .	72,000	
Intérêts des anciens cautionnemens . .	903,000	
———— des nouveaux cautionnemens .	850,000	
Francs-falés	360,000	
Vins des privilégiés . . .	285,000	
Paffe-ports	400,000	
Réparations des falines . . .	60,000	
Supplément du prix du fel aux Suiffes .	76,000	78,594,000
Affignations particulières, & paiemens à convertir	1,110,000	
Intérêts des avances extraordinaires .	800,000	
———— des billets reftant à rembourfer .	726,000	
———— à 5 pour cent des 63,963,000 liv. .	3,198,000	
———— à 2 pour cent des 14,760,000 liv. .	295,000	
Honoraires de 41 places de F. G. à 30,000 liv.	1,230,000	
Frais de bureaux	143,000	
Dépenfes ci-devant à la charge de la Ferme, & qui font actuellement au Compte du Roi, lefquelles n'auront lieu qu'en 1781, feulement	768,000	

Refte net . . .	44,506,000

M. le Directeur Général m'a chargé d'écrire à M. de St. Amand, que fon intention eft d'ajouter en 1781 un million aux rentes, c'eft-à-dire de porter cette partie à 54 millions ; ce qui réduit le reftant net au Tréfor Royal à . . . . . 43,506,000 liv.

} Note remarquable
écrite de la main de
M.Dufrefne, premier
Commis des Finances
en 1784.

[Nº V.]

PROJET des FONDS.

ARTILLERIE.

	l.	f.	d.
SOLDE des fept Régimens	2,615,760	o	o
Augmentation de 192 hommes en Amérique, folde . . . . . . 23,616 liv.			
Idem de 340 hommes dans le Régiment de Toul, porté à 71 hommes . . 41,820	89,110	o	o
Maffe de 532 hommes 23,674			
Total des fept Régimens . . .	2,704,870	o	o

MINEURS.

| Solde & appointemens . . . . . | 134,766 | o | o |

OUVRIERS.

| Solde, appointemens, & augmentation de 10 hommes, . | 219,884 | 10 | o |
| Total de la Solde . . . | 3,059,520 | 10 | o |

OFFICIERS,

l.   *s.*   *d.*

Report . . .   3,059,520 10 0

OFFICIERS, &c.

		liv.		
1	Premier Inspecteur-général . . .	26,000		
10	Idem, dont 9 à 12 mille, & 1 à 7,200 liv.	115,200		
7	Commandans d'Ecoles, dont 1 à 7,200, & 1 à 6,000 liv. . . .	49,200		
	Supplément à 2 Commandans d'Ecole . .	2,400		
22	Colonels, à 4,800 liv. .	105,600		
20	Lieut. Colonels, Sous - Directeurs, à 3,360 liv. . . .	67,200		
7	Idem à 3,000 liv. . .	21,000		
	Traitement à 5 Premiers-Directeurs d'Arsenaux	4,000	774,222	0 0
12	Capitaines en premier, à 2,400 liv. . .	28,800		
50	Idem, à 1,800 liv. .	90,000		
70	Idem en second, à 1,500 liv. .	105,000		
59	Elèves, à 480 liv. . .	28,320		
31	Garçons-Major, à 720 liv. .	22,320		
	Supplément à M. de Villepatour .	6,000		
	Traitement en Corse . .	14,400		
	Appointemens ou traitemens p aux asses-seurs employés & ouvriers d'arsenaux, fonderies, forges, manufactures, &c. .	88,782		

Commissaires des Guerres . .	53,445	0	0
Employés, &c.	142,333	0	0
Etat ordinaire	56,360	0	0
Ecoles d'Artillerie	83,129	9	6

4,169,009 19 6

ARTICLES relatifs aux SUITES des ARMÉES.

Traitement entretenu conservé aux Officiers & employés des equipages restés en Bretagne	64,956		
Solde de 516 chevaux entretenus pour l'Artillerie . . .	149,595	214,551	0 0

Total de la solde & appointemens de l'Artillerie . .	4,383,560	19	6

GÉNIE.

Report		*l.*	*f.*	*d.*
		4,383,560	19	6

Génie.

	liv.			
Miniſtre	24,000			
13 Directeurs, dont deux à 12, ſix à 10, & cinq à 9 mille livres . .	129,000			
21 Chefs de Brigade, à 4,800 liv. .	100,800			
21 Sous-Brigadiers, à 3,360 . .	70,560			
21 Majors, . . à 3,000 . .	63,000			
63 Capitaines en premier, à 2,000 . .	126,000			
21 Capitaines en ſecond, à 1,600 . .	33,600			
84 Idem, . . à 1,350 . .	113,400			
63 Lieut. en premier, à 1,080 . .	68,040			
40 Lieut. en ſecond, . à 900 . .	36,000			
20 Elèves à l'Ecole, . à 720 . .	14,400			
1 Officier des Plans & ſon Adjoint .	7,360			
Traitement extraordinaire . .	60,950			
21 Capitaines en premier, à 2,400 . .	50,400	897,510	0	0
Employés de l'Ecole		11,200	0	0
Employés ordinaires, &c. . . .		52,000	0	0
Employés des Plans, . . .		4,000	0	0
Dépenſes de l'Ecole, ...		10,000	0	0
		974,710	0	0

Travaux de l'Artillerie.

	l.	*f.*	*d.*
Bonches à feu	400,000	0	0
Bombes	300,000	0	0
Armes de guerre	900,000	0	0
Entretien d'armes	80,000	0	0
Achats de bois & de fer dans les arſenaux .	600,000	0	0
750 milliers de poudre, à 13 ſ. . .	487,500	0	0
Tranſports	300,000	0	0
Continuation des bâtimens à St. Omer, Auxonne, Strasbourg, la Rochelle, & entretien de ceux ordinaires.	400,000	0	0
Réparations des batteries, & appointemens, &c. . .	400,000	0	0
Totaux . . .	3,867,000	0	0

Forti-

FORTIFICATIONS.

Grands Travaux.

		l.	f.	d.
	liv.			
Breft . . . . 500,000 }				
Château-neuf . . . 200,000 } 1,100,000			0	0
Cherbourg . . . 400,000 }				
Canal de la Lys		34,000	0	0
A Bergues		80,000	0	0
A Landau		80,000	0	0
Au Mont-Dauphin		80,000	0	0
A Toulon		80,000	0	0
Pour opérer le remboursement à faire en trois années de termes, pris à Thionville, pour les travaux dus depuis plus de 45 ans, 180,000, & pour la première année		60,000	0	0
En Corse		150,000	0	0
Barre de Bayonne		120,000	0	0
Entretien courant, &c.		1,450,000	0	0
Total . . .		3,234,000	0	0

RÉCAPITULATION.

		l.	f.	d.		l.	f.	d.
Solde {	Artillerie . . .	4,383,560	19	6 }				
	Génie . . .	974,710	0	0 }	5,358,270	19	6
Travaux {	Artillerie . . .	3,867,500	0	0 }				
	Génie . . .	3,234,000	0	0 }	7,101,500	0	0
	Total général . . .				12,459,770	19	6

[Nº VI.]

ARTILLERIE ET GÉNIE.

Récapitulation des Projets de Fonds remis par le Ministre de la Guerre, à compter de l'année 1781, jusques & compris 1787.

1781	12,459,000 liv.
1782	12,887,000
1783	13,304,000
1784	11,357,000
1785	11,875,000
1786	12,335,000
1787	12,564,000

Non compris 700,000 liv. par année, provenant des fonds des villes pour les fortifications ; lesquels fonds sont, à compter de 1781, versés directement au Trésor Royal, qui les rend au département du Génie.

[Nº VII.]

AFFAIRES ÉTRANGÈRES.

LIGUES SUISSES.

Relevé des Fonds ordonnés, à compter de 1781 jusques & compris 1787.

			liv.		liv.
1781	{ Affaires étrangères		11,765,000	}	12,565,000
	{ Ligues Suisses		800,000		
1782	{ Affaires étrangères		13,310,000	}	14,110,000
	{ Ligues Suisses		800,000		
1783	{ Affaires étrangères		13,630,000	}	14,430,000
	{ Ligues Suisses		800,000		
1784	{ Affaires étrangères		10,700,000	}	11,530,000
	{ Ligues Suisses		830,000		
1785	{ Affaires étrangères		10,850,000	}	11,680,000
	{ Ligues Suisses		830,000		
1786	{ Affaires étrangères		10,600,000	}	11,430,000
	{ Ligues Suisses		830,000		
1787	{ Affaires étrangères		10,400,000	}	11,230,000
	{ Ligues Suisses		830,000		

[N° VIII.]

Chambre aux
Deniers.

EXTRAIT DU RAPPORT

Fait au Bureau Général des Dépenses de la Maison du Roi, le 14 Février 1785.

M. Necker, dans son livre sur l'Administration des Finances de la France, présente les dépenses *de la Chambre aux Deniers*, qu'il appelle dépenses de la Table du Roi, & celles de la Famille Royale, comme un objet de 800,000 liv. y compris les dépenses de consommation du service intérieur, qui n'en ont jamais fait partie, que M. Necker n'a jamais connues, parce qu'étant payées de la poche du Roi elles ne font pas partie des dépenses de sa nation.

Il se rencontre dans l'énonciation de M. Necker deux erreurs capitales.

1°, Il a omis en totalité l'état de la dépense ordinaire, qui est arrêté tous les ans par le Roi. Cet état ne contient que des attributions fixes en argent à toutes les charges de la Maison de Sa Majesté, & quelques petites attributions en nature, dont quelques-unes font accidentelles.

Cet état, qui monte à environ 1,400,000 liv. varie si peu qu'il est inutile d'en parler.

2°, La dépense extraordinaire de la Chambre aux Deniers, appelée autrement *Dépenses de Consommations*, abstraction faite des dépenses du même genre dans le service intérieur, a toujours été depuis 1780 (époque de la réforme faite par M. Necker) entre 8 & 900,000 liv. mais plus près de 9 que de 8.

Il est vrai que dans ce chapitre les charrois de tous les départemens de la Maison du Roi sont compris en entier; cet article seul monte de 160 à 180,000 liv., & plus haut lorsqu'il y a des voyages de Fontainebleau, à cause des grands transports que les Menus & le Garde-meuble sont obligés de faire (*).

L'habillement des garçons d'office des deux divisions du Service du Roi & de la Maison de Mesdames, qui monte à 20,000 liv., en fait aussi partie.

Il résulte de cet exposé, que la masse de la Chambre aux Deniers seule est de 2,300,000 liv. environ depuis 1780.

Si à cette masse on ajoute les dépenses de consommation du service intérieur que le Roi paie de sa poche, en ne les évaluant qu'à 200,000 liv., on aura un total de 2,500,000 liv., au lieu de 800,000 liv., énoncés par M. Necker; & l'erreur démontrée est de 1,700,000 liv.

Il est difficile de pénétrer quelle a été l'intention de l'auteur, qui doit être instruit de ces détails; si c'est pure omission, ou dessein prémédité de grossir aux yeux du public le résultat de l'opération de 1780.

	liv.
A cette époque la masse de la Chambre aux Deniers étoit de	5,000,000
Dépense du Trésor Royal pour les voyages de Mesdames à Bellevue	150,000
Dépenses du Domaine relatives aux consommations de la Maison du Roi	150,000
Gages des charges supprimées	120,000
Dépenses des charrois pour les Menus plaisirs, le Garde-meuble, & la Vénerie, environ	80,000
Dépense du service intérieur du Roi estimée	200,000
	5,700,000

(*) S'il n'y avoit dans l'année ni voyages ni autres extraordinaires importans, la dépense de consommations, y compris les charrois, n'excéderoit pas 600,000 liv. Mais il est presqu'impossible de supposer qu'une année se passe sans voyages, & sans autre extraordinaire.

Sɪ l'affertion de M. Necker étoit vraie, l'économie feroit de 4,900,000 liv., ce qui eft impoffible à concevoir ; mais la dépenfe réelle eft :

liv.

1°, Eᴛᴀᴛ ordinaire de la Chambre aux Deniers . . 1,400,000

2°, Dépenfes de confommations, y compris les charrois, . 900,000

3°, Dépenfe du fervice intérieur du Roi, eftimé . . 200,000

4°, A Mefdames pour leur table 600,000

5°, A M. le Prince de Poix, pour fourniture de Bois & Bougies 100,000

6°, Indemnités accordées à diverfes perfonnes . . 30,000

7°, Penfions de retraites aux garçons fupprimés, lefquelles s'éteignent à mefure qu'ils meurent . . . 140,000

————————
3,370,000

liv.

Eɴ déduifant des . . . . 5,700,000 ci-deffus, cette dernière fomme de . . . 3,370,000, l'économie réelle

n'eft que de . . . . . 2,330,000, après le rembourfement des charges effectué, qui finit cette année ; & de 2,460,000 liv. après l'extinction des penfions de retraite.

[N° IX.]

[N° IX.]

EXTRAIT DE L'ÉTAT DE SITUATION
Remis au Roi par M. de Fleuri pour l'année 1782.

ARTICLE I. DE LA DÉPENSE.

Anticipations tirées en 1781 fur les Revenus de 1782 . 150,560,000 liv.

ARTICLE II.

Intérêts & Frais des Anticipations faites dans les quartiers
de Juillet & d'Octobre 1782 . . . . . . 2,340,000 liv.

[Nº X.]

RÉCAPITULATION

Des Frais de Services de l'année 1780.

MESSIEURS		Fonds fournis.	Frais payés pour Intérêt & Commiſſion en proportion du tems.
De Bourgade	ſur	2,880,000	175,125
Beaujon	ſur	30,000,000	1,970,045
D'Harvelay	ſur	23,000,000	1,390,143
De Savalette	ſur	22,500,000	1,334,375
La Balue	ſur	9,600,000	671,000
La Ferté	ſur	7,500,000	521,597
Tourteau	ſur	4,240,000	292,796
De Serilly	ſur	12,968,000	669,242
De Sᵗ. James	ſur	9,000,000	558,750
M. Necker	ſur	2,000,000	100,000
De Sᵗ. Julien	ſur	3,000,000	213,700
Beaugeard	ſur	600,000	30,000
		130,168,000	7,927,223

Intérêts de négociations, de reſcriptions, &c, ... 1,224,021

Total 9,156,744

Nota.—On n'a pas compris dans cet état les intérêts à 4 pour cent que le Roi paie aux Fermiers-généraux ſur les avances journalières qu'ils font au-délà du prix de leur bail, ci . . . . Mémoire.

[Nº XI.] # LOTERIES de 1777 & 1780.

liv.

La Loterie de 1777 eft en capital de . . . 25,000,000
Celle de 1780 eft de 36,000,000
____
61,000,000

Pour éteindre le remboursement de ces Loteries, le Roi doit payer suivant les Arrêts conftitutifs de Septembre 1778, & Octobre 1780, favoir :

Pour la Loterie de 1777, en capital & primes depuis 1779, *liv.*
jufqu'en 1784, inclus la fomme de . . . 31,447,300

Pour la Loterie de 1780, en capital & primes, depuis le mois de Janvier 1782, jufqu'au mois de Janvier 1790 . . 49,590,000

Total 81,037,300

Sur cette fomme le Roi a déjà payé pour la Loterie de 1777, en capital & en primes, *liv.*

En Décembre 1778 . . 2,255,000 ⎫
En Décembre 1779 . . 2,100,000 ⎬ 7,662,800
En Décembre 1780 . . 3,307,800 ⎭

Refte à payer 73,374,500

T A B L E A U

Des Epoques de Paiemens des 73,374,500 liv. pour les deux Loteries, à compter de 1781, favoir.

L O T E R I E S.

	1777.	1780.	Total.
1781 . .	4,623,000 liv.	. . .	4,623,000 liv.
1782 . .	6,075,000	4,170,000 liv.	10,245,000
1783 . .	6,390,500	3,720,000	10,110,500
1784 . .	6,696,000	3,640,000	10,336,000
1785 . .	. . .	6,460,000	6,460,000
1786 . .	. . .	6,360,000	6,360,000
1787 . .	. . .	6,320,000	6,320,000
1788 . .	. . .	6,300,000	6,300,000
1789 . .	. . .	6,300,000	6,300,000
1790 . .	. . .	6,320,000	6,320,000
	23,784,500	49,590,000	73,374,500

Ministère de
M. l'Abbé Terray } [Nº XII.]

ÉTAT de RECETTE

RECETTE.

Reste à disposer sur les Objets ci-après.

Nota.

On voit par le Compte plus étendu, dont le présent Etat est le résumé, que le revenu total en 1774 étoit de 353,376,763 liv. & que les déductions détaillées dans des Etats particulières joints à ce Compte, ont été de 156,475,206 l. ce qui fait rester pour le net de la Recette 196,901,557 l.

Ferme Générale, y compris les nouveaux sols pour livre & Régies de différens droits		73,000,000 liv.
Ferme des Postes		5,189,234
Recettes générales des Finances		86,239,540
Régie des Droits réunis		3,224,450
Régie des Droits réservés		2,651,500
Régie des Hypothèques, compris les droits de Bretagne		1,828,000
Régie de la Flandre Maritime		200,000
Ferme de Sceaux & de Poissy		456,750
Ferme des Octrois		1,079,600
Ferme & Régies particulières		250,000
Capitation de Paris		810,020
Vingtièmes de Paris		3,003,000
Vingtièmes des Princes du Sang		144,740
Capitation de la Cour		600,000
Pays d'Etats	Languedoc 1,894,366	
	Bretagne 3,587,963	
	Bourgogne 211,238	
	Provence 680,725	
	Terres adjacentes 582,291	7,759,924
	Bresse, Bugey, & Gex 383,088	
	Roussillon & Pays de Foix 290,363	
	Bearn & Navarre 88,090	
	Principauté d'Orange & Marches communes 41,800	
Clergé des Frontières		630,112
Ordre de Malthe		149,600
Dixième d'Amortissement		2,000,000
Bois du Roi		3,535,187
Nouveau Marc d'or		350,000
Evaluations d'Offices		1,300,000
Droits féodaux & seigneuriaux		2,500,000
	Restant net	196,901,557 liv.

& DÉPENSE en 1774.

DÉPENSE.

Augmentations sur plusieurs articles, prouvées par le Compte effectif de la même année.		
3,400,000 liv.	Extraordinaires des Guerres	60,000,000 liv.
	Artillerie & Génie	10,000,000
3,000,000	Marine & Colonies	30,000,000
2,500,000	Affaires étrangères	8,000,000
	Maison du Roi Militaire	8,000,000
	Gouvernemens municipaux	680,000
	Mendicité	1,200,000
	Ponts & Chaussées, Maréchaussées, Turcies, Forts maritimes & Taillon	7,740,000
	Ligues Suisses	800,000
	Remboursemens des Rescriptions	3,000,000
	Intérêts des dernières Rescriptions	3,300,000
	Maison du Roi, y compris celle de Provence & d'Artois	32,000,000
	Caisse des arrérages, y compris le versement des rentes sur la Compagnie des Indes & la Bretague, & les intérêts des Offices supprimés	18,000,000
	Actions & Compagnie des Indes	5,500,000
	Dépenses générales de la Finance, y compris les frais d'etablissement de la Maison des Princes	14,000,000
	Dépenses imprévues, y compris les approvisionnemens	8,000,000
3,500,000	Pensions	6,500,000
	Intérêts & frais de remises	8,000,000
12,400,000 liv.	**Total**	**224,720,000 liv.**

RÉCAPITULATION.

Dépense	224,720,000 liv.
Recette	196,901,557
Déficit	27,811,443 liv.
Augmentation de Dépenses suivant le Compte effectif	12,400,000
Déficit réel	40,218,443 liv.

[N° XIII.]

ÉTAT des REVENUS & DÉPENSES pendant l'année 1776.

Compte rendu par M. de Clugny.

Colonne qui n'est pas au texte. — Suppléments aux articles portés trop bas.

REVENUS.

Rubrique	Détail	liv.	liv. (total)
Fermes générales	Parties constitutives du Bail	152,000,000	155,635,000
	Parties indépendantes du prix du Bail	3,635,000	
Recettes générales des Finances			140,634,730
Fermes	des Postes	7,700,000	16,105,600
	de Sceaux & de Poissy	690,000	
	des Octrois Municipaux	1,079,600	
	des Devoirs du Port Louis	31,000	
	Particuliers des Domaines	104,000	
	des Droits réservés { Reste du Bail de Noël 500,000 ; Régie de Bossut 6,000,000 }	6,500,000	
Régies	des Droits réunis	7,030,825	18,646,505
	de la Flandre maritime	771,680	
	des Hypothèques	7,526,000	
	des Domaines	3,318,000	
Marc d'or			1,206,845
Principauté d'Orange			19,800
Vingtièmes des Biens-fonds abandonnés aux Princes du Sang			251,442
Ordre de Malthe			149,600
Impositions de Paris			7,052,760
Capitation de la Cour			840,066
Bois du Roi			4,908,762
Marches communes du Puitou			22,000
Revenus casuels			4,160,000
Ancien dixième, établi en 1710			1,927,717
Dixième d'Amortissement			2,469,798
Compagnie des Indes			830,000
Pays d'États	Languedoc	8,794,300	23,620,444
	Bretagne	7,088,016	
	Bourgogne	3,982,445	
	Provence	2,058,533	
	Terres adjacentes de Provence	697,636	
	Béarn & Navarre	487,241	
	Roussillon & Pays de Foix	512,273	
			378,381,069

RÉSULTAT.

	liv.
Les Revenus montent à	378,381,069
Les Dépenses	402,574,651
Par tant le Déficit est	24,193,582
Si à cette somme on ajoute le montant de l'Emprunt fait par la Marine, & remboursé par la Finance	15,000,000
Le Déficit total sera de	39,193,582

DÉPENSES.

Rubrique	Détail	liv.	liv. (total)	Suppléments (liv.)
Maison du Roi			31,663,868	900,000
Guerre			93,323,382	3,000,000
Affaires Étrangères			9,550,000	
Marine & Colonies			32,185,300	3,000,000
Ponts & Chaussées			5,380,000	
Intérêts	à 4 pour cent	3,781,642	9,265,670	
	à 5 pour cent	5,484,028		
Rentes perpétuelles	à 1 pour cent	4,255,786	53,254,503	
	à 2½ pour cent	28,407,170		
	à 4 pour cent	13,578,831		
	à 5 pour cent	7,012,716		
Rentes viagères	sur une tête	38,984,512	44,374,989	600,000
	sur deux têtes	5,390,477		
Intérêts, Droits de préfence, Remises, & autres frais relatifs aux Régies & aux Fermes particulières			4,886,623	
Frais de Régie occasionnés par le recouvrement des Deniers Royaux, & autres que ceux compris dans le chapitre des Régies & des Fermes particulières			15,903,015	
Non-valeurs sur une partie des Revenus du Roi			5,629,330	
Indemnités			4,083,116	
Charges de différens États du Roi			10,791,922	
Gages de la Magistrature			10,479,442	
Gages du Conseil			4,574,938	
Traitemens particuliers	Supplément de traitemens & appointemens particuliers	900,000	1,840,000	
	Gratifications	720,000		
	Subsistances	220,000		
Pensions	des Princes du Sang	867,200	9,746,533	5,500,000
	de la Guerre	5,030,000		
	de la Marine	250,000		
	de la Maison du Roi	720,000		
	de la Finance	600,000		
	du Département de M. Bertin	10,000		
	des Officiers du feu Roi de Pologne 393,144 ; des Chanceliers & Conseillers d'État, idem 42,200	435,344		
	de la Magistrature	1,038,815		
	de divers, sur quelques-uns des Revenus du Roi	795,174		
Dépenses de la Main-morte			1,767,223	
Dépenses diverses			12,764,127	
Dépenses extraordinaires			10,000,000	
Remboursement			21,376,827	
Paiemens sur l'arriéré			9,733,843	
			402,574,651	**13,000,000**

Note qui n'est pas au texte.

	liv.
Les 15 millions remboursés pour la Marine ne peuvent être compris quand il s'agit de déterminer le déficit annuel ; mais il faut ajouter à la somme de	24,193,582
celle des suppléments pour les articles de dépense portés trop bas, ci	13,000,000
C'est en total	37,193,582

[Nº XIV.]

EMPRUNTS

Faits depuis la Retraite de M. NECKER, *jusqu'au mois de Novembre* 1783,

Avec le Calcul de leurs INTÉRÊTS.

1781.

Depuis le mois de Mai.

	Capitaux.	Intérêts.
Emprunt des Etats de Bourgogne . . .	5,000,000 liv.	250,000 liv.
Emprunt des Etats de Languedoc . . .	15,000,000	750,000
Item des Etats du Maconnois	1,282,000	128,200
Item de la Ville de Paris . . .	20,000,000	1,000,000
Extenfion des contrats à 4 pour cent, de l'Emprunt de 1770 . . . . , .	70,000,000	2,800,000
Prêt des Fermiers-généraux . . , .	30,000,000	1,500,000

1782.

	Capitaux.	Intérêts.
Emprunt viager qui, fuivant l'Edit du mois de Janvier qui l'a établi, ne devoit être que de 70 millions, mais qui a été porté fucceffivement jufqu'au-delà de 80. Il étoit à 145, au mois de Novembre 1783. Ci .	145,000,000	15,000,000
Emprunt des Etats de Provence . . .	4,000,000	200,000
Emprunts des Etats d'Artois, de Breffe, & de Bugey .	460,000	23,000
Emprunt de la Ville de Paris . . .	520,000	26,000
Item de la Ville de Marfeille	3,000,000	150,000
Emprunt de Décembre 1782, originairement de 200 millions réduit enfuite à 100, lefquels, vu la faculté de payer moitié en contrats à 4 pour cent, n'ont produit que 50 millions efpèces. Ci . . .	50,000,000	*3,000,000

1783.

	Capitaux.	Intérêts.
Emprunt d'Avril	24,000,000	648,000
Emprunt d'Octobre	24,000,000	810,000
Emprunt de Bourgogne	3,000,000	150,000
Emprunt de Languedoc	9,000,000	450,000
Extenfion de l'Emprunt de Mars 1781. Cet emprunt, qui n'étoit originairement que de 30,000,000 liv. étoit déjà porté à la fomme de 36,739,000 liv. à la fin de 1783, fuivant l'état qui m'a été remis, où l'on n'a point énoncé à quelle année fe rapportoit cette extenfion ; il fuffit qu'elle foit antérieure à mon adminiftration pour être portée. Elle eft de . .	6,739,000	673,900
	411,001,000 liv.	27,559,100 liv.

* *Nota.*—Il y a eu à payer la rente à 5 pour cent, des cent millions prétés, moitié argent, moitié contrats ; par conféquent cinq millions : mais comme on a gagné l'extinction de deux millions de rente pour les 50 millions de contrats à 4 pour cent, que cet emprunt a fait rentrer, il eft jufte de ne compter que 3 millions en augmentation de dépenfe.

[N° XV.]

GUERRE.

ÉTAT des AUGMENTATIONS

Qui ont eu lieu progressivement sur les Dépenses ordinaires de la Guerre depuis l'année 1781.

PROJETS de FONDS.

Exercices	Ordinaire des Guerres	Extraordinaire des Guerres	Artillerie & Génie	Maréchaussée	Totaux	Augmentations progressives
1781	7,681,000	66,222,137	12,154,000	3,576,000	89,633,000	
1782	7,680,000	66,200,000	12,887,000	3,576,000	90,343,000	710,000
1783	7,618,000	69,400,000	14,005,000	3,582,000	94,605,000	4,262,000
1784	7,806,000	72,921,000	11,357,000	3,586,000	95,670,000	1,065,000
1785	8,163,000	80,700,000	12,575,000	3,592,000	105,030,000	9,360,000
1786	8,215,000	83,725,000	13,035,000	3,592,000	108,567,000	3,537,000
						18,934,000

[N° XVI.]

ÉTAT DES RECETTES ET DÉPENSES

Pour l'année 1783.

Cet Etat a été formé fous le Miniftère de M. de Fleuri.

RECETTES.	Produits bruts.	Charges & Déductions.	Reste pour le Tréfor Royal.
	liv.	*liv.*	*liv.*
Il reftoit au Tréfor Royal, au 31 Decembre 1782 *liv.* En efpèces . . . 21,673,000 En effets . . . 12,307,000	33,980,000		33,980,000
N° I. Ferme générale prix du bail . . . 122,900,000 Premier & fecond dixièmes des anciens cautionne-mens des employés . . . 179,800 Sols pour livre du bail régi par Tariot 20,000	123,099,800	88,290,800	34,809,000
II. Sols pour livres à percevoir par la ferme générale en exécution de l'Edit d'Août 1781 . .	12,520,000		12,520,000
III. Recettes générales des finances, compris les 10 premiers termes du troifième vingtième . .	158,853,200	34,643,200	124,210,000
IV. Régie des poftes & meffageries .	10,720,000	2,150,000	8,570,000
A reporter . .	339,173,000	125,084,000	214,089,000

SUITE DES RECETTES.	Produits bruts.	Charges & Déductions.	Reste pour le Tréfor Royal.
Report . .	339,173,000	125,084,000	214,089,000
V. Régie générale, compris les nouveaux fols pour livre impofés en 1781	47,000,000	33,560,000	13,440,000
VI. Régie des domaines & bois, compris les fols pour livre impofés en 1781	45,000,000	6,930,000	38,070,000
VII. Ferme de Sceaux & Poiffy . .	550,000	210,000	340,000
VIII. Impofitions de Paris . .	6,383,000	*Nota.*—Les gages de Secrétaires du Roi, ceux des agens de change, & autres qui fe payoient autréfois fur le fonds des dépenfes extraordinaires de la finance, font à préfent affignés fur ces impofitions, & font une déduction qui n'exiftoit pas en 1783.	6,383,000
IX. _liv._ Revenus cafuels . . 2,000,000 Jurandes . . . 1,000,000 Huiffiers Prifeurs . . 1,000,000	4,200,000	1,944,000	2,256,000
X. Régie des poudres & falpêtres .	950,000		950,000
XI. Pays d'Etats	30,289,000	18,577,000	11,712,000
XII. Dixième d'amortiffement . .	300,000		300,000
XIII. Dixième & troifième deniers pour livre à retenir par le Tréfor Royal	728,000		728,000
A reporter . .	474,573,000	186,305,000	288,268,000

SUITE DES RECETTES.	Produits bruts.	Charges & Déductions.	Reste pour le Tréfor Royal.
Report . .	474,573,000	186,305,000	288,268,000
XIV. Loterie Royale de France . .	9,650,000	2,404,000	7,246,000
XV. Vingtièmes abonnés des Princes & autres	316,000		316,000
XVI. Affinage de Paris & Lyon . .	82,000		82,000
XVII. Produit des privilèges des fiacres de Lyon, Rouen, Nantes, &c, .	47,000		47,000
XVIII. Contributions de la ville de Paris pour les dépenfes de carrières, de la Police, & de la Garde de Paris	204,000		204,000
XIX. Abonnement des intéreffés à la Manufacture Royale des Glaces, pour le droit de 10 par quintal .	150,000	20,000	130,000
XX. Fonds à recevoir des Etats-Unis de l'Amérique pour les intérêts à 4 pour cent des 10 millions qui leur ont été fournis en 1782 provenant d'un emprunt fait en Hollande	400,000		400,000
XXI. Fonds des Villes du Royaume pour la dépenfe des fortifications .	700,000		700,000
A reporter . .	486,122,000	188,729,000	297,393,000

SUITE DES RECETTES.	Produits bruts.	Charges & Déductions.	Reste pour le Trésor Royal.
Report . .	486,122,000	188,729,000	297,393,000
XXII. Recettes extraordinaires provenant d'emprunts actuellement ouverts, & autres opérations de finance sur lesquels il y a lieu de compter	139,626,000		139,626,000
XXIII. Dons gratuits & offres patriotiques annoncés en 1782 pour les dépenses extraordinaires de la Marine, reste dû . . .	8,141,000		8,141,000
XXIV. Bordereaux viagers de l'Edit de Mars 1781, & autres effets existant dans la Caisse du Trésor Royal . . .	10,000,000		10,000,000
Anticipations évaluées sur le pied de celles faites en 1782 . .	154,760,000		154,760,000
Attendu que l'année 1783 ne peut pas être considérée comme une pleine année de paix, ci	. . . . . .	. . . . .	Mémoire.
Totaux . . .	798,649,000	188,729,000	609,920,000

Nota.—Ce produit n'est en tems de paix que de 3,600,000 liv. On ne l'a pas repris en addition au compte, parce que cette addition est plus que compensée par l'augmentation de la dépense de la guerre qui a eu lieu en 1784 & 1785.

Nota.—On n'a pas compris dans l'état ci-dessus les produits du domaine d'Occident, évalué en tems de paix à . . . . . . *liv.* 4,100,000

Ni les bénéfices des monnoies portés en tems de paix à 500,000

OBSERVATION.

La Recette ordinaire, déduction faite du restant de l'année précédente & des extraordinaires portés aux Articles III, XVIII, XXII, XXIII, & XXIV, ainsi que des anticipations, se trouve réduite à . . . . 245,209,000 liv.

DÉPENSES.

<table>
<tr><td colspan="2" align="center">N° I.</td><td align="right">liv.</td></tr>
<tr><td>ANTICIPATIONS faites en 1782, fur les Revenus de 1783 . .</td><td></td><td align="right">154,760,000</td></tr>
</table>

II.

Guerre . { Tant pour dépenfes de 1782 reportées en 1783, que pour les paiemens à compte des dépenfes ordinaires de cette année, pour ceux des dépenfes extraordinaires dont elle a été chargée, & pour ce qui reftoit dû fur les anciens exercices . . .   107,000,000

III.   *liv.*

Marine . {
Service ordinaire . . . 40,000,000
Dépenfes extraordinaires, compris le million de piaftres qui avoit été fourni à la Havanne en Décembre 1782, & les traites non enregif- trées 80,000,000
}   120,000,000

IV.

Affaires Étrangères { Tant pour fervice ordinaire que pour avances faites extraordinairement   14,430,000

V.

Dépenfes de la Maifon du Roi, de la Maifon de la Reine, de la Famille Royale, &c.   34,906,000

VI.

Caiffe des arrérages & amortiffemens   20,000,000

VII.

Penfions   25,000,000

VIII.

Ponts & Chauffées   4,130,000

IX.

Compagnie des Indes   5,450,000

A reporter . . .   485,676,000

SUITE des DÉPENSES.

liv.

Report 485,676,000

X.
Rembourfement des lettres-de-change des Ifles de France &
de Bourbon 416,000

XI.
Deftruction des vagabondages & de la mendicité . . 900,000

XII.
Rembourfement annuel des refcriptions fufpendues en 1770 . 3,000,000
Intérêts des 38,700,000 liv. desdites refcriptions, qui refte-
ront dues au premier Avril 1783 1,935,000

XIII.
Intérêts & frais des anticipations faites dans les trois derniers mois 1782, & de celles qui auront lieu pendant les
neuf premiers mois 1783, en les comptant fur le pied de
154,760,000 liv. ci 9,760,000

XIV.
Intérêts annuels dus à M. le Duc d'Orleans, & à M. le Prince
de Condé 322,000

XV.
Rembourfement aux créanciers de feu M. le Prince de Conti,
délégués fur le prix du Duché de Mercœur, compris les
intérêts 626,000

XVI.
Intérêts d'un ancien emprunt fait à Gênes pour   *liv.*
    les Meffageries 70,000
———— d'un emprunt de 6 millions fait à Gênes
    en 1777 300,000
———— d'un emprunt viager fait par la ville de
    Paris pour la comédie . . . 18,000
———— d'un autre emprunt fait par ladite ville
    en 1777 600,000
———— d'un autre emprunt ouvert par ladite
    ville en 1781, environ (*) . . 400,000

(*) *Cet intérêt a été d'un million, l'emprunt ayant été porté à vingt.*

A reporter . . . 502,635,000

SUITE des DÉPENSES.

	liv.
Report	502,635,000

Intérêts d'un emprunt fait en Hollande en 1781,
    pour les Américains . . .   432,000
———— & charges sur l'Ordre du St. Esprit, ex-
    cédant les produits du marc d'or .   180,000
———— à divers pour offices supprimées & autres
    en activité, &c, ...   1,327,000
———— de l'emprunt de la ville de Marseille
    pour le compte du Roi . .   150,000
———— des emprunts ouverts en 1782, sur les-
    quels il reste environ 25 millions à
    rentrer, ci pour 6 mois par apperçu .   625,000
———— de l'emprunt de 200 millions, ouvert
    au Trésor Royal en Décembre 1782,
    environ   5,000,000

                                       9,102,000

XVII.
Paiement à faire en 1783 pour les forges de la Chauffade . néant   *On retient sur le fonds du département de la Marine à-peu-près le montant de la dépense.*

XVIII.
Remboursement d'offices sur les papiers & cartons . . .   68,000

XIX.
Gages du Conseil payés directement au Trésor Royal . .   1,600,000

XX.
Appointemens & traitemens payés sur des ordonnances particulières   1,580,000

XXI.
Appointemens & frais de bureaux des Trésoriers-généraux,
frais de régie, à   800,000

XXII.
Indemnités annuelles & dépenses diverses   820,000

XXIII.
Caisse civile de Corse   200,000

A reporter . . .	516,805,000

SUITE DES DÉPENSES.

	liv.
Report	516,805,000

XXIV.
Secours aux Familles Acadiennes établies en Bretagne . . — 113,000

XXV.
Supplément à fournir pour completter le paiement des gages de la Magiftrature dans les Pays d'Etats, environ . . — 900,000

XXVI.
Ecole vétérinaire . . . . — 68,000

XXVII.
Académies . . . . — 154,000

XXVIII.
Bibliothèque du Roi . . . . — 83,000

XXIX.
Jardin Royal des Plantes, & Cabinet d'Hiftoire Naturelle . — 107,000

XXX.
Monnoie des Médailles . . . . . . — 26,000

XXXI.
Imprimerie Royale . . . . — 90,000

XXXII.
Dépenfes de Paris, police, guet, carrières, & maréchauffée de l'Ifle de France . . . . — 2,614,000

XXXIII.
Prifonniers . . . . — 68,000

XXXIV.
Hôpitaux & enfans trouvés . . . . . — 216,000

XXXV.
Subfiftance des Jéfuites, & fecours annuels à des Communautés Religieufes . . . . — 457,000

A reporter	521,701,000

SUITE des DÉPENSES.

	liv.
Report	521,701,000

XXXVI.

Voyages & vacations . . . . | 65,000

XXXVII.

Frais de compte du Tréfor Royal . . . . . | 120,000

XXXVIII.

Remboursement à faire en Janvier 1783 des coupons & primes de la loterie de 36 millions du mois d'Octobre 1730 . . | 3,720,000

XXXIX.

Remboursement à faire en Décembre 1783 des coupons & primes de la loterie de 25 millions du mois de Décembre 1777 . . . . | 6,390,000

XL.

Remboursement du troisième tiers des charges fupprimées dans la Maifon du Roi en 1780, capital & intérêts . . | 1,382,000

XLI.

(*) *Cet article eſt toujours porté en compte : quoique le rembourſement ne ſoit pas demandé, il eſt conſidéré comme exigible.*

Fonds appartenant à M. Necker, rembourfable en Juillet 1783 avec les intérêts (*) . . . . . . | 2,520,000

XLII.

Refte de l'expédition de l'Inde de 1781, en fuppofant l'emploi de la lettre de crédit donnée fur Ceylan & Batavia par la Compagnie Hollandoife payable en 1782 . . | 5,500,000

XLIII.

Dépenfes relatives au don-gratuit du Clergé de 1782, frais d'affemblées, &c. . . . . | 1,290,000

XLIV.

Honoraires des notaires de Paris, & autres frais fur l'emprunt viager de 1782, & fur le nouvel emprunt de rentes perpétuelles, environ 3,000,000 liv. ; qu'on pourra payer en contrats à 4 pour cent, ci . . . . . . Mémoire

XLV.

Excédent à rembourfer par le Tréfor Royal aux titulaires des offices de receveurs particuliers des finances, arrêt du 18 Mai 1782, refte au 1er Janvier 1783 . . . . | 600,000

A reporter . .	543,288,000

SUITE des DÉPENSES.

	liv.
Report	543,288,000

XLVI.

Defsèchement des marais de Rochefort . . . . | 700,000

XLVII.

Dépenfe des travaux à faire en 1783 pour le port du Havre . | 400,000

XLVIII.

Habillement des Gardes-du-corps du Roi, payable dans les neuf premiers mois 1783 . . . . . . | 530,000

XLIX.

{ Remboursement du 1er quart des fommes dues aux anciens fermiers des meffageries . . *liv.* 428,000 } — Remboursement des indemnités particulières accordés auxdits fermiers . . . . 105,000 } | 533,000

L.

Quatrième million à payer en 1783 à M. le Comte d'Artois pour la ceffion des Bois de Champagne . . . . | 1,000,000

LI.

Secours extraordinaires accordés à M. le Comte d'Artois pour 1783 . . . . | 2,000,000

LII.

Arriéré des penfions & appointemens de M. le Prince de Condé & de M. le Duc de Bourbon . . . . . | 232,000

LIII.

Rente viagère fur la tête du Roi au profit des invalides de la Marine, provenant du million donné par le Clergé . . | 120,000

LIV.

Avance faite à la Marine en 1782 fur les affignations payables en 1783 . . . . | 2,391,250

Dépenfes extraordinaires, intérêts des reconnoiffances de l'emprunt de Janvier 1782, augmentation de fonds aux rentes de la ville pour ledit emprunt, frais d'opérations extraordinaires, & autres dépenfes imprévues, environ . . . | 24,000,000

Total . . . . | 575,194,250

OBSERVATION.

La Dépenfe annuelle, déduction faite de tous les extraordinaires portés aux Article I, II, III, IV, XLII, XLIII, & des anticipations, ne s'élève qu'à la fomme de . 325,202,250 liv.

[N° XVII.]

COMPTE

Rendu au Commencement de 1787,

Fin de l'Administration de M. DE CALONNE.

ÉTAT DES RECETTES ET DÉPENSES

Pour une année ordinaire.

REVENUS.

ARTICLE I.

Fermes Générales.

Montant des charges & déductions détaillées dans les Etats remis au Roi.

On verra par les désignations marquées en marge des articles de dépenses, quels sont les objets des déductions.

LE prix du bail, & le produit des objets régis au compte du Roi pour les baux qui commenceront au 1ᵉʳ Janvier 1787, montent, suivant le résultat du Conseil du mois de Mars 1786, à . . . .

liv.
114,724,182

liv.
150,000,000

II.

Recettes générales des Finances.

Pour faire une année ordinaire, on a pris pour base l'année 1787, déduction faite du troisième vingtième (c'est l'époque la plus juste qu'il fût possible de choisir) . . .

34,080,000

147,643,760

III.

Régie générale.

41,501,354

		liv.	
Les produits ordinaires, suivant le résultat du Conseil, sont évalués à		47,000,000	
Et les sols pour livres imposés en 1781, à .		4,000,000	51,800,000
L'abonnement des Droits de la Flandre maritime a été extrait de la régie par le résultat du Conseil, & se paie directement au Trésor Royal .		800,000	

190,305,536

349,443,760

<table>
<tr><td>liv.</td><td></td><td>liv.</td></tr>
<tr><td>190,305,536</td><td>. . . . . . De l'autre part . .</td><td>349,443,760</td></tr>
</table>

IV.

Régie des Domaines & Bois.

liv.		liv.
10,670,350	Le produit ordinaire donne suivant le résultat du Conseil . . . . . . 47,000,000 Les sols pour livres imposés en 1781, à . . 3,000,000	50,000,000

V.

Ferme des Postes.

Le résultat du Conseil du 2 Avril 1786 a converti la régie intéressée établie en 1783 en un bail de 6 ans du 1er Janvier 1792. Le prix du bail est fixé par année à . . .

2,980,106   10,800,000

VI.

Ferme des Messageries.

Le prix du bail est de 1,100,000 liv. Mais il a été reconnu nécessaire de le réduire; & c'est après un long examen que, vérification faite des produits, cet article a été réglé par une décision du Roi de Décembre 1786, à . . .

231,032   900,000

VII.

Fermes des Sceaux & de Poissy.

Bail de Charles. Melle commencé le 1er Juillet 1779 pour 12 années, qui finiront le 1er Juillet 1792, moyennant 600,000 liv. par année & d'un cautionnement de 2,000,000 liv. versés au Trésor Royal, dont l'intérêt est fixé à 3 pour cent, sans retenue, ci . . . . . .

240,416   600,000

On rembourse les 2,000,000 liv. du cautionnement à raison de 166,666 l. 13 f. 4 d. par année, de manière qu'il sera remboursé en totalité à l'expiration du bail.

VIII.

Impositions de Paris.

Composées de la capitation de la Cour, de celle des Bourgeois, & de celle des Communautés; du premier & second vingtième & 4 f. pour livre du premier; du vingtième d'industrie; des Offices & Droits, & des Impositions de la Milice; ci . . . .

3,756,620   7,967,000

IX.

Marc d'Or.

Les Droits de Marc d'Or, & les sols pour livres en sus, évalués d'après les trois dernières années, donnent, y compris les Droits de Quittance, une année commune d'environ . .

1,830,300   1,900,000

210,014,360   421,610,760

liv.		*liv.*
210,014,360	De l'autre part	421,610,76

Charges & déductions détaillées dans les Etats remis au Roi.

X.
Revenus Casuels.

liv.

Les Droits de mutation des Offices évalués d'après les produits ordinaires, donnent par année, environ 1,200,000

Le centième Denier des Offices dont les 8 années de rachat expirent en 1787, environ . . 1,240,000

Les Droits des Maîtrises de Paris & de Provinces 1,000,000

Offices du Point d'Honneur & Officiers Municipaux 560,000

1,816,600 { } 4,000,000

XI.
Régie des Poudres.

Le produit de cette Régie, déduction faite des frais d'exploitation feulement, donne, année commune, au Tréfor Royal . 600,000

100,000

XII.
Régie de la Loterie Royale de France.

Les bénéfices de cette Loterie peuvent être évalués, année commune, à 9,000,000

Ceux des petites Loteries 600,000

2,610,939 { } 9,600,000

XIII.
Pays d'Etats.

Non compris dans la Recette générale des finances; favoir: le Languedoc, la Bretagne, la Bourgogne, la Provence, le Béarn & Navarre, le Rouffillon, les Pays de Breffe, Bugey & Gex, les terres adjacentes de Provence; ci . . 24,500,100

Nota.—On a déduit le troifième vingtième, & on a repris en recette les accroiffemens qui avoient été fufpendus par modération, lors de l'établiffement du troifième vingtième.

21,523,997

XIV.
Dixième d'Amortiffement, & Retenue faite par les Tréforiers.

Dixième & trois deniers pour livre fur les gages & autres dépenfes de la Maifon du Roi qui y font affujettis 200,000

Dixième fur les gages du Confeil, traitemens annuels, & autres objets 400,000

Dixième retenu par les Tréforiers de la Guerre & de la Marine, environ 400,000

{ } 1,000,000

236,065,896		461,310,860

liv.
236,065,896 : . . . . . De l'autre part . . 461,310,860

Charges & dé-
ductions détail-
lées dans les
Etats remis au
Roi.

L'Etat des Retenues faites par les Tréforiers étoit plus confidérable autrefois, parce que tous les comptables qui comptent
à la Chambre des Comptes recevoient leurs fonds en entier
du Tréfor Royal, retenoient le dixième, & le portoient en
recette ; au lieu qu'à préfent ces comptables paient des rentes,
ne reçoivent du Tréfor Royal que le net, & ne comptent
plus de cette retenue ; en forte que la dépenfe du Tréfor
Royal pour ces parties, n'eft employée que pour le net.

XV.

Vingtièmes abonnés.   *liv.*

M. le Duc d'Orleans	44,000
M. le Prince de Condé	40,000
M. le Prince de Conti	1,320
M. le Duc de Penthièvre	57,002
	142,322

VINGTIÈMES ET CAPITATION DE L'ORDRE DE MALTHE.   323,322

Vingtièmes de l'Ordre de Malthe . . .	120,000
Capitation idem	39,000
	159,000

VINGTIÈMES des Marches communes du Poitou . 22,000

XVI.

*Affinages de Paris & de Lyon, & Privilège des Fiacres
en quelques Provinces.*

Affinage de Paris		42,100
———— de Lyon		40,000
Privilège des Fiacres	Lyon . . .	26,300
	Metz, Lifle, & Nancy . . .	8,000
	Rouen	2,400
	Nantes, Orléans, & Bourdeaux . .	1,500
	Verfailles, Compiègne, & Fontainebleau	9,000

129,300

XVII.

Bénéfice des Monnoies . . . 535,110

236,065,896

462,298,592

<table>
<tr><td>liv.</td><td></td><td>liv.</td></tr>
<tr><td>236,065,896</td><td>De l'autre part</td><td>462,298,592</td></tr>
</table>

Charges & déductions détaillées, dans les Etats remis au Roi.

XVIII.

Fonds des Villes affectés aux Fortifications.

Ce font des fonds imposés annuellement fur différentes provinces pour le paiement de partie des ouvrages de fortifications, qui étoient remis au Tréforier-général de la Guerre, & qui par déclaration du Roi du 12 Juin 1781, doivent être verfés au Tréfor Royal; ci 749,047

XIX.

Fonds à recevoir de la Marine pour les Fournitures des Forges de la Chauffade.

Depuis l'acquifition faite par le Roi des Forges de la Chauffade en 1781, Sa Majefté s'eft chargée des frais d'exploitation pour lefquels le Tréfor Royal fournit chaque mois 75,000 liv. ce qui fait par année 900,000 liv.

La Marine, qui reçoit toutes les armes & tous les fers de ces forges, les paie fur fes fonds, & la retenue en eft faite au Tréfor Royal; ci . . . .

900,000   900,000

XX.

Le Cinquième du Don-gratuit du Clergé.

Le Clergé paie tous les cinq ans au Roi un Don-gratuit d'environ 16 à 18 millions. On ne croit pas devoir porter ici cet objet comme un revenu annuel en faifant fur chacune des cinq années, la répartition de la fomme entière. On préfume qu'elle fe trouvera comprife dans l'impofition générale telle qu'on l'a propofée . . . . Mémoire.

XXI.

Créance fur les Etats-Unis de l'Amérique.

Elle confifte en trois objets.

1°, Un Prêt de 18,000,000 liv. rembourfables en 12 années à compter de 1787, à raifon de 1,500,000 liv. par an; avec les intérêts à 5 pour cent.

      Pour remboursement . . *liv.* 1,500,000

236,965,896   463,947,639

liv.
236,965,896 . . . . . . *De l'autre part* . 463,947,639

Charges & dé-
ductions détail-
lées dans les
Etats remis au
Roi.

2°, Un Emprunt de 10,000,000 liv. fait en Hollande, remboursables en 10 années sur le pied d'un million par an, à compter de 1787 ; avec les intérêts à 4 pour cent.

Pour remboursement . . 1,000,000

3°, Un Prêt de 6,000,000 liv. remboursables en 6 années sur le pied d'un million par an, à compter de 1797 ; avec les intérêts à 5 pour cent.

Pour remboursement 1,000,000 { Mais on ne le compte pas, attendu qu'il ne doit commencer que quand le précédent finira. }

Pour les intérêts du tout. . . 1,600,000

4,100,000

XXII.

Débets des comptables, Parties non réclamées, & autres Recouvremens particuliers.

Les comptables sont tenus de verser au Trésor Royal les parties non réclamées de leurs exercices avant la présentation de leurs états au vrai, au Conseil ; & ce versement est un objet, année commune, de . . . . . . *liv.* 500,000

Les débets résultant des jugemens des comptes à la Chambre, environ 400,000

Les parties non réclamées & débets des rentes sur l'hôtel-de-ville montoient précédemment à près de 12,000,000 liv. par an : depuis le rapprochement des paiemens des rentes, cet objet est considérablement réduit ; mais on peut le compter pour environ 5,000,000

Petits recouvremens particuliers & imprévus . 100,000

6,000,000

236,965,896   TOTAL DE LA RECETTE . . . 474,047,639

liv.
Recette totale . . . 474,047,639
Déductions 236,965,896

Somme versée au Trésor Royal . 237,081,743

DÉPENSES.

DÉPENSES ORDINAIRES.

Désignation des Caisses, & parties de revenus sur lesquelles les différentes dépenses sont payées.

Sur le Tréfor Royal.

Sauf une petite partie relative aux quatre derniers objets, laquelle est payée tant sur la recette générale des finances que sur les octrois des villes; comme on l'a marqué à la fin de l'article.

ARTICLE I.
Département de la Guerre.

On a défigné par une † les articles sur lesquels on a propofé des retranchemens.

	liv.	
Ordinaires des Guerres, ou Maifon du Roi militaire	8,234,000	
Extraordinaires des Guerres	81,944,000	
Artillerie & Génie	13,050,000	
Maréchauffée	3,940,000	114,000,000
Garnifons ordinaires	1,966,000	†
Etapes & Convois	2,566,000	
Fourages & Cafernemens	2,300,000	

indépendamment des fonds fournis pour fourages par la Bretagne, le Languedoc, & la Franche-Comté, non compris dans les Etats des Recettes générales, attendu que ces Provinces les paient directement aux parties prenantes, montant environ à 1,600,000 livres.

Ces 114,000,000 liv. payables,

SAVOIR,

Par le Tréfor Royal	108,233,500
Par les Recettes générales & les Villes	5,766,500
	114,000,000

II.
Marine & Colonies.

Sur le Tréfor Royal.

Sur les Fermes générales.

Fonds ordinaires fixés par décifion du Roi du mois de Décembre 1784.(*)	34,000,000	34,180,000
Rentes fur les Domaines d'Occident	180,000	

III.
Affaires Etrangères.

Sur le Tréfor Royal.

Service ordinaire par apperçu	8,200,000	9,030,000
Ligues Suiffes	830,000	
		157,210,000

(*) Cette fixation à 34 millions a toujours été outre-paffée d'environ fix, qu'il a fallu accorder chaque année en fupplément; mais on ne peut porter en compte réglé que ce qui a été déterminé par Sa Majefté; & l'on a rejeté le fupplément dans l'article des dépenfes extraordinaires & imprévues.

Gg

De l'autre part   *liv.* 157,210,000

IV.
Maison du Roi.

Sur le Tréfor Royal.	Comptant au Roi	1,652,000
	Offrandes & Aumônes	200,000
	Gages de la maifon du Roi	480,000
	Récompenfes	230,000
	Chambre au deniers	3,000,000
	Argenterie & Menus	2,000,000 †
	Garderobe du Roi	77,000
	Garde-meuble	1,900,000
	Grande Ecurie	3,600,000
	Petite Ecurie	2,660,000 } †
	Prévôté de l'Hôtel	169,000
	Gardes de la Porte	39,000
	Vénerie	1,031,000 †
	Chaffe & Capitainerie	200,000
	Louveterie	31,000
	Bâtimens	4,000,000
	Maifons Royales	600,000
		21,869,000
Idem.	MAISON DE la REINE	4,250,000

         } 35,976,000

FAMILLE ROYALE.

	Enfans de France	260,000
	Maifon de MONSIEUR	2,296,000
	—— de MADAME	1,360,000
Idem.	—— de Monfeigneur Comte d'Artois	2,266,000
	—— de Madame la Comteffe d'Artois	1,394,000
	—— de M. le Duc d'Angoulême	400,000
	—— de M. le Duc de Berry	300,000
	—— de Madame Elizabeth	283,000
	—— de Madame Adelaïde	649,200
	—— de Madame Victoire	624,800
	Penfion de Madame Louife	24,000
		9,857,000 †

193,186,000

liv.
Ci-contre . . 193,186,000

V.

Penſions.

liv.

Sur le Tréſor Royal.

Pour la Guerre , ...	16,000,000
Pour la Marine	2,000,000
Pour les Affaires étrangères	590,000
Pour la Maiſon du Roi	4,000,000
Pour les retraites du Conſeil, la magiſtrature, la Finance, & autres penſions qui n'appartiennent à aucun département	5,410,000

28,000,000

Mais la Maſſe des Penſions ne doit plus être comptée à la totalité de cette ſomme ; & les nouveaux arrangemens réſultant des déciſions données par Sa Majeſté en 1785, produiſent déjà une diminution de . . . 1,000,000

Reſte . . 27,000,000

L'Arrêt du Conſeil du 8 Mai 1785 ayant rendu la diminution ſucceſſive en proportion des extinctions, le décroiſſement pourroit être évalué : cependant on comptera ici, ſuivant l'état actuel, . . 27,000,000†

VI.

Ponts & Chauſſées.

Partie ſur les Recettes générales, partie ſur le Tréſor Royal.

Ponts & Chauſſées	3,900,000	
Turcies & Levées	500,000	
Ports Maritimes	800,000	6,520,000
Canaux	710,000	
Pavés de Paris	610,000	

VII.

Rentes Perpétuelles.

Sur les Fermes gén.

Idem.

Sur l'Hôtel-de-Ville de Paris . . .	55,907,600	
Sur le Domaine de la Ville . . .	2,747,000	
RENTES VIAGÈRES.		151,400,000
Sur l'Hôtel-de-Ville de Paris . . .	92,745,400	

378,106,000

G g 2

liv.
De l'autre part   ;   ;   378,106,000

VIII.

Diverses Rentes & Indemnités annuelles.

liv.

		liv.
Sur les Fermes géné- rales.	Anciennes Rentes sur le Clergé	500,000
	Nouvelles Rentes sur le Clergé	1,000,000
	Mesdames Tantes du Roi	85,000
	Gardes du Roi	23,150
	Pensionnaires de M. le Comte de Clermont	37,350
	M. l'Evêque de Metz pour bois échangés	91,032
	Charges & rentes assignées sur les Gabelles & Fermes générales, dont M. Trudon est payeur .	1,550,000
		3,286,532

Sur le Marc d'Or.   RENTES SUR L'ORDRE DU ST. ESPRIT.

	Pour Emprunt	1,036,000
	Dotation de l'Ordre	606,000
		1,642,000

Sur la Régie géné- rale.	RENTES SUR LES AIDES de Corbie & Romorantin	16,000
	Madame la Duchesse de Choiseul	80,000
	M. le Duc d'Orléans	10,000
	Diverses autres rentes	14,000
		120,000

8,073,97 1

Sur les Messageries.	DIVERS PROPRIÉTAIRES pour non-jouissance des sous-fermes & baux particuliers des Messageries .	50,000
Sur la Loterie Royal.	AUX LOTERIES supprimées	1,175,439
	INDEMNITÉS annuelles pour échange. (Dombes, Enrichemond)	680,000
Idem.	RENTES VIAGÈRES sur la tête du Roi au profit des Invalides de la Marine, provenant d'un million donné par le Clergé en 1782 pour les veuves des matelots au-delà du don-gratuit	120,000
Idem.	RENTES VIAGÈRES & perpétuelles dues par Mon- seigneur Comte d'Artois, & dont le Roi s'est chargé	1,000,000

386,179,971

liv.
Ci-contre . . . 386,179,971

IX.

Intérêts d'Emprunt, compris les Pays d'Etats.

		liv.	
	Anciens Emprunts de Gênes	275,000	⎫
	Autre Emprunt en 1785	250,000	⎪
	Emprunt de la ville de Marseille pour l'Arsenal .	150,000	⎪
	Emprunt de 100,000,000 liv. de Décembre 1782 .	4,130,000	⎪
Partie sur le Trésor Royal, & partie sur les Pays d'Etats.	Actions de l'ancienne Compagnie des Indes . .	3,950,000	⎪
	Loterie de 24,000,000 liv. d'Avril 1783 . .	648,000	⎬ 26,706,000
	Loterie de 24,000,000 liv. d'Octobre 1783 . .	810,000	⎪
	Emprunt de la Flandre Maritime . . .	150,000	⎪
	Emprunt de la ville de Paris à Gênes . .	43,000	⎪
	Emprunt de 125,000,000 liv. de Décembre 1785 .	6,000,000	⎪
	Emprunt des Pays d'Etats	6,800,000	⎪
	Intérêts de 70,000,000 liv. du cautionnement de la Caisse d'Escompte fourni en Février 1787 .	3,500,000	⎭

X.

Intérêts à divers.

		liv.	
Sur le Trésor Royal.	M. de Bacqueville pour l'échange du Comté de Montgommery, partie en viager, partie principale	193,000	⎫
	A M. le Prince de Soubise pour la terre de Viviers .	65,000	⎪
	A M. le Duc de Liancourt pour les forêts de Camors & de Florange	50,000	⎪
	A M. le Duc d'Orléans & à M. le Prince de Condé intérêts d'anciennes dotes . . .	322,000	⎪
	A divers pour différens objets réglés par décisions .	854,238	⎬ 1,986,818
		1,484,238	⎪
Sur les Pays d'Etats.	Aux Officiers du Languedoc pour offices rachetés	113,900	⎪
	A M. le Prince de Conti pour la Principauté d'Orange	31,000	⎪
Sur les Messageries.	Aux Propriétaires de l'hôtel des Messageries . .	20,000	⎪
Sur les Recettes générales.	A divers Particuliers dans les différentes Généralités pour acquisition de terreins & autres objets .	337,680	⎭

414,872,789

liv.

De l'autre part . . . 414,872,789

XI.

Intérêts, Gages, Taxations d'Offices de Finance, & Frais de Régie.

FERME GÉNÉRALE.

	liv.
Intérêts de 68,640,000 liv. de fonds d'avance des Fermiers-généraux	3,432,000
Dividende à 2 pour cent sur 15 millions 840 mille livres	316,800
Honoraires des Fermiers-généraux . . .	1,320,000
Frais de Bureaux	158,400
Dépense que le Roi a prise à son compte (*) . .	2,852,000
Intérêts des cautionnemens des emplois . .	1,357,000
Bureau de l'Administration & de la balance du Commerce	215,000
Diverses charges particulières & frais de Régie .	1,105,000
	10,756,200 †

(*) Lorsque cette dépense n'étoit pas au compte du Roi, elle n'en diminuoit pas moins le produit réel; Sa Majesté s'en est chargé pour pouvoir la réduire.

RÉGIE.

Intérêts de 33,600,000 liv. de fonds d'avance .	1,680,000
Droits de présence	56,000
Remise sur les 15 premiers millions de produit net pour dividende	1,700,000
Diverses dépenses & gratifications . .	60,000
Intérêts des cautionnemens & des emplois . .	157,000
	3,653,000

DOMAINE.

Intérêts des 33,600,000 liv. de fonds d'avance .	1,680,000
Traitement fixe à raison de 45,000 liv. par sol .	1,260,000
Frais de Bureaux & de Régie . . .	517,000
Intérêts des cautionnemens & des emplois . .	323,000
	3,780,000

RECETTE GÉNÉRALE.

Intérêts des finances des Receveurs généraux & particuliers	2,696,000
Droits d'Exercices	158,000
Remises & Taxations	4,863,000
Gratifications aux Receveurs particuliers . .	1,185,000
Frais & rôles d'appointemens des Directeurs & Contrôleurs des Vingtièmes . . .	730,000
	9,632,000	414,872,789

liv.
Ci-contrre . . . 414,872,789

Suite de l'ARTICLE XI.

POSTE AUX LETTRES.

	liv.
Intérêts des fonds d'avance	420,000
Traitemens, honoraires, & gages des personnes attachées à la ferme	195,180
Frais de Régie	1,216,000
	1,831,180

POSTES ET RELAIS.

Frais de Régie	864,000

FERMES DE SCEAUX ET DE POISSY.

Intérêts des fonds d'avance qui décroissent à mesure des remboursemens	25,000

IMPOSITIONS DE PARIS.

Gages des Receveurs-généraux & particuliers, taxations des Sindics & Communautés . .	386,400
Intérêts des Offices des Agens de Change . .	300,000
Gages des Secrétaires du Roi . . .	2,063,000
Remises & charges sur les vingtièmes des offices & droits	114,000
	2,863,400

MARC D'OR.

Gages & taxations des Trésoriers . . .	45,000
Appointemens des Contrôleurs & frais de Bureaux	10,400
	55,400

LOTERIES.

Honoraires des Administrateurs . . .	120,000
Remises aux Receveurs-généraux & Directeurs . .	135,000
Frais de Bureaux & de Régie	561,000
Intérêts des cautionnemens	475,000
	1,291,000

PAYS D'ÉTATS.

Languedoc.	Frais d'Assemblées des États, traitement du Commandant, des Bureaux de l'Intendance, & autres frais relatifs à l'Administration . . .	213,200
Bretagne.	Mêmes objets que ci-dessus	234,324
Bourgogne.	Idem	60,000
Brest, Bugey & Généralité.	Trois deniers pour livre sur les taxations du Receveur-général	9,200
Provence.	Mêmes objets que ci-dessus . . .	10,200
Bearn & Navarre.	Taxations du Receveur-général . . .	29,600
	Bureaux de l'Intendance . . .	21,200
	Gratifications des Maîtres des Postes . .	9,900
Roussillon & Foix.	Gages des Receveurs des Tailles . . .	96,300
Idem.	Idem du Receveur-général . . .	34,000
		717,924	414,872,789

liv.
De l'autre part . . . 414,872,789

Suite de l'ARTICLE XI.

GAGES ET TAXATIONS.

		liv.
Gages du Trésor Royal, Commissaire de la Maison du Roi, Trésorier des dépenses diverses, & frais de Bureaux		1,285,370

Parties casuelles.	Gages du Trésorier des Parties casuelles . .	50,000
	Gratifications, idem	20,000
	Taxations, idem	60,000
	Frais de Bureaux	63,000
		193,000

Ponts & Chaussées.	Taxations & frais de Bureaux . . .	75,000
	Gages	42,000
		117,000

Trésorier de la Guerre.	Taxations, année commune, . . .	1,040,000
	Gages	144,000
		1,184,000

Trésorier de la Marine.	Taxations & Droits d'Office . . .	315,000
	Gages	108,000
		423,000

RÉCAPITULATION des sommes qui composent cet ARTICLE XI.

liv.
10,756,200
3,653,000
3,780,000
9,632,000
1,831,180
864,000
25,000
2,863,400
55,400
1,291,000
717,924
1,285,370
193,000
117,000
1,184,000
423,000
____
38,671,474 †

XII.

Remboursemens par la Caisse des Amortissemens.

	liv.
Fonds d'amortissement ordonnés par Edit d'Août 1784	3,000,000
Extinction des rentes viagères 1784 & 1786 . .	3,600,000
Extinction des idem remboursées dans les mêmes années	500,000
Offices de Magistrature & de Finance supprimés .	2,000,000
Loterie de 36,000,000 liv. d'Octobre 1780 . .	6,320,000
Loterie de 24,000,000 liv. d'Avril 1783 . .	3,136,000
Loterie de 24,000,000 liv. d'Octobre 1783 . .	3,514,000
Rentes, de l'Edit de Décembre 1782 . .	5,871,000
Emprunt de 25,000,000 liv. Décembre 1784 .	5,750,000
Primes de l'Emprunt de 80,000,000, Décembre 1785 .	800,000
	34,491,000

453,544,263

liv.

Ci-contre . . 453,544,263

*Suite de l'*A R T I C L E **XII.**

liv.

Sur le Tréfor Royal. Actions de l'ancienne Compagnie des Indes . . 955,000

Sur le Tréfor Royal. Emprunt de Gênes en 1775 400,000
Idem 1777 1,200,000
Autre idem . . . 1777 1,000,000
Emprunt fait en Hollande en 1781 . . . 1,000,000

3,600,000

(*) Cet article avoit été porté dans le compte ; mais il a paru jufte de l'en retrancher comme prêt à expirer, & conféquemment n'étant plus une dépenfe ordinaire.

(*) Remboursement d'Offices fur les papiers & cartons fini cette année . . . . Mémoire.

Emprunt fur l'Ordre du St. Efprit . . . 50,000

Cautionnement fur la Caiffe de Poiffy, que le Roi rembourfe en 12 ans 166,000

Remboursement à la ville de Paris fur les 30,000,000 liv. de fon Emprunt de 1786 (dont 6 millions font déjà rembourfés) . . . 3,000,000

Sur les Pays d'Etats. Capitaux des Emprunts ouverts pour le compte du Roi 9,661,000

Sur les Fermes générales. Au Clergé pour le Remboursement de 1,000,000 liv. faifant partie de 14,000,000 liv. prêtés par lui en 1781, & pour 750,000 liv. qu'on lui donne annuellement pour fe libérer . . . 1,000,000

13,877,000

Total des Rembourfemens, dont partie fur le Tréfor Royal, partie fur les Régies, les Pays d'Etats & la Ferme générale,

52,923,000

XIII.

Gages du Confeil, Bureaux d'Adminiftration, & Intendances des Provinces.

Partie fur le Tréfor Royal, partie fur la Recette générale des Impofitions, & partie fur la Ferme générale.

Appointemens des Grands Officiers de la Couronne 323,000
Idem des Miniftres, frais de Bureaux, hors les affaires étrangères, gages des Confeils Royaux . 4,360,000
Confeil Privé 363,000
Différentes commiffions du Confeil . . . 430,000
Intendans des Provinces 1,150,000

6,626,000

513,093,263

H h

liv.
De l'autre part . . 513,093,263

XIV.

Gages de la Magistrature, Epices, & Frais de Compte.

Partie sur le Trésor Royal, partie sur la Recette générale des Impositions.

	liv.	
Parlement, Chambre des Comptes, Cour des Aides, Chancellerie, & autres Cours supérieures . .	4,112,000	
Châtelet, Baillages, Sénéchauffées, Bureaux des Finances, & autres	3,101,000	11,853,000
Epices & frais de Compte	2,018,000	
Frais de justice qui se paient sur les Domaines .	2,622,000	

XV.

Travaux de Charité.

Sur la Recette générale des Impositions.

Suivant l'apperçu des foumiffions des Recettes générales pour l'année 1787 . . . . . 1,800,000.

XVI.

Mendicité.

Idem.

Cette dépense, dont l'administration est confiée à M. l'Intendant de Paris pour tout le Royaume hors la Provence, monte suivant les Etats arrêtés par lui à . . . . 1,100,000.

XVII.

Décharges d'Impositions, Remises, Non-valeurs, Modérations, Dépenses variables, & Passeports.

Idem.

Recette générale, Ferme générale, Poste, environ	6,887,000	
Pays d'États	2,000,000	9,287,000
Passeports, environ	400,000	

XVIII.

Franc-salé & Vins des Privilégiés.

Fermes générales.

Somme à donner aux privilégiés pour la converfion de leurs privilèges, ou à déduire du bail des fermes, jusqu'à ce que cette converfion ait été effectuée	974,000	1,470,000
Franc-salé	496,000	

538,603,263.

liv.

Ci-contre . . 538,603,263

XIX.

Tréfor Royal.

Hôpitaux & Enfans trouvés.   *liv.*

La dépenfe des Hôpitaux & Hofpices eft de . . 347,000 }
& celle des Enfans trouvés . . . . 370,000 }   717,000

XX.

Sur diverfes Caiffes.

Fiefs, Aumônes, Communautés, Religieufes, & Curés Royaux des Frontières.

Sur les Recettes générales . . . . 60,000 }
Sur l'État des Domaines . . . . . 1,633,000 } 2,143,000
Sur le Tréfor Royal . . . . . 450,000 }

XXI.

Sur la Régie des Domaines.

Entretiens des Prifons & Bâtimens des Domaines.

Sur l'État des Domaines . . . . 887,000 }
Somme annuelle deftinée à la conftruction du Palais
   de Juftice à Paris . . . . 361,000 } 1,284,000
Item, pour la conftruction de celui d'Aix . . 36,000 }

XXII.

Idem.

Charges & Dépenfes de l'Adminiftration des Eaux & Forêts.

L'Adminiftration des Eaux & Forêts, fuivant le
   dernier État fourni pour l'année 1785, les charges
   pour les Généralités du Royaume, montent à . 3,160,000 } 3,411,000
& pour la Lorraine . . . . . . 251,000 }

XXIII.

Haras.

Partie fur la Recette générale & partie fur le Tréfor Royal.

1°, Sous les Ordres du Grand Ecuyer, fur les Recettes générales 250,000
Sur le Tréfor Royal, pour augmentation de traitemens aux Officiers des Haras . . . 24,000
2°, Sous les Ordres de M. de Polignac, fur les
   Recettes générales . . . . . 385,000 } 884,000
Sur le Tréfor Royal, pour achat d'étalons & dépenfes extraordinaires 75,000
Fonds extraordinaires pour les haras de Chambors
   pendant 1787 & 1781 150,000

547,042,263

H h 2

liv.
De l'autre part   547,042,263

XXIV.

Collèges & Univerſités.

Ferme des Poſtes.

liv.

Univerſité de Paris	316,600	
Collèges de Paris	58,400	425,000
Collèges de Provinces	50,000	

XXV.

Caiſſe civile de Corſe.

Tréſor Royal.

Les fonds néceſſaires pour ſubvenir aux dépenſes d'adminiſtration & d'utilité pour la Corſe, au-delà des produits qui y ſont affectés, montent annuellement à   300,000

XXVI.

Acadiens.

Idem.

La ſolde accordée aux Acadiens répartis dans la Brétagne montent environ à   100,000

Nota.—Une partie de ces Acadiens devant paſſer inceſſamment dans les Colonies Eſpagnoles qui les demandent, cette dépenſe diminuera en proportion.

XXVII.

Ecole Vétérinaire.

Idem.

La dépenſe de l'Ecole Vétérinaire établie à Elfort près Paris, ſous les ordres de M. Berthier, eſt de . 150,000

Recette générale.

Celle établie à Lyon, ſous les ordres de M. Terrai, Intendant de la Province, eſt d'environ . . 20,000

   170,000

XXVIII.

Département des Mines.

Tréſor Royal.

Ecole des Mines	80,000	
Frais de voyages & gratifications des Inſpecteurs, des Elèves, environ	40,000	
Traitement de M. le Baron Dietrick	12,000	200,000
Différens travaux	20,000	
Bureau de l'Adminiſtration	21,000	
Dépenſe extraordinaire par apperçu	27,000	

XXIX.

Idem.

Académies des Gens de Lettres & Travaux Littéraires.

La réunion de tous ces objets forment, y compris l'augmentation de cette année, une dépenſe d'environ   380,000

548,617,263

liv.

Ci-contre . . 548,617,263

XXX.

Tréfor Royal.

Bibliothèque du Roi, Jardin du Roi, & Médailles.

	liv.	
La dépenfe de la Bibliothèque du Roi eft, année commune, d'environ	83,000	
Celle du Jardin du Roi & Cabinet d'Hiftoire naturelle	107,000	230,000
Celle de la Monnoie des Médailles . . .	40,000	

XXXI.

Idem.

Imprimerie Royale.

Les dépenfes pour les frais d'infpection & fourniture pour le fervice de la Maifon du Roi, fe montent annuellement à environ 90,000

XXXII.

Dépenfe de Paris.

Idem.

Recette générale.

Police	1,554,000	
Carrières	400,000	2,983,732
Guet de Paris	768,244	
Maréchauffée de l'Ifle de France . . .	261,588	

XXXIII.

Prifonniers par Ordre du Roi.

Partie par le Tréfor Royal, partie par la Régie des Domaines.

La Baftille, environ	104,000	
Châtelet, pour le linge feulement . . .	9,000	
Pierre-encife	6,500	
Tour St. Bernard	8,000	
Solde, habillement, & fournitures pour la garde du Château de Vincennes . . .	9,500	191,000
Frères de la Charité de Charenton . .	20,000	
Idem de Senlis	4,000	
Maifons diverfes & autres frais . . .	30,000	

XXXIV.

Voyages & Vacations.

Idem.

Les voyages & courfes de la Maifon du Roi & de la finance montent environ à . . .	35,000	
Nota.—Ceux des affaires étrangères, de la Guerre & de la Marine, font pris fur les fonds de ces départemens.		60,000
Les vacations des huiffiers du Confeil, Prévôté de l'hôtel, & autres, environ	25,000	

552,171,995

liv.

De l'autre part . . 552,171,995

XXXV.

Tréfor Royal.

Forges de la Chauſſade.

Depuis l'acquifition de ces forges en 1781, les frais & les intérêts du prix de la vente montent annuellement à 900,000 liv. que le Tréfor Royal fournit à raifon de 75,000 liv. par mois, ci . .   *liv.* 900,000

Il refte dû fur 3,180,000 liv. à quoi a monté le prix de ces forges, 1,500,000 liv. payables fucceffivement d'année en année, jufques & compris le 1er Janvier 1793. Ci, pour 1787 . . 100,000

    1,000,000

XXXVI.

Idem.

Liquidation de l'ancienne Compagnie des Indes.

Demi folde & fubfiftance	38,000
Dépenfe des Bureaux à Paris	100,000
Idem de Pondicheri & Chandernagor . .	45,000
Anciens Débets	45,000
Liquidation & Décompte des Gens de Mer . .	60,000
Créanciers Dupleix & autres Créanciers . .	200,000
La famille La Bourdonnaye 300,000 liv. en contrats à 4 pour cent	12,000

    500,000

XXXVII.

Idem.

Acquifition de l'Orient.

Rentes viagères	1,061,000
Anciens Arrérages viagers & perpétuels payables en 1787 & 1788	242,000

    1,303,000

XXXVIII.

Idem.

Services par Anticipation en 1786 fur les Revenus de 1787.

Les intérêts des Anticipations qui fe montent à la fomme de 255 millions fur le pied de 5 pour cent, forment celle de	12,754,000
La commiffion à 1 pour cent	2,550,000
Le demi pour cent de voiture fur 72 millions de refcriptions payées dans la Province . .	360,000

    15,664,000

570,638,995

liv.
Ci-contre . . 570,638,995

XXXIX.

Dépenſes diverſes.

	liv.	
Pour dettes des Bâtimens, fuivant la liquidation arrêtée	2,000,000	
Pour l'acquittement fucceſſif des dettes de Monſeigneur Comte d'Artois, fuivant ce qui a été décidé & réglé en 1783	1,600,000	7,546,000
Rente payée à M. le Prince de Condé, pour l'échange du Clermontois . . .	1,200,000	
Autres dépenfes	2,746,000	

(*) *Nota*—On ne donne point le détail de ces dépenfes à caufe de leur trop grande multiplicité ; plufieurs font fecrettes.

XL.

Fonds pour les dépenfes extraordinaires & imprévues fur lequel il faut pourvoir à la dépenfe de Cherbourg tant qu'elle fubfiftera, & au fupplément d'environ fix millions à la Marine auſſi longtems qu'il fera jugé néceſſaire, ci 11,000,000

Total. . . 589,184,995

Balance.

	liv.
La Dépenfe eft de . . .	589,184,995
La Recette	474,047,629
Déficit	115,137,366

Nota.—Suivant le Compte que j'avois remis au Roi à la fin de l'année 1786, & qui préfentoit la fituation des finances à l'époque du 1er Janvier 1787, le déficit n'étoit que de 111 à 112 millions ; parce que les emprunts poftérieurs n'y étoient pas compris. C'eft en les y comprenant que le préfent Compte, qui eft cenfé rendu au 1er Avril 1787, donne pour réfultat 115 millions 137 mille livres de déficit.

EMPRUNTS

Faits par le Roi, ou pour le Compte de Sa Majesté depuis son avénement au Trône jusqu'au premier Janvier 1787.

EMPRUNTS
Versés directement au Trésor Royal.

Mois	Année		Montant
Janvier	1777		24,000,000 liv.
Décembre	1777		25,000,000
Novembre	1778		48,366,122
Novembre	1779		69,444,500
Octobre	1780		18,000,000
Février	1781		60,000,000
Mars	1781		50,000,000
Janvier	1782		70,000,000
Décembre	1782	(en espèces)	50,000,000
Avril	1783		24,000,000
Octobre	1783		84,000,000
Décembre	1783		100,000,000
Décembre	1783		125,000,000
Décembre	1784		80,000,000
		Total	**765,810,722**

EXTENSIONS.

		Montant
Extensions	de l'Emprunt de 1770	70,000,000
Item	de l'Emprunt de Février 1781	16,445,806
Item	de l'Emprunt de Mars 1781	60,170,000
Item	de l'Emprunt de Janvier 1782	111,848,000
	Total	**258,393,806**

PAYS D'ETATS.

Province	Mois	Année	Observation	Montant	Total
LANGUEDOC		1776	à 4 pour cent	6,000,000	
	Janvier	1778	à 5 pour cent	11,000,000	
	Novembre	1778	idem	18,000,000	
		1778	epizootie	800,000	
		1779		8,000,000	
		1780		10,000,000	
		1781		15,000,000	
		1783		9,000,000	
		1784		15,000,000	
					87,800,000
BOURGOGNE	Mars	1778		4,000,000	
	Avril	1778		4,000,000	
	Juillet	1778		8,000,000	
		1778	Rachat des 4 sols pour livre	1,200,000	
	Avril	1779		4,000,000	
	Octobre	1779		3,000,000	
	Décembre	1781		5,000,000	
	Janvier	1783		3,000,000	32,100,000
MACONNOIS		1781	Rachat du Droit d'Aides		1,282,902
PROVENCE		1779		3,000,000	
		1781		4,000,000	7,000,000
BRETAGNE		1778	Rachat des 4 sols pour livres	4,000,000	
	Janvier	1781		12,000,000	
	Janvier	1785		6,000,000	22,000,000
BRESSE, BUGEY & GEX		1782			172,253
ETATS d'ARTOIS		1780		3,000,000	
		1782		294,537	3,294,537
VILLE de PARIS	Août	1777		10,810,450	
	Octobre	1781		10,000,000	
		1782		500,000	
	Septembre	1786		24,000,000	35,310,450
CLERGÉ		1780			
MARSEILLE					
FLANDRE MARITIME					
Nouveaux Cautionnemens des Employés des Fermes & Régies				19,000,000	
Item				14,600,000	33,600,000

EMPRUNTS à GÈNES,
Ouverts depuis 1775 pour les Messageries.

		Montant
Premier Emprunt fait en 1775 — arrêté en 1778 à 4¼ pour cent		1,550,288
Second	1776	1,500,000
Troisième	Mars 1777	6,000,000

Sur l'ORDRE du St ESPRIT

	Montant
Prêt des Fermiers-généraux sans Intérêt, fait en 1781, & remboursable en 6 années	11,287,750
Création de nouvelles Charges	

Répartition par année

	1776.	1777.	1778.	1779.	1780.	1781.	1782.	1783.	1784.	1785.	1786.	Totaux.
Versés au Trésor Royal		49,000,000	48,366,122	69,444,500	36,000,000	90,000,000	180,000,000	148,000,000	123,000,000	80,000,000		765,810,722
Extensions						70,000,000 / 16,445,806	7,535,000 / 75,109,000			52,585,000 / 36,750,000		258,393,806
Pays d'États (Bourgogne &c.)	6,000,000		46,000,000	18,000,000	13,000,000	33,181,902	4,467,888	12,000,000	15,000,000	6,000,000		153,736,590
Ville de Paris		10,810,450			20,000,000	520,000				24,000,000		55,330,450
Clergé				14,000,000								14,000,000
Marseille							3,000,000					3,000,000
Flandre Maritime									4,085,000			4,085,000
Nouveaux Cautionnemens				19,000,000							14,600,000	33,600,000
Emprunts à Gènes	1,500,000	6,000,000	1,550,288									9,050,288
Sur l'Ordre du St Esprit		11,287,750										11,287,750
Création de nouvelles Charges					30,000,000							30,000,000
										10,000,000		10,600,000
Total	**7,500,000**	**77,098,200**	**95,896,510**	**108,444,500**	**63,000,000**	**330,708,708**	**270,651,588**	**162,600,000**	**144,085,000**	**86,000,000**	**137,910,000**	**1,348,288,606**

Total des Emprunts 1,348,288,606.

Mais il en faut déduire ce qui s'est éteint par remboursemens des Pays d'États, l'extinction de quelques Loteries, le remboursement du Prêt fait en 1781 par les Fermiers-généraux. Le tout ensemble faisant environ cent millions, on ne doit compter la masse des Emprunts que pour environ douze cent cinquante millions.

ÉTAT DE COMPARAISON

Entre la Régie établie par M. NECKER en 1781, & la Constitution actuelle des Recettes générales.

RÉGIE établie en 1781 par M. NECKER.

OBSERVATIONS Relatives à ce qui est dit au livre de M. Necker sur l'Administration des Finances.

	liv.	s.	d.
Traitement des douze Receveurs-généraux	300,000	0	0
Appointemens des Commis	368,091	13	4
Frais de Bureaux, Etrennes, & dépenses annuelles	122,072	2	6
Tournées	56,000	0	0

M. Necker n'évalue cet objet qu'à 310,000 liv.

Idem, qu'à 60,000 liv.

M. Necker ne regarde pas les tournées comme nécessaires, & ne mentionne point cette dépense quoique faite par ses ordres.

Dépense omise par M. Necker.

La maison acquise par M. Necker est revenue avec les réparations à plus de 800,000 liv. Il convient de porter comme dépense annuelle l'intérêt de cette somme à 5 pour cent, déduction faite des 7,200 liv. que l'on payoit avant 1781 pour le loyer des bureaux . . . 33,000 0 0

DÉPENSE A AJOUTER.

Il avoit été promis des gratifications pour les Commis aux Recettes générales, Directeurs, Sous-chefs, & autres Commis, formant environ 80 employés. Cet objet se seroit élevé pour le moins à . . . 50,000 0 0

Le concours de plusieurs exercices auroit nécessairement exigé une augmentation considérable de Commis, qu'on peut évaluer à . . . 48,000 0 0

On devoit établir un bureau pour la vérification des pièces de comptabilité relatives au paiement de différentes Cours & Juridiction, ainsi que des parties prenantes, & enfin pour la formation des états au vrai & comptes à la Chambre. Ce Bureau, pour lequel il auroit fallu des Directeurs, Liquidateurs & Commis, auroit nécessairement occasionné une dépense de . . . 55,000 0 0

Les Pensions de retraite qu'il auroit fallu accorder successivement aux Commis aux Recettes générales, Directeurs, Sous-chefs, Caissiers, & autres emplois, doivent s'évaluer au moins à . . . 36,000 0 0

Il n'est point d'année où la Ferme générale & les Régies n'éprouvent des pertes considérables par des faillites de Receveurs; tantôt que des cautionnemens en immeubles & en espèces, ainsi qu'une quantité de contrôles qui se correspondent, sembleroient devoir mettre ces administrations à l'abri de pareils événemens, qui devroient être d'autant plus rares que les Fermiers-généraux & Régisseurs y sont intéressés personnellement par la portion qu'ils ont dans les pertes & bénéfices: cependant, si l'on veut faire des recherches à cet égard, & former une année commune sur vingt, on reconnoîtra que la Ferme générale & les Régies perdent annuellement plus du quatre-centième des perceptions dont elles sont chargées. On a démontré qu'il ne peut exister de contrôles sur les Receveurs particuliers des finances; on croit donc évaluer d'une manière très-modérée les pertes que le Roi auroit faites sous une administration sans garantie, en les portant dans une proportion égale à celles de la Ferme générale & des Régies. Le quatre-centième des impositions perçues par les Receveurs-généraux forme environ . . . 375,000 0 0

Quoique les Receveurs-généraux fassent souvent des pertes considérables, on ne les évalue point à 375,000 liv. par an; mais on croit pouvoir assurer qu'elles excéderaient cette somme avec des Régisseurs qui ne pouvaient être susceptible de la surveillance particulière & active qu'inspire la garantie.

	liv.	s.	d.
	1,443,093	15	10
Il convient de déduire les appointemens des Caisses & des Bureaux qui coûtoient avant 1781	65,000	0	0
RÉGIE DE M. NECKER	1,378,093	15	10

On ne porte point en dépense les gratifications promises aux douze Receveurs-généraux par M. Necker. Il est cependant certain que s'ils avoient été traités comme les Trésoriers créés pendant son administration avec un million de finances, ils auroient obtenu 25,000 liv. chacun; ce qui auroit formé une augmentation de dépense de 300,000 liv.

Nota.—On ne déduit pas sur la dépense les 128,593 liv. 10 s. 3 d. d'intérêt provenant des jouissances de fonds. Les gratifications promises aux Receveurs-généraux, & dont il vient d'être parlé, auroient absorbé cet objet.

CONSTITUTION actuelle des RECETTES GÉNÉRALES.

Note.—Ces taxations ne sont pas aussi fortes que celles que dans le Tableau de Comparaison de M. Necker. Il lors à établir sur le bout de l'emploi, rendu que les Receveurs-généraux ne les tirent, que déduction faite des décharges & des taxations de Receveurs particuliers, ainsi que de celles des Collecteurs.

Taille, imposition accessoire, Capitation, premier & second Vingtièmes des Pays d'Election & Pays Conquis, perçus par les Receveurs-généraux . . . 143,527,482 liv. 10 s. 11 d.

	liv.	s.	d.
Taxations à 3 deniers pour livre sur cette somme	1,794,093	10	7

A DÉDUIRE.

	liv.	s.	d.		liv.	s.	d.
Le Dixième retenu par le Roi sur l'intérêt des finances	150,000	0	0				
Déduction pareille à celle établie par M. Necker pour l'augmentation de Capitation payée par les Receveurs-généraux rétablis, & l'année commune des droits de marc d'or, qui se paient aux mutations	100,000	0	0		250,000	0	0
Reste					1,544,093	10	7

AUTRE DÉDUCTION.

(1) Si l'on fait attention à la nature du dixième, on reconnoîtra qu'en réalité le Roi ne paie aux Receveurs-généraux que 4½ pour cent de leurs finances.

La Régie établie par M. Necker n'avoit que douze millions de fonds, la Constitution actuelle en a trente. Le Roi ne paie aux Receveurs-généraux que 5 pour cent (1) On ne peut s'empêcher de convenir qu'un emprunt en perpétuel coûteroit 6 & demi. Il en résulte une économie d'un & demi pour cent sur les 18 millions que la Constitution actuelle a procuré au Trésor Royal; & il convient de déduire cet objet sur les taxations attribuées aux Receveurs-généraux . . . 270,000 0 0

	liv.	s.	d.
CONSTITUTION ACTUELLE	1,274,093	10	7

RÉSULTAT.

	liv.	s.	d.
Régie de M. Necker	1,378,093	15	10
Constitution actuelle	1,274,093	10	7
La Régie de M. Necker auroit coûté au Roi une augmentation de dépense de	104,090	5	3

Principaux Avantages de la Constitution actuelle.

La Constitution actuelle donne au Roi la certitude de toucher mois par mois, & avec la même exactitude que celle qui est attachée aux effets consulaires, la totalité des impositions.	La négociation des rescriptions procure au Roi un crédit de plus de 120 millions à 5 pour cent. *M. Necker dit dans le chap. 23 de son troisième volume, qu'il a procuré de l'argent au Roi à 6 pour cent, & que les capitalistes pouvaient placer en plus valeur de la paix à fur les deux tiers en perpétuel.* C'est d'après M. Necker lui-même qu'on peut conclure que le Roi gagne au moins 1,200,000 l. à se servir du crédit des Receveurs-généraux.	Les relations particulières qui existent entre les Receveurs-généraux & leurs généralités assurent des secours dans les tems malheureux, une surveillance utile pour la diminution des frais, enfin une administration qui, en adoucissant le poids de la perception, présente des avantages dont une régie ne peut être susceptible.

[Nº XX.]

ÉTAT DES EMPRUNTS

Faits pendant l'Administration de M. NECKER.

			liv.
	Janvier . . 1777	. . .	24,000,000
	Décembre 1777	. . .	25,000,000
Emprunts versés	Novembre 1778	. . .	48,366,222
directement au	Novembre 1779	. . .	69,444,500
Trésor Royal.	Octobre 1780	. . .	36,000,000
	Février . 1781	. . .	60,000,000
	Mars . . 1781	. . .	30,000,000
	———— 1776	. . .	6,000,000
	Janvier 1778	. . .	12,000,000
Du Languedoc . .	Novembre 1778	. . .	12,000,000
	———— 1778	. . .	800,000
	———— 1779	. . .	8,000,000
	———— 1780	. . .	10,000,000
	Mars . . 1778	. . .	4,000,000
	Avril . . 1778	. . .	4,085,000
De la Bourgogne .	Juillet . . 1778	. . .	8,000,000
	———— 1778	. . .	1,200,000
	Avril . . 1779	. . .	4,000,000
	Octobre . 1779	. . .	3,000,000
De la Bretagne . . .	———— 1778	. . .	4,000,000
	Janvier . . 1781	. . .	12,000,000
De la ville de Paris	Août . . 1777	. . .	10,810,454
Du Clergé . .	———— 1780	. . .	14,000,000
Nouveaux Cautionne- mens des Employés des Fermes & Régies.	. . . .		19,000,000
Emprunts à Gênes	Arrêté en 1778	. . .	1,553,288
ouverts en 1775 pour	———— 1776	. . .	1,500,000
les Messageries.	Mars . . 1777	. . .	6,000,000
Des Quinze Vingts	———— en 1777	. . .	5,000,000
			439,759,464

Nota.—On n'a compris dans cet Etat que les Emprunts proprement dits & connus ; on n'y a fait entrer ni les extensions secrettes dont on n'a pu faire le calcul, ni les anticipations qu'il n'est pas d'usage de confondre avec les emprunts.

* H h.

APPENDIX.

RÉPONSE au Chapitre IV de l'Ouvrage que M. Necker a publié sur l'Administration des Finances ; remise à M. De Calonne par M. De ...... au mois de Février, 1783.

M. NECKER s'est principalement attaché dans ce chapitre à justifier la suppression des Receveurs-généraux, qui est son ouvrage, & à présenter leur rétablissement, qui est celui de son successeur; comme absolument contraire aux intérêts du Roi ; en conséquence il n'a fait connoître qu'une partie des frais qu'a entraîné son plan de régie ; tandis qu'il a exagéré les bénéfices attribués aux Receveurs-généraux depuis leur rétablissement, & qu'il a gardé le silence le plus profond sur les inconvéniens & les dangers de la première opération, ainsi que sur les avantages de la seconde.

On sait que M. Necker avoit proposé au Roi de réduire à vingt-quatre les quarante-huit offices de Receveurs-généraux des finances (*). Les réclamations des Princes apanagistes contrarièrent ses vues, & les choix qu'il avoit faits. Il prit le parti de renoncer à son premier plan ; & deux jours après il fit adopter celui d'une Régie composée de douze Receveurs-généraux.

(*) Ce doublement auroit entraîné de très-grands inconvéniens. On fera connoître les risques attachées aux réunions, en parlant des recettes particulières des finances.

I i

Cette conduite parut inconféquente ; on crut que fi l'exiftence de vingt-quatre Receveurs-généraux en charge avoit été regardée comme utile & préfentée comme néceffaire, deux jours n'avoient pu fournir des raifons pour établir un régime abfolument contraire : la conféquence naturelle fut de penfer que M. Necker avoit manqué de bons motifs ou de fermeté pour foutenir fon premier plan, & que l'humeur avoit dicté le fecond.

L'opinion des capitaliftes ne fut pas favorable à la nouvelle Compagnie. Les refcriptions qu'elle tiroit, ne fe négocioient pas ; & la plus mauvaife des opérations de M. Necker, fut la première anéantie. Cet ancien adminiftrateur a écrit fur les finances ; &, comme prefque tous les auteurs, il a défendu avec partialité celui de fes ouvrages qui avoit effuyé le plus de critique.

Que M. Necker fe foit trompé confidérablement fur les dépenfes de fa Régie, on n'en inférera rien contre fa bonne foi : il les a évaluées telles qu'il les avoit conçues. On doit en conclure que la précipitation qu'il mit à fubftituer fon fecond plan au premier, ne lui permit pas de donner le tems néceffaire à fes calculs.

Que M. Necker attribue aux Receveurs-généraux des taxations dont ils n'ont jamais joui ; que fur certaine impofition il double leurs attributions ; qu'il annonce comme nul le crédit le moins onéreux ; qu'enfin il diffimule tous les avantages attachés au rétabliffement des Receveurs-généraux ; on peut le croire encore de bonne foi : il a travaillé d'après les mémoires & les délations dont les Miniftres des finances ne manquent jamais d'être affaillis.

Mais que pour juftifier une opération dictée par le goût de tout détruire & de tout recréer, M. Necker livre quarante-huit citoyens à l'animofité publique ; qu'après avoir groffi leurs bénéfices par de faux calculs, il dénonce cette Compagnie aux troupes du Roi, comme jouiffant d'un traitement qui pourroit augmenter la folde ; que M. Necker annonce qu'on pourroit, fans le rétabliffement des recettes générales, donner un million de plus aux travaux de charité ; qu'il dife enfin aux Magiftrats & aux autres parties prenantes des Etats du Roi,(*) que les Recèveurs-généraux ne les paient pas aux époques défignées dans les états de répartition, alors la bonne foi ne peut plus être fuppofée, & l'injuftice fe manifefte.

DANS le Chapitre que M. Necker a employé a traiter des frais de recouvremens fur les impofitions de toute nature, il les évalue dans les proportions fuivantes.

Ferme générale . : . . .	13 & $\frac{8}{10}$ pour cent.
Régie générale	16 & $\frac{7}{10}$
Adminiftration des Domaines . . .	12 & $\frac{12}{24}$
(†)Impofition	6

PAR quelle fatalité M. Necker s'obftine-t-il à décrier une adminiftration qui, d'après fes calculs, eft la moins onéreufe au Roi ? Pourquoi M. Necker, en indiquant des nouveaux plans de réforme relatifs aux Fermiers-généraux & Régiffeurs, dont il évalue le traitement à foixante & quinze & à foixante mille livres, ne tire-t-il pas fur leurs bénéfices des conféquences auffi fâcheufes ? La raifon eft fimple : M. Necker avoit renouvelé le bail des fermes, & créé les régies ; la fuppreffion des recettes générales étoit fon ouvrage.

M. NECKER s'eft contenté de ne fixer le rembourfement des Receveurs-généraux qu'après les formalités interminables qui font néceffaires pour

---

(*) Les Receveurs-généraux paient les Magiftrats, & autres parties prenantes affignées fur leurs recettes, aux époques déterminées par le Miniftre, & confignées dans les foumiffions qui font dépofées dans fes bureaux : loin d'être en retard fur cet objet, ils en font fouvent l'avance. D'ailleurs à l'inftant où les états du Roi font expédiés, le Miniftre en fait l'envoi aux Bureaux des Finances : ces tribunaux font juges du paiement des parties prenantes ; & ils employeroient la voie de la contrainte, fi elles éprouvoient le moindre retard.

(†) La totalité des frais de recouvrement des impofitions, y compris les taxations des Collecteurs & Receveurs, s'élèvent ici à 6 pour cent, parce que M. Necker y fait entrer 1,500,000 de bénéfices qu'il attribue aux Receveurs généraux & particuliers fur les jouiffances de fonds: on rétablira ce que cet objet a rapporté pendant la régie de M. Necker, & il fera facile de juger combien cette évaluation eft chimérique.

parvenir à l'apurement de leur comptabilité : il favoit cependant,(*) &
aucun adminiftrateur n'ignore, qu'à l'époque où les états au vrai(†) font
préfentés au Confeil, la fituation des comptables eft parfaitement connue.

Mais les Receveurs-généraux pouvoient-ils efpérer que M. Necker
les auroit fait rembourfer à une époque quelconque ? Plufieurs Receveurs
des Domaines & Bois, fupprimés pendant fon adminiftration, fe préfentèrent
à lui, après avoir fatisfait aux apuremens exigés ; & ils ne purent obtenir
les rembourfemens fur lefquels ils avoient lieu de compter : il en fut de
même des propriétaires d'offices fupprimés pendant le cours de fon admi-
niftration(‡).

Quel doit être l'étonnement des fucceffeurs de M. Necker, lorfqu'après
avoir lu tout ce qu'il a écrit de beau & de vrai fur la loi facrée de l'exécution
des engagemens, ils en cherchent des exemples dans le cours de fon adminiftration ! Quelle fera leur furprife, lorfqu'ils apprendront que les Payeurs
des rentes fupprimés fous le miniftère de M. l'Abbé Terray, avec promeffe d'être rembourfés après l'apurement, fe préfentèrent munis du
quittus(‖) de la Chambre des Comptes, & que M. Necker leur répondit :
" Ce n'eft pas moi qui vous ai fupprimés !" Quelles conféquences tirer de
cet étrange refus ? Faudra-t-il donc conclure que les rembourfemens cefferont,
toutes les fois que Sa Majefté changera de Miniftre ?

Les Receveurs-généraux de l'exercice 1779, qui ceffèrent toutes fonctions
le premier Janvier 1781, ne reçurent pas même les intérêts de leurs finances
pendant cette année ; & ils ne les touchèrent que fous l'adminiftration du
fucceffeur de M. Necker.

(*) Lors de la réunion des offices des Receveurs des tailles prononcée par l'Edit de
1775, M. Turgot fit ordonner qu'on payeroit un tiers comptant.

(†) On appelle états au vrai les comptes préfentés au Confeil & appuyés de pièces
juftificatives.

(‡) Les propriétaires d'offices non-comptables n'ont pas même été rembourfés.

(‖) Quittus, certificat d'apurement délivré par M. le Procureur-général de la Chambre
des Comptes.

On croit avoir démontré que l'humeur a présidé à l'opération dont on vient de rendre compte, & que les Receveurs-généraux supprimés ont été traités avec injustice : on va s'attacher dans la suite de ce Mémoire à rétablir les faits. Tout ce qu'on y avancera se trouve consigné dans les regîtres & journaux de l'administration établie par M. Necker, ainsi que dans les édits & arrêts qui ont déterminé les fonctions & le sort des Receveurs-généraux.

GRATIFICATION
De deux deniers pour livre.

M. Necker est tellement disposé à grossir aux yeux de ses lecteurs, les bénéfices des Receveurs-généraux, qu'il place le mot de profit où il ne devroit voir que celui d'indemnité, & souvent d'une indemnité presque toujours inférieure aux pertes.

Le Roi accorde aux Receveurs particuliers deux deniers pour livre de gratification pour prix de l'exécution de leurs traités : lorsqu'ils ne les remplissent pas, cette gratification est dévolue aux Receveurs-généraux, qui suppléent aux avances que ces premiers auroient dû faire. Quand les intérêts des avances sont inférieures au montant de la gratification, les Receveurs-généraux les retiennent, & comptent du surplus aux Receveurs particuliers : dans cette position, ils retrouvent un intérêt de cinq pour cent, & n'éprouvent ni perte ni bénéfice. -

Il résulte de l'exposé qu'on vient de faire, que la gratification ne peut jamais être regardée comme un bénéfice pour les Receveurs-généraux ; qu'elle devient quelquefois une indemnité ; & qu'enfin, lorsque les intérêts des avances en excèdent le montant, il y a perte où M. Necker annonce de l'avantage.

TAXATIONS
Sur le troisième vingtième.

M. Necker cherche encore à prévenir contre la Compagnie qui a remplacé celle qu'il avoit établie ; & pour y parvenir d'une manière certaine, il préfente les Receveurs-généraux comme s'enrichiffant progreffivement des malheurs de l'Etat ; & enfin il en donne pour exemple le troifième vingtième, qui fuivant fes calculs produit annuellement une fomme de 270,000 liv. à cette Compagnie.

Lors de l'établiffement du troifième vingtième, les Receveurs-généraux proposèrent au Miniftre de fe réduire à un denier & demi de taxations fur cette impofition : c'eft moitié de ce qu'ils auroient pu réclamer.

Le troifième vingtième des Pays d'Elections & Pays Conquis fe monte, déduction faite des décharges, à . . . .

	liv.	*f.*	*d.*
Le troifième vingtième des Pays d'Elections & Pays Conquis fe monte, déduction faite des décharges, à	16,848,610	0	0
A déduire quatre deniers aux Collecteurs	280,810	3	4
Refte	16,567,799	16	8

AUTRE DÉDUCTION.

Deux deniers aux Receveurs particuliers	138,064	19	11
Net	16,429,734	16	9

Les taxations des Receveurs-généraux à un denier & demi fur le net du troifième vingtième donnent 102,685*l.* 16*f.* 10*d.*

Que deviennent les 270,000 liv. qui leur font attribués par M. Necker ? Mais en fuppofant qu'il ait ignoré le facrifice que cette Compagnie s'eft empreffée de faire, cet ancien Adminiftrateur erroit encore dans fes calculs. Trois deniers pour livre fur le net du troifième vingtième des Pays d'Election & des Pays Conquis ne donnent que 205,371*l.* 13*f.* 8*d.*

Le traitement qui a été fait aux Receveurs-généraux fur le troifième vingtième paroîtra d'autant moins confidérable, que cette impofition additionnelle, très-difficile à percevoir, nuit à la rentrée des autres recouvremens, & qu'elle affujettit les Receveurs-généraux à des avances confidérables qui abforbent leurs attributions.

JOUISSANCE des FONDS.

Cet objet eſt évalué par M. Necker comme devant produire un million aux Receveurs-généraux, & il en faudroit conclure que ces comptables ont habituellement vingt millions entre les mains. Il eſt aiſé de détruire cette aſſertion, & les conſéquences qu'on en pourroit tirer.

M. Necker avoit promis aux douze Receveurs-généraux chargés de ſa Régie des gratifications à prendre ſur les intérêts des fonds qui excéderoient les paiemens à faire au Tréſor Royal ſuivant les ſoumiſſions : on apporta la plus grande activité à la ſuite des recouvremens ; les regiſtres de correſpondance atteſtent cette vérité. Nombre de Receveurs particuliers, fatigués par les lettres qu'on ne ceſſoit de leur écrire, conformément aux vues de M. Necker, prefsèrent tellement la rentrée des impoſitions qu'ils parvinrent à remettre pluſieurs termes à la fois.

	liv.	ſ.	d.
Ces efforts réunis produiſirent des intérêts qui s'élevèrent à	261,599	14	5
Mais les intérêts à payer, lorſque les recouvremens ne ſuffirent pas au paiement des reſcriptions, ſe montèrent à	133,006	4	0
Jouiſſance des fonds en 1781 . . .	128,593	10	5

Voila donc ce million de bénéfices réduit à 128,593*l.* 10*ſ.* 5*d.*

Cherchons à nous rapprocher des calculs de M. Necker. Sà Régie n'avoit pas encore réuni les deux exercices : il eſt poſſible qu'il eût réſulté de leur concours une plus forte maſſe d'intérêts, ſans cependant que l'aiſance ait pu doubler ; car néceſſairement la fin d'un exercice entraîne des avances : à cette époque les Receveurs-généraux ont payé toutes leurs reſcriptions, & pluſieurs Receveurs particuliers ſont loin d'avoir ſoldé. Mais enfin, en doublant les intérêts reçus par la nouvelle adminiſtration.

pendant 1781, à peine obtiendra-t-on le quart des bénéfices annoncés par M. Necker, & fur lefquels il avoit promis des gratifications (*), qui néceffairement les auroient abforbés.

Cet objet d'économie doit donc être regardé comme nul.

Toujours empreffé de préfenter comme vicieufe la conftitution qu'il avoit renverfée, M. Necker dit que cinq Receveurs-généraux ayant befoin de fecours pendant fon miniftère, il fut dans le cas de les obliger à déclarer leur fituation, & qu'ils reconnurent avoir enfemble depuis nombre d'années près de cinq millions au Roi, dont ils ne pouvoient s'acquitter qu'en partie avec la finance de leurs charges.

Qu'il foit permis de faire une queftion à M. Necker : Comment eft-il poffible qu'un Receveur-Général lui ayant déclaré devoir un million au Roi depuis plufieurs années, c'eft-à-dire plus que fa finance, il fe foit décidé à lui accorder des fecours ? Qu'eft devenu le recours & le privilège du Roi ? M. Necker auroit-il facrifié les intérêts de Sa Majefté ?

Un Receveur-général n'a jamais dû au Roi pendant plufieurs années, ni un million, ni infiniment moins. Pour s'en convaincre, il ne faut que jeter les yeux fur la marche des recettes.

Dans les premiers mois, les recouvremens font lents & difficiles ; plufieurs Receveurs ne peuvent remplir leurs traités : aux deux tiers de l'exercice, ils regagnent le tems perdu ; & à la fin les deniers qui ont paffé de leurs mains dans celles des Receveurs-généraux, en font fortis pour le paiement des refcriptions. Quelle eft alors la pofition des Receveurs-généraux ? Ils font en avance pour ceux des Receveurs particuliers qui n'ont pas foldé ; & il refte entre leurs mains quelques légères fommes non réclamées par les parties prenantes, & que fous peine d'amende ils font obligés de verfer au Tréfor Royal après un délai fixé.

Lorsqu'un

(*) Il fera parlé de l'objet de ces gratifications, lorfqu'on traitera des frais de la Régie de 1781.

Lorsqu'un Receveur-général doit un million au Roi, il en faut conclure
que le Gouvernement lui a donné des fecours, ou que le Miniftre lui a permis
de tenir en fufpens au Tréfor Royal le paiement de fes refcriptions. Un feul
exemple prouvera la manière d'opérer de M. Necker, & l'injuftice de fes
conféquences.

Un des cinq Receveurs-généraux, dont cet ancien Adminiftrateur parle,
& qui n'a pas été compris dans le rétabliffement, fut en effet dans de très-
grands embarras, à la veille de manquer au paiement de fes refcriptions, &
ayant une maffe affez confidérable de billets fur la Place. Il eut recours à
l'Adminiftration; des protecteurs puiffans furent employés. On s'attend
fans doute à voir le plus févère des adminiftrateurs défendre les deniers du
Roi, & forcer un comptable dérangé à remplir fes engagemens, ou à vendre
fon office. Cette marche ne fut point celle de M. Necker: tout fut accordé;
les fonds du Tréfor Royal fervirent à acquitter des dettes particulières; il
fut permis au Receveur-général en débet de laiffer en fufpens le paiement de
fes refcriptions acquittées avec les deniers du Roi; Sa Majefté enfin éprouva
des retards & des pertes confidérables. Mais ce réfultat fâcheux ne prend
pas fa fource dans la conftitution des Recettes-générales; il eft le produit
d'une mauvaife adminiftration: fi on n'avoit pas prêté l'argent du Roi à un
comptable en défordre, fi on n'avoit pas acquitté fes dettes particulières, fi
enfin on l'avoit forcé à payer fes refcriptions aux échéances, il auroit vendu fa
charge, & la finance auroit compenfé trois fois le débet primitif.

Il feroit injufte de critiquer les fecours qu'un Miniftre accorde à un
Receveur-général qui démontre des avances exceffives: les grâces pareilles
peuvent être regardées comme des foulagemens donnés aux provinces,
puifqu'elles procurent le moyen d'attendre les contribuables; mais il eft
facile de conftater la fituation du Receveur-général qui les demande.

On n'entrera pas dans le détail des fecours accordés aux autres Receveurs-
généraux dont M. Necker parle; il en eft qui furent donnés à titre d'indemnité, & déterminés par des principes de juftice: mais on le répète, ces
arrangemens étoient étrangers à la conftitution des Recettes-générales, &
détruifoient la proportion établie entre les finances & les débets poffibles.

K k

UTILITÉ & FONCTIONS

Des Receveurs-généraux.

M. NECKER avance, que l'utilité & les fonctions des Receveurs-généraux se bornent à recevoir à Paris les fonds versés par les Collecteurs entre les mains des Receveurs particuliers : il prétend qu'une maison de banque, ou la caisse d'escompte, feroient aisément toutes les recettes confiées aux Receveurs-généraux ; il ajoute enfin qu'un de ses premiers Commis auroit trouvé moins de travail dans cette perception que dans les détails dont il étoit chargé.

COMMENT M. Necker, qui a suivi avec tant de recherches la marche de ses successeurs, n'a-t-il pas eu connoissance de l'article de l'Édit de Création des Receveurs particuliers qui assujettit les Receveurs-généraux à garantir la solvabilité de ces comptables ? Disons mieux : Pourquoi M. Necker garde-t-il le silence sur cette garantie, & sur tous les avantages qui en résultent pour le Roi ? Par une raison simple : le défaut de garantie étoit un des principaux vices du régime qu'il avoit établi.

DANS la constitution actuelle les Receveurs-généraux sont garans de la solvabilité des Receveurs particuliers ; de sorte que la totalité des impositions rentre au Trésor Royal sans risques & sans pertes pour le Roi. Il est vrai que cette Compagnie a pour gage les finances des Receveurs particuliers ; mais des exemples multipliés & récens prouvent leur insuffisance ; & dans le moment actuel plusieurs Receveurs-généraux se trouvent exposés à des pertes considérables qui ne pourront être couvertes par le prix des offices.

LA fixation des finances, tant des Receveurs-généraux que des Receveurs particuliers ayant été faite sur le pied du dixième des recouvremens d'un exercice de chacun de ces officiers, elle met le Roi à couvert de tout danger à l'égard du Receveur-général : en effet celui-ci ne peut jamais avoir entre les mains la valeur de sa charge, les fonds de sa recette étant tirés par anticipation dans les termes de ses soumissions. Mais le prix des offices ne met pas le Receveur-général à couvert à l'égard d'un Receveur particulier dont les affaires font mauvaifes, parce que forçant le recouvrement, & mafquant fa fituation, il peut avoir des fonds confidérables au Roi; la furveillance la plus étendue & la plus fuivie ne peut mettre un Receveur-général à l'abri de ce danger, la véritable fituation des Receveurs particuliers n'étant parfaitement connue qu'à la fin de chaque exercice.

Tout ce qu'un Receveur-général peut & doit faire, en cela fon intérêt fe joint à celui des contribuables, c'eft de veiller à ce que les recouvremens fe faffent avec modération & douceur dans les délais accordés par le Roi à fes peuples. En effet, fon gage eft affuré tant que les deniers du Roi font dans les mains des contribuables; & il ne l'eft plus lorfqu'ils paffent trop rapidement, & féjournent trop long-tems dans les caiffes des Receveurs particuliers.

La connoiffance des fujets deftinés aux Recettes, la plus grande liberté dans les choix, & enfin une étude journalière de l'homme fur lequel repofe la fortune du Receveur-général, voilà ce qu'exige la Conftitution actuelle, & ce qui diminue les faillites encore trop fréquentes, dont le réfultat ne peut plus être à la charge de Sa Majefté.

Si l'établiffement de M. Necker avoit fubfifté, la protection feule auroit difpofé des Recettes particulières. Quel eft celui des douze Receveurs-généraux exiftant en 1781, qui, fans intérêts à la chofe, auroit eu le droit de s'oppofer à un choix dicté par la faveur? Dès-lors les contribuables auroient été livrés aux vexations, & les revenus du Roi à une perte certaine.

On n'a peut-être jamais apprécié combien le choix d'un Receveur particulier eft délicat: ce font les feuls comptables fur lefquels il n'exifte point de contrôle habituel. Lorfque l'un d'eux ceffe fes paiemens, on ne peut établir fa fituation que par une vérification contradictoire à laquelle il faut appeler tous les Collecteurs & tous les particuliers qui paient leurs vingtièmes directement aux Receveurs. Le Miniftre, au contraire, connoît toujours la fituation des Receveurs-généraux; les Intendans lui envoient tous les mois les états de recouvremens faits par les Receveurs particuliers. Un coup-d'œil comparatif entre leurs réfultats & les foumiffions des Receveurs-généraux démontre avec exactitude la fituation de ces derniers.

Pour juger du prix de la garantie, & des périls & rifques que préfentoit à cet égard l'inftitution de M. Necker, il fuffit de jeter un coup-d'œil fur les pertes que la ferme & les régies ne ceffent de faire : cependant, quelles précautions les Fermiers-généraux & Régiffeurs ne prennent-ils pas pour les éviter? Ils ont entre les mains des cautionnemens en efpèces, dans une proportion beaucoup plus forte que les finances des Receveurs particuliers ; ils en exigent auffi en immeubles ; ces Compagnies ont tous les mois, toutes les femaines, des états de fituation garantis par des contrôles multipliés qui fe correfpondent habituellement ; &, comme on l'a déjà démontré, de pareils contrôles ne peuvent exifter pour les Receveurs des impofitions.

Très-certainement en fupprimant toutes les formes pour le paiement dès Parlemens, Chambres des Comptes, Cour des Aides, Bureaux des Finances, Elections, Baillages, & autres parties prenantes de l'Etat du Roi, en détruifant les rapports de comptabilité exiftant entre les Receveurs particuliers & les Receveurs-généraux, le Confeil & les Chambres des Comptes, tout peut fe mettre en banque: mais qu'en réfultera-t-il? On le répète, des vexations pour les contribuables, & des pertes certaines pour Sa Majefté. Alors un feul homme peut tout faire, & avoir beaucoup de tems de refte.

Avant de parler des reffources de crédit, & du crédit le moins onéreux que préfente la conftitution des Recettes générales, qu'il foit permis d'offrir cette Compagnie fous le point de vue d'utilité qu'elle apprécie le plus, celui de la diminution des frais de pourfuite. Plufieurs Receveurs-généraux ont fait des tournées qui n'étoient relatives qu'à cet objet; ils fe font conciliés avec les Receveurs particuliers ; & il eft réfulté de cet accord de fages abonnemens avec les Communautés. On eft parvenu à obtenir une grande diminution dans les frais; il eft même des paroiffes où l'on ne connoît plus les pourfuites.

On a déjà démontré que la douceur de la perception fe lie avec l'intérêt des Receveurs-généraux relativement à la garantie des Receveurs particuliers: on peut encore avancer qu'il en eft de même à l'égard des frais.

Quel est le Receveur-général qui peut ignorer qu'en preſſant trop les recouvremens, & en multipliant les frais, il découragera les cultivateurs, que le commerce s'anéantira peu à peu, & qu'enfin au bout de quelques années il ſera forcé à des avances énormes, qui abſorberont ſes attributions. Une Régie n'a pas les même motifs de ménagement : l'amour-propre & l'intérêt particulier de ſes membres ne peuvent jamais être compromis.

Il eſt peu d'années où quelques généralités n'eſſuient des fléaux deſtructeurs : c'eſt alors qu'un Receveur-général placé entre l'exécution des engagemens qu'il a contractés avec le Tréſor Royal, & ce qu'il doit à une province qui a les yeux ſur lui, & dont il oſe attendre l'eſtime & la reconnoiſſance ; c'eſt alors qu'un Receveur-général ſuſpend les pourſuites, & ſe conſtitue dans des avances qui abſorbent de beaucoup cette gratification annoncée par M. Necker comme un profit.

Dans l'avant-dernière guerre, les Anglöis firent une deſcente ſur les côtes de Normandie ; les caiſſes du Roi étoient dégarnies : l'un des Receveurs-généraux de Caen porta trois cent mille livres en eſpèces dans la généralité. Cette ſomme fut employée conformément aux ordres du Miniſtre, & ne lui a été rembourſée que deux ans après, avec les intérêts à cinq pour cent.

Quelques provinces méridionales furent ravagées, il y a peu d'années, par l'épizootie ; la famine, ſuite ordinaire de ce premier fléau ſe fit reſſentir ; les Receveurs-généraux avancèrent la majeure partie des impoſitions, & renoncèrent à la gratification. Ils ne ſe bornèrent pas à cette première preuve de zèle, ils empruntèrent pluſieurs millions, qu'ils firent paſſer dans cette province, où on les employa à indemniſer les contribuables qui avoient perdu leurs beſtiaux.

Les Receveurs-généraux furent ſucceſſivement rembourſés de ce ſervice étranger à leurs engagemens ; & lorſqu'on voulut fixer les intérêts de leurs avances, ils ne réclamèrent que 5 pour cent, & même 4 & ½, les reſcriptions s'étant ſucceſſivement négociées ſur ce pied-là pendant que le Roi étoit leur débiteur.

Ce que les Receveurs-généraux qu'on vient de citer ont eu le bonheur de faire, tous l'auroient fait en pareille circonstance ; & il est peu d'années qui n'offrent des témoignages de zèle de cette Compagnie. Voilà ce qu'inspire une administration particulière dans laquelle on a succédé à un Père estimable, & qu'on espère transmettre à son fils.

Présentement, on le demande, oseroit-on attendre la même surveillance & les mêmes principes d'une régie qui, n'ayant aucune relation particulière avec les provinces, se seroit défendue contre toute espèce de réclamation ?

C R É A T I O N
De Deux Receveurs particuliers par Election.

Après avoir passé sous silence la garantie imposée aux Receveurs-généraux par l'Edit de Création des Receveurs particuliers, M. Necker s'élève contre cette loi qui établit deux offices pour chaque Election ; & il regarde la réunion des deux charges comme une opération aussi économique pour le Roi, qu'avantageuse aux contribuables. Mais pourquoi ne présente-t-il pas les dangers attachés à cette réunion ? Elle peut avoir lieu sans risque relativement aux Receveurs particuliers, dont la probité & la fortune sont connues, tandis qu'elle est sujette à de grands inconvéniens à l'égard des autres.

Le Receveur particulier qui ne possède qu'une des deux charges a besoin de fortune ; elle devient inutile a celui qui réunit les deux. La situation du premier est à découvert à la fin de l'exercice ; aucune partie des recouvremens ne peut rester entre ses mains à cette époque : il n'a donc qu'un très-foible intérêt à presser les contribuables, parce qu'il n'a qu'un moment pour jouir des fonds. Le second, au contraire, pouvant se servir des recouvremens d'un exercice pour couvrir l'autre, peut faire des spéculations, disposer des deniers du Roi ; & dans ce cas il est intéressé à forcer ses recettes pour augmenter ses bénéfices.

Il n'est donc pas toujours avantageux pour le Roi & pour les contribuables de réunir les offices sur une même tête.

M. Necker avance qu'il eſt peu de Receveurs particuliers qui ne ſouf-
criviſſent à une réduction de taxations, s'ils étoient chargés de la recette
totale ; mais qu'il ne faudroit pas exiger une double finance.   En admettant
cette ſuppoſition, quel eſt l'adminiſtrateur qui, augmentant conſidérablement les riſques par la réunion des recettes, oſeroit réduire à moitié le gage
du Roi ?

Lorsqu'il y a deux Receveurs dans la même Election, ajoute M. Necker,
les contribuables ſont preſſés des deux côtés, & en conſéquence les frais
doublent.   Ce raiſonnement ſéduit au premier inſtant ; mais il reſte ſans
force, lorſqu'on conſidère que la collecte change de main toutes les années,
& que chaque exercice ayant ſon collecteur, il ne peut être pourſuivi par les
deux Receveurs : mais quand les offices ſeroient réunis, les contribuables
reſteroient toujours expoſés aux pourſuites des deux Collecteurs à la fois,
en raiſon des deux années d'impoſitions qu'ils devroient.

Un motif retiendra toujours les Receveurs particuliers qui n'ont qu'un
office ; c'eſt l'eſpèce de rivalité exiſtante entre les deux confrères : l'un ſeroit
fâché de paſſer pour plus difficile que l'autre ; & il eſt peu de Commiſſaire
départi qui ne convienne avoir cité avec ſuccès à un Receveur particulier
trop actif, la conduite plus modérée de ſon compagnon d'office.

Si M. Necker ne s'attachoit pas toujours à diſſimuler les avantages des
Edits qui ont été rendus par ſes ſucceſſeurs, il auroit ajouté que celui de
création des Receveurs particuliers ne proſcrit point la réunion des offices ;
qu'au contraire l'Adminiſtration ſe réſerve la faculté de réunir quand elle
le jugera convenable : il exiſte des généralités où tous les offices ſont réunis,
& pluſieurs réunions ſe ſont opérées depuis l'Edit dont M. Necker parle.

On ne peut s'empêcher de conclure que les diſpoſitions de la loi qui a
ramené à cet égard aux anciens principes, ſont d'autant plus ſages, que
l'Adminiſtration aura la faculté de réunir toutes les fois qu'un excellent
comptable ſe préſentera ; tandis qu'au contraire, rien ne forcera cette
réunion quand le ſurvivant n'aura pas les qualités qui conſtituent un bon
Receveur particulier des finances.

CRÉDIT DES RECEVEURS-GÉNÉRAUX.

M. NECKER ne fe laffe point d'attaquer les Receveurs-généraux. Après leur avoir fuppofé des bénéfices qui n'ont jamais exifté, après avoir doublé aux yeux de fes lecteurs, une partie des taxations qui leur font attribuées, il cherche à difcréditer cette Compagnie. M. Necker rappelle les tems mal-heureux des fufpenfions de 1759 & de 1770 ; il dit que les porteurs des refcriptions n'eurent point de recours contre les Receveurs-généraux : mais ce recours pouvoit-il exifter, puifque le feu Roi rentroit dans la perception des impôts deftinés à acquitter ces effets ? D'ailleurs qu'ont de commun les tems malheureux dont parle M. Necker, avec ceux dans lefquels nous avons le bonheur d'être ? L'Edit de joyeux avénement, ce premier bien-fait de Sa Majefté, & l'exécution facrée des engagemens, fuite de cet acte de juftice(*) & de bonté, fuffiront fans doute pour diffiper les nuages que l'on chercheroit à répandre.

MAIS puifque M. Necker rappelle ces époques fâcheufes, pourquoi ne dit-il pas que le feu Roi devoit alors des fommes confidérables aux Receveurs-généraux, qu'ils avoient multiplié leurs billets pour fatisfaire à des prompts paiemens & à des avances de toute nature ; & que fans avoir recours au Miniftre, ils y firent honneur avec la plus fcrupuleufe exactitude ? Pourquoi M. Necker ne dit-il pas que la confiance accordée aux refcrip-tions porte fur la certitude de leur paiement, malgré les calamités qui retardent fouvent celui de l'impôt ? Pourquoi les fervices les plus inté-reffans, ceux de la guerre, de la marine, des étapes & des ponts & chauffées, demandent-ils des refcriptions ? Si cette opinion favorable eft fondée, il faut applaudir à l'exactitude qui la foutient ; mais fi elle étoit auffi chimérique qu'elle eft méritée, feroit-ce à un ancien Adminiftrateur à la détruire ?

M. NECKER ajoute que les refcriptions tirées par les douze membres de fa Régie méritoient plus de confiance que celles foufcrites par un feul
Receveur

(*) Cet Edit renfermoit deux objets, la remife d'un droit qui fe percevoit à l'avénement de nos Rois, & la promeffe de fatisfaire aux dettes de l'Etat.

Receveur-général. On répondra que tous les raifonnemens ne peuvent rien contre l'opinion : les douze Receveurs-généraux paroiffent traiter au nom du Roi, & le Receveur-général traite pour lui ; fa famille & fes amis lui confient leurs fonds ; & des relations de cette nature ne peuvent exifter avec une régie.

Le Roi a toujours perdu, quand il a emprunté directement ; & il a toujours gagné, quand il s'eft fervi des corps intermédiaires. Les compagnies trouvent à cinq pour cent, quelquefois moins ; & dans les loteries, comme dans les emprunts perpétuels, le Roi a toujours donné plus de fix.

Rejeter tous les crédits intermédiaires, & n'employer que celui du Tréfor Royal, tel eft le fyftême de M. Necker. On ne peut cependant s'empêcher de convenir que le crédit du Tréfor Royal n'eft jamais que celui du Miniftre des Finances, & que la plus petite faute en adminiftration le détruit.

Qu'on fe rappelle les deux emprunts que M. Necker fit à peu de jours de diftance : les bordereaux du dernier fe vendirent à perte ; le Tréfor Royal fut obligé de les faire acheter fur la place ; & le Roi fit rendre à la plupart des banquiers, leurs foumiffions.

Il n'exifte aucune opération de M. Necker, viagère, perpétuelle, fecrette ou publique, qui ait été moins onéreufe que les emprunts que le Roi fait par la voie des billets des fermes & des refcriptions : ces effets fe négocient à quatre & demi & à cinq pour cent.

L'ouvrage le mieux écrit en pareille matière prouve moins que le certificat d'un agent de change.

RÉGIE
Etablie par M. Necker en 1781.

M. Necker annonce que les dépenfes de la Régie qu'il avoit fubftituée aux Receveurs-généraux n'ont monté qu'à 600,000 ; mais il porte

L l

preſque tous les objets au-deſſous de ce qu'ils ont été réellement, & d'autres très-conſidérables ſont paſſés ſous ſilence.

Les appointemens des caiſſes des commis ne ſont enoncés que pour 310,000, tandis que le Roi en a payé pour 368,021*l.* 13*ſ.* 8*d.*

Les frais de bureau, étrennes, bois, & autres dépenſes annuelles, ſont montées à 122,072*l.* 2*ſ.* 6*d.* M. Necker, ſous le titre de frais de bureaux & dépenſes imprévues, ne porte que 60,000. Il y a différence de plus de moitié.

Avant l'établiſſement de 1781, les bureaux des Recettes générales n'occupoient qu'une partie de l'hôtel de Meſmes, & les prix de location n'étoient que de 7000 liv. M. Necker a fait acquérir cette maiſon, qui revient au Roi, y compris les réparations, à plus de 800,000 liv. Il eſt juſte de joindre aux dépenſes de la Régie la partie des intérêts de cette ſomme qui excède l'ancien loyer.

Pourquoi M. Necker ne veut-il pas comprendre dans les dépenſes de ſon établiſſement les frais de tournée, objet de 56,000 liv. ? Jamais cependant elles ne furent plus néceſſaires que ſous un pareil régime. De tous les tems, les Receveurs-généraux ont fait des voyages dans leurs généralités : s'ils les ont crus indiſpenſables, comment une adminiſtration générale auroit-elle pu s'en abſtenir ? La ſurveillance & les vérifications devenoient d'autant plus néceſſaires que l'intérêt particulier des douze Receveurs-généraux ne pouvoit être compromis par la garantie : d'ailleurs ces tournées préſentoient le ſeul moyen de donner aux ſujets déſignés pour les Recettes générales les connoiſſances locales, ſans leſquelles il eſt impoſſible de juger du plus ou moins d'activité dont les recouvremens ſont ſuſceptibles, ainſi que du degré de confiance qu'on peut accorder à ceux qui ſont directement chargés de la perception.

M. Necker n'évalue qu'à 300,000 liv. le traitement des douze Receveurs-généraux qu'il avoit établis, ſur le pied de 25,000 liv. pour chacun d'eux : il doit cependant ſe rappeler qu'il leur avoit promis des gratifications ; & comment les auroit-il refuſées ? Il avoit ſucceſſivement doublé le ſort des Tré-

foriers qui lui devoient leur établiſſement. Les édits de création annonçoient 25,000 liv. de taxations ; & une ordonnance de comptant y ajoutoit
pareille ſomme à titre de gratification.

De ſemblables moyens étoient utiles au ſyſtême de M. Necker : il vouloit montrer une hypothèque aux prêteurs de l'Etat ; & lorſque dans un
préambule il annonçoit une économie d'un million, c'étoit dans l'eſpérance
que l'on penſeroit qu'il étoit poſſible d'en emprunter vingt ſans augmenter la
maſſe des intérêts que le Roi paie. Ces économies étoient illuſoires, puiſqu'il falloit rendre d'une main ce qu'on avoit ôté de l'autre. D'ailleurs,
M. Necker connoiſſoit trop bien les moyens de placement, pour ne pas
ſentir qu'il falloit donner plus de 25,000 à un homme qui mettoit un million dans une affaire de finance : cette ſomme employée au cours de la
place en contrats ſur les tailles, auroit donné un revenu beaucoup plus
conſidérable.

M. Necker ne s'eſt pas contenté de diminuer aux yeux de ſes lecteurs, les
dépenſes de ſa Régie, ſoit par des réductions ſur les objets énoncés, ſoit par
l'omiſſion de pluſieurs autres : après avoir plus que doublé le traitement des
Receveurs-généraux ſur le troiſième vingtième, il groſſit encore leurs remiſes
ſur les autres impoſitions.

Les Receveurs-généraux, dit M. Necker, ont des taxations ſur 146
millions. Comment cet ancien Directeur-général ignore-t-il que ces remiſes
ne ſe perçoivent que ſur le net de l'impôt, que la recette fictive des ordonnances du *moins impoſé* & de décharges ne ſauroit en être ſuſceptible, &
qu'enfin les taxations des Collecteurs & Receveurs particuliers en ſont
auſſi exemptes ? Il réſulte de ces différentes déductions, que les impoſitions
perçues dans les pays d'élection & dans les pays conquis ſur leſquelles les
Receveurs-généraux ont des taxations ne ſe montent point à 146 millions,
ainſi que le prétend M. Necker, mais à 143,527,482*l.* 10*ſ.* 11*d.*.

Cette augmentation illuſoire de la ſomme ſur laquelle le Roi accorde
des taxations aux Receveurs-généraux, eſt encore un moyen donc M. Necker
ſe ſert pour groſſir les dépenſes qu'il attribue au rétabliſſement de cette

compagnie, & qui suivant ses calculs surpassent celles de sa Régie, de 975,000.

Que devient cette prétendue économie, si on en déduit toutes les erreurs que l'on a fait connoître ? Et que deviendra-t-elle, si l'on observe qu'il faut en déduire encore,

1°, Les gratifications qui n'avoient pas encore été accordées pour 1781, & les augmentations de commis qu'auroit nécessairement entraînées le concours de plusieurs exercices ;

2°, Les appointemens des Bureaux de comptabilité que l'on n'auroit pu se dispenser d'établir à l'époque de la formation des comptes ;

3°, Les pensions de retraite qu'il auroit fallu accorder successivement aux Directeurs, Sous-chefs, Caissiers, & Commis ;

4°, Les pertes considérables que le défaut de garantie auroit fait supporter au Roi, & dont on peut juger par celles qu'éprouvent la Ferme générale & les Régies.

En mettant un prix à tous les avantages d'administration & de crédit attachés au rétablissement des recettes générales, il seroit aisé non-seulement d'anéantir la très-légère différence qui peut se trouver entre les deux constitutions, mais encore de calculer des économies considérables qui tiennent au régime actuel : on ne suivra point l'exemple de M. Necker ; on ne veut rien présenter qui puisse avoir l'air de l'hypothèse.

On demande si, même en laissant subsister cette économie supposée, elle doit décider un administrateur à supprimer une compagnie dont le crédit assure au Roi la négociation de plus de 120 millions de rescriptions à cinq pour cent, & quelquefois à quatre & demi, tandis qu'il n'y a point d'opération qui ne soit plus onéreuse.(*)

____

(*) M. Necker, en traitant de la difficulté de procurer de l'argent au Roi, dit, Tom III, chap. 23, page 296 : " Je cherchai cependant & trouvai le moyen de procurer au Roi des

[77]

On demande fi un auffi foible motif doit faire contracter l'engagement de rembourfer 30 millions de finances qui ne coûtent au Roi que cinq pour cent(*), lorfque cette fomme empruntée par tout autre voie obligeroit à une dépenfe de fix & demi ? Cet objet feul coûteroit au Roi une augmentation d'intérêt de 450,000.

Enfin, & pour dernière queftion, qu'il foit permis de demander, fi cette prétendue économie doit balancer les avantages qui tiennent à la certitude de toucher mois par mois, & avec la même exactitude que celle attachée aux effets confulaires, le montant de toutes les impofitions ?

D'après les faits établis dans ce Mémoire, on croit pouvoir conclure que le retour à l'ancienne conftitution étoit un acte jufte envers les Receveurs-généraux, qu'il eft en même tems utile au Gouvernement & avantageux aux Contribuables.

Jufte envers les Receveurs-généraux, puifqu'ils n'avoient pas été rembourfés :

Utile au Gouvernement, en ce qu'il a fait retrouver à Sa Majefté la négociation de plus de 120 millions de refcriptions à cinq pour cent ; qu'il a confervé 30 millions de finances au Tréfor Royal fur le même pied ; qu'il a affuré mois par mois la rentrée la plus exacte des impofitions ; & qu'il

---

" fommes de quelque importance depuis cinq jufqu'à fix pour cent d'intérêts ; mais ce fut
" en faifant ufage de la médiation des Etats, des villes, du clergé, & de quelques autres
" corps qui jouiffent d'un crédit particulier."

Même volume, & même chap. page 298, M. Necker ajoute : " Mais fi l'on fixoit fa
" vue fur le paffé, il feroit jufte de confidérer que c'eft au moins un bonheur d'avoir pu
" fuffire aux frais immenfes de la dernière guerre dans une époque où, au fein même de la
" paix, les capitaliftes pouvoient employer leurs capitaux à un intérêt de fix & deux tiers
" pour cent en rente perpétuelle."

C'eft d'après M. Necker lui-même qu'on peut établir ce que le Roi gagne à fe fervir du crédit des Receveurs-généraux.

(*) Le dixième de cet intérêt ayant été déduit par M. Necker, on ne le rappelle point ici, pour ne pas faire un double emploi.

garantit le Roi de toutes les pertes qui étoient à fa charge fous une Régie qui n'offroit que des économies illufoires:

AVANTAGEUX aux Contribuables, en rétabliffant les relations directes qui fubfiftoient entre les Receveurs-généraux & leur généralités ; relation defquelles il réfulte des fecours dans les tems malheureux, une furveillance utile pour la diminution des frais, enfin une adminiftration particulière qui, en adouciffant le poids de la perception, préfente des avantages dont une régie ne peut être fufceptible.

PRÉCIS

D'UN

PLAN D'AMÉLIORATION DES FINANCES,

Préfenté au ROI le 20 Août 1786.

SIRE,

Lorsque Votre Majesté a daigné me confier l'adminiftration de fes finances, vingt années d'étude & de réflexions m'avoient déjà convaincu que leur amélioration tient effentiellement à tout l'enfemble de l'ordre public, & qu'on ne peut parvenir à les rétablir folidement que par la réformation de ce qu'il y a de vicieux dans la conftitution actuelle de l'État.

Mais je fuis bien plus affuré de cette vérité depuis que j'ai acquis une connoiffance approfondie de la fituation des finances trop long-tems ignorée ou diffimulée. Effrayé du danger qu'elle préfente, vivement pénétré de la néceffité preffante d'y remédier, & après avoir mûrement difcuté tous les moyens qu'on peut employer, tous ceux qu'on a tentés jufqu'ici, tous ceux qui paroiffent le plus raifonnables, & même cette foule de vains projets que l'ignorance enfante & que la préfomption donne pour infaillibles, j'ai reconnu de plus en plus, que ce qui eft néceffaire pour le falut de l'État, feroit impoffible par des opérations partielles, & qu'il eft indifpenfable de reprendre fous œuvre l'édifice entier, pour en prévenir la ruine.

En conféquence, je me fuis appliqué à former un Plan qui embraffant toutes les parties de la monarchie, pût leur donner la liaifon qui leur manque.

Ce n'eft point un fyftême : l'efprit fyftématique m'a toujours paru être le fléau de l'adminiftration.

Ce n'eft point une invention : il n'y a que la charlatanerie qui puiffe annoncer des découvertes & des fecrets dans une matière où il ne faut que combiner & régler.

Ce que je propofe aujourd'hui, Sire, n'eft que le réfumé des vues de bien public apperçues depuis long-tems par les plus habiles Adminiftrateurs. Il eft vraifemblable que la plupart ont été préfentées à Votre Majefté ; fa judicieufe pénétration en a furement apperçu l'utilité ; quelques-unes même ont été tentées féparément ; & toutes femblent réunir les fuffrages de la Nation. Si jufqu'à préfent leur exécution a paru trop difficile, c'eft qu'elle eft incompatible avec le régime difcord & multiforme qui divife le Royaume.

Pour les rendre toutes poffibles, ces vues qui toutes font reconnues défirables, il ne faut que les ramener à l'unité de principes. Cette unité répugne-t-elle à notre conftitution ? Au contraire, elle eft le réfultat de fes parties élémentaires rapprochées & mieux combinées : elle en rétablit l'accord, en faifant difparoître les inégalités, les difproportions, & les formes hétérogènes qui les défuniffent dans l'état actuel ; par elle toutes les difficultés s'applaniffent, tous les embarras ceffent, tous les obftacles que produit le défaut d'enfemble, s'évanouiffent. Ce que la fituation des finances exige, le redreffement des abus doit le procurer ; & c'eft dans un régime plus uniforme, plus égal, plus jufte que Votre Majefté peut trouver en même tems & l'augmentation néceffaire de fes revenus, & le foulagement de fes peuples.

Déja fans doute Votre Majefté apperçoit le principe, l'efprit, & le but du Plan que je viens foumettre à fes lumières, & pour lequel j'invoque toute fon attention. Si j'ofe le lui préfenter avec affurance, c'eft parce qu'après l'avoir long-tems médité avec toute la défiance que je dois avoir de moi-même, j'ai éprouvé ce fentiment intime que produit la vérité à mefure qu'elle diffipe les doutes, ce fentiment qui avertit de fa préfence ; & qu'enfin il

m'eft

m'eft refté la ferme perfuafion que c'eft le feul parti qu'il y ait à prendre, que l'état des affaires le commande, que les circonftances le permettent, que je fers mon Roi & ma Patrie en follicitant de toutes mes forces fon exécution.

J'ai dit que mon Plan embraffoit toutes les parties de la Monarchie.—N'eft-ce pas avouer qu'il eft trop vafte? Ne dira-t-on pas qu'exigeant beaucoup de changemens, il rencontrera beaucoup d'obftacles? Et ne doit-on pas le juger très-difficile, parce qu'il eft très-étendu?

Je ne crois pas que la grandeur d'un projet en augmente les difficultés; je crois au contraire qu'elle fert à les applanir:—mais ce que je crois encore plus, & dont je fuis très-certain, c'eft que tout ce qui eft jufte en foi, & utile à l'État, le Roi le peut en France, & qu'aucun Roi ne le peut autant que Votre Majefté. Archimède difoit, qu'il ne lui falloit qu'un point d'appui pour remuer le monde; il ne faut, pour remuer & remonter la machine de l'Etat, que l'appui d'une volonté ferme de Votre Majefté. Si, après m'avoir entendu & jugé, elle me l'accorde cette volonté inébranlable fans laquelle il ne faut rien entreprendre, fi elle veut bien m'en donner fa parole facrée, je ne crains pas de garantir le fuccès; & ce fuccès fera, Sire, le falut de votre empire, la gloire de votre règne, le bonheur de vos jours; il vous affurera de plus en plus l'amour de vos peuples; il vous procurera la fuprême fatisfaction de les rendre heureux; il vous tranquillifera à jamais fur l'état de vos finances; il élevera votre puiffance au plus haut période, & votre nom au-deffus des plus grands noms de cette Monarchie dont vous mériterez d'être appelé le Légiflateur.

Ah! Sire, c'eft-là ce que mon zèle envifage, c'eft-là ce qui l'enflamme, c'eft ce qui me fait fermer les yeux fur tous les inconvéniens qu'une grande entreprife a toujours pour celui qui s'en charge. Je me facrifierois, fans héfiter, pour la réuffite; je me verrois même, fans repentir, victime de la tentative. C'eft la feule occafion où je puiffe offrir au meilleur des maîtres, un dévouement proportionné à fes bienfaits, un hommage digne des fentimens dont je fuis pénétré pour fa perfonne. Mais ce qui m'en fait un devoir abfolu, ce qui m'oblige de me jeter aux genoux de Votre Majefté pour la conjurer d'y foufcrire, c'eft que hors de-là je ne vois que malheur & abîme.

M m

Je me hâte, Sire, de m'expliquer. Le développement de tout mon Plan occupe nécessairement un grand espace ; mais un exposé très-raccourci suffira pour en donner à Votre Majesté une première notion qui puisse la mettre à portée de l'apprécier. Ce n'est même qu'en le réduisant sur une très-petite échelle, que je puis en faire appercevoir tout l'ensemble d'un seul coup-d'œil.

Je vais d'abord présenter rapidement la division, c'est-à-dire l'ordre que j'ai suivi dans ce travail immense.

Je reprendrai ensuite sommairement chaque partie, & j'en donnerai l'analyse.

ORDRE et DIVISION.

Pour rendre un compte exact & former un Plan complet, j'ai dû considérer

    Premièrement———Ce qui est,
    Secondement ———Ce qui est à faire,
    Troisièmement———Comment on peut le faire.

Ainsi, la Première Partie de mon travail

    Présentera———*La Situation actuelle des Finances,*
    La Seconde———*Le nouvel Ordre à établir,*
    La Troisième—*Les Moyens d'Exécution.*

SITUATION ACTUELLE.

Quatre Chapitres composent cette Première Partie.

1°, Je mettrai sous les yeux de Votre Majesté un compte abrégé des trois années de mon administration ; je retracerai l'état où j'ai trouvé les finances ; je dirai l'état où elles sont aujourd'hui.

[83]

2°, Je préfenterai le tableau de la recette & de la dépenfe, d'abord pour cette année, enfuite pour une année ordinaire ; je ferai voir l'infuffifance des états remis antérieurement à Votre Majefté, la difficulté très-réelle de les rendre exacts, mais fur-tout la difficulté plus grande encore, de former une balance bien jufte des revenus & dépenfes d'une feule année, nul extra-ordinaire compris ; j'expoferai comment j'y fuis parvenu, & quel en eft le réfultat.

3°, Après avoir conftaté, & avoué fans aucune diffimulation, le déficit actuel, quelque effrayant qu'il puiffe être, j'en dévoilerai l'origine, en remontant jufqu'à l'époque de l'avénement de Votre Majefté au trône ; j'en fuivrai les accroiffemens fucceffifs jufqu'au moment préfent ; j'en indiquerai les caufes ; j'expliquerai par quels palliatifs on s'efforce depuis long-tems de le couvrir chaque année, & je ne craindrai pas de montrer à Votre Majefté le danger imminent qu'il y auroit à en continuer l'ufage.

4°, Je ferai reconnoître aifément qu'il eft impoffible d'impofer plus, ruineux d'emprunter toujours, non fuffifant de fe borner aux réformes économiques ; & que dans l'état des chofes les routes ordinaires ne pouvant pas conduire au but, le feul remède efficace, le feul parti qu'il refte à prendre, le feul moyen de parvenir enfin à mettre véritablement de l'ordre dans les finances, doit confifter à revivifier l'état entier par la refonte de tout ce qu'il y a de vicieux dans fa conftitution :—entreprife hardie, j'en conviens, mais qui ne l'eft pas trop lorfqu'il eft prouvé qu'elle eft néceffaire.

NOUVEL ORDRE A ÉTABLIR.

Cette Seconde Partie fe divife en Six Chapitres.

Dans le Premier, je ferai voir que la difparité, la difcordance, l'inco-hérence des différentes parties du corps de la Monarchie eft le principe des vices conftitutionnels qui énervent fes forces & gênent toute fon organifation ; qu'on ne peut en détruire aucun fans les attaquer tous dans le principe qui

les a produits & qui les perpétue ; que seul il influe sur tout ; qu'il nuit à
tout, qu'il s'oppose à tout bien ; qu'un Royaume composé de pays d'états,
de pays d'election, de pays d'administrations provinciales, de pays d'administrations mixtes, un Royaume dont les provinces sont étrangères les unes
aux autres, où des barrières multipliées dans l'intérieur séparent & divisent
les sujets du même Souverain, où certaines contrées sont affranchies totalement de charges dont les autres supportent tout le poids, où la classe la plus
riche est la moins contribuante, où les privilèges rompent tout équilibre,
où il n'est possible d'avoir ni règle constante, ni vœu commun, est nécessairement un Royaume très-imparfait, très-rempli d'abus, & tel qu'il est impossible de le bien gouverner ; qu'en effet il en résulte que l'administration
générale est excessivement compliquée, la contribution publique inégalement répartie, le commerce gêné par mille entraves, la circulation obstruée
dans toutes ses branches, l'agriculture écrasée par des fardeaux accablans,
les finances de l'État appauvries par l'excès des frais de recouvremens, &
par l'altération des produits. Enfin, je prouverai que tant d'abus, si visibles
à tous les yeux, & si justement censurés, n'ont résisté jusqu'à présent à
l'opinion publique qui les condamne, & aux efforts des administrateurs qui
ont tenté d'y remédier, que parce qu'on n'a pas entrepris d'en extirper le
germe, & de faire tarir la source de tous les obstacles, par l'établissement
d'un régime plus uniforme.

Dans le Second Chapitre je commencerai l'application de cette vue
générale, en examinant d'abord ce qu'elle doit opérer par rapport aux contributions publiques, & principalement à l'égard de l'imposition territoriale,
qui est & qui doit être la base de toutes les autres. Je ferai voir que l'égalité proportionnelle dans sa répartition, sans qu'il puisse y être dérogé
par aucun privilège, par aucune exception ni exemption quelconque, est la première de toutes les loix, le plus sûr de tous les moyens
d'augmenter le revenu public sans surcharger les peuples, & le seul secret
qu'il y ait à chercher en finance. Je ne dissimulerai pas les réclamations
qui pourront s'élever : mais je prouverai que quelque force qu'on veuille
leur supposer, elles ne peuvent prévaloir sur ce qu'exigent également le
devoir d'une stricte justice & le bien général de l'État.

Dans le Troisième Chapitre je continuerai l'examen des effets que le
même principe peut avoir par rapport à la répartition de toutes efpèces de
charges publiques, pour en bannir l'arbitraire, & en faire faire l'affiette par
les intéreffés eux-mêmes ; ce qui me conduira à confidérer l'objet des Admi-
niftrations Provinciales établies par Votre Majefté en quelques Généralités.
Je difcuterai leurs rapports & leurs différences avec les États Provinciaux,
leur utilité & leurs inconvéniens. Je tirerai de la conftitution même du
Royaume l'idée d'un ordre graduel de délibérations fuivant lequel l'émana-
tion du vœu national, en ce qui concerne les différentes charges publiques
& leur répartition, pourroit fe faire d'une manière qui concilieroit l'intérêt
des peuples avec le maintien inaltérable de l'autorité fouveraine, qui ren-
droit les contributions moins lourdes, en faifant diftribuer leur poids par
ceux mêmes qui le fupportent ; qui, loin d'affoiblir l'obéiffance, la forti-
fieroit en l'éclairant ; qui enfin exciteroit de plus en plus l'amour de la patrie,
feroit naître cet efprit public qui bien dirigé, peut devenir une grande
reffource pour le Gouvernement, & formeroit un nouveau lien entre un
Monarque chéri & des fujets reconnoiffans. On verra par le développement
de cette partie effentielle du plan général, qu'elle conduit à régler, fuivant
un meilleur ordre, les fonctions des coopérateurs de l'adminiftration ; &
qu'elle peut fervir à faciliter les moyens de procurer fucceffivement aux
peuples, plufieurs efpèces de foulagemens qui leur feroient d'autant plus
précieux, qu'ils les auroient eux-mêmes choifis & follicités.

Dans le Quatrième Chapitre, je fuivrai les conféquences du même
principe par rapport à l'agriculture, & j'en ferai dériver les opérations les
plus capables de la faire profpérer ; comme de l'affranchir des corvées & de
toute charge arbitraire, de lui procurer le fel à un prix modéré qui permette
d'en donner aux beftiaux, de faire ceffer les vexations des maîtrifes, & de
parvenir à un partage équitable des communes.

Dans le Cinquième, appliquant le même principe au Commerce, je
ferai voir qu'il entraîne & rend poffible la fuppreffion d'une infinité de droits
préjudiciables à fes progrès, l'abolition de tout impôt fur l'induftrie, l'établiffement d'un tarif uniforme combiné avec les vues politiques & l'intérêt
des manufactures nationales, enfin tous les moyens d'animer l'activité des

fabricans, de faciliter le tranfport des marchandifes, de vivifier la circulation au-dedans, & de l'étendre au-dehors. Les objets que j'aurai à traiter dans ce Chapitre améneront des obfervations fur le préjudice que la Révocation de l'Édit de Nantes a fait au Commerce de la France ; & je hafarderai de tracer la marche qu'il me femble qu'on pourroit fuivre pour tout réparer, fans rien compromettre (*).

Dans le Sixième Chapitre, après avoir fait voir l'état de dégradation & de déperiffement où les Domaines de la Couronne ont été fucceffivement réduits, je propoferai le moyen d'en tirer un bien plus grand avantage, & de les faire fervir à l'extinction de la dette publique, fans diminuer & même en améliorant les produits. Cet examen entraînera celui du régime des Eaux & Forêts ; & il fuffira d'en rendre compte, pour faire appercevoir la néceffité & l'avantage, tant pour l'intérêt de Votre Majefté, que pour la tranquillité de fes fujets, d'établir une nouvelle forme d'adminiftration dans cette partie.

Enfin, je rapporterai plus particulièrement aux finances de Votre Majefté le réfultat des différentes vues qui doivent concourir au redreffement des vices de la conftitution. Je ferai voir jufqu'à quel point elles doivent les amé-liorer, en même tems qu'alléger les charges du Peuple ; & revenant à l'état actuel, je préfenterai en trois articles importans :

1°, Ce qu'on peut obtenir d'augmentation de recette par ce plan, pour porter les revenus de Votre Majefté au point où il eft devenu indifpenfable de les élever ;

2°, Ce qu'il fera poffible de retrancher fur la dépenfe, pour qu'elle n'ex-cède plus la recette ;

3°, Ce qui doit fonder en France un crédit national capable de procurer au befoin, les plus fécondes reffources.

(*) Sa Majefté a jugé que cet objet, qui regardoit particulièrement M. le Garde des Sceaux, ne devoit pas entrer dans mon Plan ; & elle s'eft réfervé de s'en occuper féparément.

Les opérations que ces trois grands points de vue exigent, réunies avec celle de la caiffe d'amortiffement établie par Votre Majefté, & qui doit fub-fifter invariablement, non-feulement affureront la libération des finances, mais même les mettront dès le premier moment, & fans aucun retard, dans le meilleur ordre.

MOYENS D'EXÉCUTION.

Cette Troisième Partie préfentera par détails, & féparément, le développement des moyens à employer pour l'exécution de chacune des opérations dont j'aurai indiqué précédemment le principe & les avantages. Elle aura dix fubdivifions.

Dans la Première je propoferai l'établiffement d'une fubvention géné-rale, exclufive de tout privilège, & qui ayant pour bafe la perception d'une quotité proportionnelle de tous les produits, foit en nature pour ceux qui en font fufceptibles, foit en argent pour les autres, fera ceffer dès le premier moment tous les vingtièmes, & conduira, par l'effet d'une jufte répartition, à l'extinction de toutes contributions inégales & onéreufes au cultivateur. Cet objet me conduira à traiter celui du rembourfement de la dette du Clergé, & les moyens d'y parvenir.

Dans la Seconde, j'expliquerai la compofition & l'ordre graduel des Affemblées Paroiffiales, des Affemblées de Diftrict, & des Affemblées Pro-vinciales, deftinées à faire connoître le vœu national, & à le tranfmettre par l'enchaînement de leurs rapports, depuis les Communautés de campagne, jufqu'au Trône.

Je traiterai dans la Troisième du Commerce des Grains, & des moyens de le rendre abfolument libre.

Dans la Quatrième, des moyens d'abolir la corvée en nature, en la convertiffant dans une preftation pécuniaire, réglée de manière qu'elle ne puiffe jamais être détournée de fa deftination, ni fe confondre avec les impôts.

Dans la Cinquième, de la suppreſſion des traites intérieures, du reculement des bureaux aux extrêmes frontières, de la formation d'un tarif uniforme, de l'abolition de pluſieurs droits onéreux, & d'un nouveau plan pour alléger le fardeau de la Gabelle.

Dans la Sixième, de l'inféodation des domaines de la Couronne, de l'emploi du prix en provenant pour la libération des dettes de l'État, de la ſuppreſſion des maîtriſes des eaux & forêts, & de la nouvelle adminiſtration à y ſubſtituer.

Dans la Septième, de toutes les réduſtions poſſibles & indiſpenſables dans les dépenſes annuelles des départemens.

Dans la Huitième, de l'établiſſement, ou plutôt du redreſſement de la perception des droits de timbre, dont l'extenſion modérée, qui ne tombera que ſur les perſonnes en état de ſupporter ces droits, ſera une charge peu ſenſible pour elles, en même tems qu'elle ſera nulle pour les gens les moins aiſés.

Dans la Neuvième, des opérations de direſtion intérieure qu'il faudra faire par rapport aux rembourſemens à époques, pour en rendre l'acquittement annuel moins onéreux, ſans néanmoins le retarder, ni rien changer à l'ordre preſcrit pour les amortiſſemens; & de celles qui conduiront à rapprocher peu à peu les anticipations, & à en diminuer la maſſe, juſqu'à la meſure convenable.

Dans la Dixième, du très-important établiſſement de la Caiſſe d'Eſcompte, & des moyens de le rendre plus national, plus utile au Public, au Commerce, & à l'État, qu'il n'a été juſqu'à préſent.

Enfin, je propoſerai à Votre Majeſté, ce qui doit ſervir de corollaire à tout le Plan, ce qui peut en applanir toutes les difficultés, ce qui en procureroit ſur-le-champ l'exécution, & la conſolideroit immuablement, ce que je ſupplie même Votre Majeſté de regarder comme une condition vraiment eſſentielle de l'entrepriſe, & comme le ſceau de ſon ſuccès, UNE

ASSEMBLÉE

ASSEMBLÉE DES NOTABLES DE SON ROYAUME qu'elle préſideroit elle-même, & où toutes ſes vues de réformation, tous les changemens qui améneroient le nouvel ordre qu'elle jugera à propos d'établir, toutes les loix deſtinées à conſtituer le régime amélioré de ſon Empire, ſeroient annoncées avec la plus importante ſolemnité, & diſcutées librement en préſence de Votre Majeſté aſſiſtée de tous ſes Conſeils réunis, des Grands de ſon Royaume, des Chefs de ſes Cours Souveraines, & des membres choiſis de tous les Ordres de l'État, pour être enſuite arrêtées définitivement dans cette auguſte Aſſemblée, & promulguées dans tout le Royaume, ſans qu'il puiſſe y avoir lieu à aucune réclamation ; Aſſemblée qui feroit paroître les excellentes qualités de Votre Majeſté dans tout leur jour, qui feroit briller ſa juſtice encore plus que l'éclat de ſa couronne, qui donneroit à la Nation une nouvelle vie, au Patriotiſme le plus puiſſant reſſort, à l'Europe entière le ſpectacle le plus intéreſſant, & qui feroit une époque à jamais mémorable dans la Monarchie.

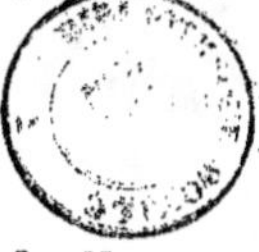

F I N.

N n

www.ingramcontent.com/pod-product-compliance
Lightning Source LLC
LaVergne TN
LVHW020104060726
842526LV00004B/1009